ELON MUSK

GÊNIO OU LOUCO?

Título original: *The leadership genius of Elon Musk*

Elon Musk: gênio ou louco?
1ª edição: Maio 2025

Autor:
Dennis Kneale

Tradução:
Francisco Cardoso

Preparação de texto:
Gabrielle Carvalho

Revisão:
3GB Consulting | Rebeca Michelotti

Projeto gráfico:
Vitor Donofrio (Paladra Editorial)

Capa:
Rafael Brum

Impressão:
Plena Print

Imagem de capa:
The Royal Society, 13 jul. 2018 (fotógrafa: Debbie Rowe) / Wikimedia Commons
Disponível em: https://commons.wikimedia.org/wiki/File:Elon_Musk,_2018_%28cropped%29.jpg

DADOS INTERNACIONAIS DE CATALOGAÇÃO NA PUBLICAÇÃO (CIP)

Kneale, Dennis
Elon Musk : gênio ou louco? : conheça as estratégias de negócio e liderança do homem mais rico do mundo – e que podem funcionar para você / Dennis Kneale ; tradução de Francisco Cardoso.
— Porto Alegre : Citadel, 2025.
288 p.

ISBN 978-65-5047-630-4

1. Desenvolvimento profissional 2. Negócios 3. Empreendedorismo 4. Liderança 5. Musk, Elon, 1971- I. Título

25-1710 CDD - 650.1

Angélica Ilacqua - Bibliotecária - CRB-8/7057

Produção editorial e distribuição:

CITADEL Grupo Editorial
contato@citadel.com.br
www.citadel.com.br

DENNIS KNEALE

ELON MUSK

GÊNIO OU LOUCO?

Conheça as estratégias de negócio e liderança do homem mais rico do mundo – e que podem funcionar para você

CITADEL
Grupo Editorial
2025

Para Doreen, Sophia e, acima de tudo, minha filha, Jing Jing

Prefiro ser otimista e estar errado a ser pessimista e estar certo.

— Elon Musk no programa The Joe Rogan Experience,
7 de setembro de 2018

SUMÁRIO

INTRODUÇÃO

Como âncora da CNBC, uma vez entrevistei a veterana do Vale do Silício Carol Bartz, que era CEO do Yahoo havia catorze meses na época. O Yahoo ainda era o site número um do mundo, mas estava perdendo negócios para o Google e o Facebook, e ela havia sido contratada para resolver o problema.

Bartz tinha as características de uma CEO bem-sucedida: fortes habilidades de liderança, determinação, visão estratégica, profunda experiência e certa ousadia. Ela passou catorze anos dirigindo a empresa de software gráfico Autodesk, quintuplicando as vendas anuais para US$ 1,5 bilhão. Ao chegar ao Yahoo, eliminou as camadas de gerenciamento, eliminou serviços inativos e demitiu 5% da equipe.

Nossa entrevista terminou sem incidentes, que é o que se deseja quando se é o CEO de uma empresa pública. No entanto, Carol Bartz parecia menos urgente em seus comentários. Talvez ela não estivesse assustada o suficiente. Havia ganhado quase US$ 50 milhões em salário, bônus e opções de ações em seu primeiro ano, 2009, mesmo com as vendas anuais do Yahoo tendo caído 10% em relação ao ano anterior. Ela exerceu opções sobre US$ 2 milhões em ações depois de apenas nove meses no Yahoo, uma atitude indelicada. Por que receber tão cedo se você está lá para fazer as ações dobrarem ou triplicarem de preço?

Dois meses após nosso bate-papo na CNBC, Bartz, em maio de 2010, foi apontada como a CEO mais bem paga do S&P 500. Em setembro de 2011, a diretoria do Yahoo a demitiu por ligação telefônica. “Eles me sacanearam”, disse ela a um repórter da *Fortune* na época.

No final do ano, a receita anual do Yahoo havia caído para menos de US$ 5 bilhões, 30% a menos do que quando Bartz entrou. As ações praticamente não se moveram, enquanto o S&P 500 subiu 45% no mesmo período.

Por fim, o Yahoo desapareceu na Verizon, que o fundiu com outra marca em decadência, a AOL, e mais tarde desistiu do negócio e o vendeu a uma empresa de *private equity*, tendo um prejuízo de US$ 4,6 bilhões. Como uma empresa tão importante pôde cair tanto, tão rápido, apesar dos esforços de uma executiva-chefe de classe mundial?

Você pode fazer todos os movimentos certos, seguir todas as regras certas, dizer todas as coisas certas e, ainda assim, fracassar. No entanto, Elon Musk, um dos homens mais ricos do mundo, comete muitos erros. Ele quebra muitas regras e diz muitas coisas "erradas" que geram polêmica em todo o mundo. Em novembro de 2023, um ano depois de comprar a plataforma Twitter, Musk subiu ao palco em uma conferência do *New York Times DealBook* e disse aos anunciantes que queriam censura: "Vão. Se. Foder". Ele disse isso duas vezes. A CNBC e o restante da mídia cobriram o fato como um escândalo. Como ele se atrevia?

De alguma forma, apesar de quebrar todas as regras do que um CEO deve ser, ele é um dos melhores CEOs da história dos negócios. O principal objetivo deste livro é explorar como ele faz isso, por que suas ações funcionam e por que um dos mais importantes e extremamente bem-sucedidos inovadores e criadores de negócios da história estadunidense é também uma das figuras mais controversas e criticadas de nosso tempo. Perseguido pelo governo, atacado por políticos, ridicularizado por vendedores a descoberto e denunciado pela mídia.

Esta é uma combinação estranha: ser tão bem-sucedido e, ao mesmo tempo, insultado por tantos líderes políticos, figuras da mídia, reguladores, ativistas e rivais das *big techs*. Isso se deve, em parte, à compra do Twitter por Musk por US$ 44 bilhões. A ação permitiu que ele expusesse o escândalo dos Documentos do Twitter, que revelou a violação governamental mais maciça e generalizada de nossos direitos da Primeira Emenda na história dos EUA. A maioria das vozes silenciadas era de conservadores.

A antipatia por Elon Musk também se deve ao seu ego considerável e à sua disposição contínua de enfrentar os críticos, provocar e antagonizar seus inimigos. Que outro CEO de uma empresa de capital aberto já desafiou um CEO rival para uma luta em uma jaula? Elon fez isso com o chefe da Meta, Mark Zuckerberg. A atitude levanta uma questão em duas partes: será que a grandeza exige ser um idiota de classe mundial? E, se não, será que ela acaba produzindo um?

A franqueza de Musk e seu estilo irreprimível lhe renderam mais de 200 milhões de seguidores no Twitter, agora conhecido como X, incluindo milhões de admiradores e legiões de detratores. As pessoas pesquisam seu nome no Google mais de 10 milhões de vezes por mês, mais do que qualquer outro CEO do mundo.

Suas postagens contínuas de fluxo de consciência atraem centenas de manchetes e estimulam o debate entre milhões de fãs que gostariam de ter metade da coragem e da audácia desse homem, quer ele discuta política e mídia ou negócios, astrofísica ou o mais recente recurso do X.

Elon Musk sonhou o impossível, desafiou as probabilidades e apostou tudo tantas vezes que isso se transformou em seu *modus operandi*. Ele prospera na turbulência e transforma crises em oportunidades, mergulhando onde a maioria dos outros líderes, executivos e pensadores temem pisar. Para isso, baseia-se em uma alquimia mágica que combina o intelecto sobrenatural de Einstein, a visão inata e intuitiva de Steve Jobs e a arrogância promocional descarada de P. T. Barnum.

Todos os empreendedores recomendam que você assuma riscos e vá aonde os outros não vão, mas Musk busca metas que quase todos os outros especialistas consideram inviáveis, implausíveis e impossivelmente futuristas. Talvez ele faça isso *exatamente* porque todos os outros pensam desse jeito.

Carros elétricos que são melhores do que veículos movidos a gasolina? Achávamos que isso nunca aconteceria. Da mesma forma, os céticos diziam que somente a Nasa e os governos da China e da

Rússia poderiam levar adiante a ideia de viagens espaciais. E quanto à cobertura da internet nas regiões mais atrasadas das nações mais pobres: trinta anos após o advento da *World Wide Web*, somente a rede Starlink de Musk fez avanços nessa área.

Além de perseguir sonhos impossíveis, ele ignora o que está em voga. Entidades governamentais, incluindo a Nasa e as Forças Armadas, e gigantes corporativos, como a Boeing, concentram-se de forma diabólica em seguir modismos e exaltar as políticas de DEI (diversidade, equidade e inclusão), que muitas vezes podem levar a menos diversidade, menos justiça e à exclusão de pessoas brancas. No meio-tempo, Elon deixa isso de lado, ficando livre para buscar o que é importante.

Ao longo do caminho menos trilhado, Musk criou algumas das empresas mais importantes da economia do século 21: a Tesla, com uma participação mundial de 60% no mercado de carros elétricos; a SpaceX, para lançamentos de satélites privados; a constelação de satélites Starlink; bem como as empresas de ponta Neuralink (que desenvolve tecnologia de microchip no cérebro), Boring Company (que constrói túneis subterrâneos de tráfego de alta velocidade) e, mais recentemente, a xAI, que tem como objetivo oferecer um contrapeso mais seguro aos dois participantes dominantes da inteligência artificial: Microsoft e Google.

Elon Musk também é o astro de dois livros de não ficção que se tornaram *best-sellers*: *Elon Musk*, de Walter Isaacson, ex-editor da revista *Time* e biógrafo, apropriadamente, de Einstein e Steve Jobs; e *Breaking Twitter* (Quebrando o Twitter), de Ben Mezrich, autor de *Bilionários por acaso*, a história de Mark Zuckerberg e do Facebook.

O volume de Isaacson oferece 688 páginas de detalhes meticulosamente relatados sobre as origens de Musk em Pretória, na África do Sul, e como seu pai rebelde e difícil motivou o jovem Elon e seus muitos triunfos e dificuldades nos negócios. Às vezes, o livro beira a hagiografia, apresentando Elon Musk como quase sobre-humano, um super-herói. E com razão, falando francamente.

Em uma perspectiva mais sombria, o livro *Breaking Twitter*, de 336 páginas, de Mezrich, acusa Elon Musk de uma miríade de delitos. Ele demitiu a maior parte da equipe do Twitter e permitiu que contas conservadoras banidas voltassem à plataforma. Horrores. Dois repórteres do *New York Times*, Kate Conger e Ryan Mac, têm uma visão ainda mais dura de Musk em seu livro publicado em setembro de 2024, *Limite de caracteres: como Elon Musk destruiu o Twitter*. Destruiu?

Nenhum desses livros, entretanto, oferece aos leitores percepções de seus muitos melodramas e vitórias inesperadas, lições que podem ajudar o resto de nós nos negócios, na vida e em como vivê-la. Talvez sem a intenção de fazê-lo, Musk construiu um *ethos* de si mesmo que impregna tudo o que ele acredita, diz e faz. Podemos nos beneficiar disso.

Até que Elon Musk escreva seu próprio livro, precisamos adivinhar as lições por nós mesmos. É por isso que escrevi o livro *Elon Musk, gênio ou louco?*

Para escrever este livro, mergulhei fundo na história de Elon, examinando e selecionando milhares de suas publicações e comentários públicos. Para descobrir as lições que se escondem no pensamento, nas estratégias de negócios e nas táticas de Elon, também me baseei em meus mais de trinta anos como jornalista de negócios. Anteriormente, fui editor sênior do *Wall Street Journal* em Nova York, depois editor-chefe da *Forbes* e, em seguida, âncora da CNBC e da *Fox Business Network*. Agora, sou estrategista de mídia, escritor, colaborador da *Newsmax TV* e apresentador do podcast *What's Bugging Me* (O que está me incomodando), no Ricochet.

Em minha carreira, entrevistei centenas de CEOs e empreendedores de alto desempenho, inclusive alguns dos bilionários mais conhecidos do mundo, e cobri suas histórias. Alerta de famosos: Jeff Bezos, da Amazon, uma vez veio de penetra a um jantar que organizei. Certa vez, jantei com Bill Gates e outras duas pessoas no antigo *Windows on the World*, no topo do World Trade Center. Conversei com Mark Zuckerberg, fundador do Facebook, no Fórum Econômico Mundial em Davos, Suíça, por dois anos consecutivos. Mark Cuban voou comigo por meia hora e ainda responde aos meus e-mails.

Tive almoços privados com Rupert Murdoch, Barry Diller, Larry Ellison e Sir Martin Sorrell, e jantei com Donald Trump. Também dancei com a então esposa do fundador do Google, Sergey Brin. Mesmo nesse panteão, Elon Musk se destaca por seu intelecto, inspiração e criatividade – e por sua abordagem descarada e ousada da vida e dos negócios. Nenhum outro empreendedor moderno se aproxima da enxurrada de inovações e revoluções que ele lançou sobre o mundo.

O simples fato de ele defender uma ideia ousada é suficiente para inspirar centenas de milhões de dólares em investimentos. Em 2013, ele publicou um *white paper* descrevendo planos para um novo "hyperloop" que permitiria que pessoas e encomendas viajassem dentro de um tubo de vácuo subterrâneo de vários quilômetros, a algumas centenas de quilômetros por hora.

Isso levou um sócio a formar a Hyperloop One, que arrecadou meio bilhão de dólares em financiamento de risco nos cinco anos seguintes; uma segunda empresa, a Hyperloop Transportation Technologies, recentemente fechou um contrato de US$ 875 milhões com o governo francês.

Um sucesso leva ao outro e alimenta a confiança para continuar buscando coisas maiores. A extraordinária trajetória de Elon começou há mais de 25 anos com o Zip2, um guia de mapeamento de cidades para jornais. Ele apostou as economias de sua vida – US$ 28.000 – no Zip2. Isso foi em 1995, com seu irmão, Kimbal; e em 1999, perto do ponto alto da bolha da internet, a Compaq comprou a Zip2 por US$ 305 milhões, rendendo a Musk US$ 22 milhões.

Meses depois, Musk formou o X.com, em busca de um "aplicativo para tudo", financiando-o com quase metade de seu lucro com o Zip2. Isso virou a lógica do Vale do Silício de cabeça para baixo. Normalmente, um iniciante fornece o capital de giro e as empresas de capital de risco entram com o financiamento.

O X.com se fundiu com outra loja para formar o PayPal, mas Musk logo se afastou devido a um conflito sobre a direção, e Peter Thiel mais tarde assumiu o cargo de CEO. Thiel e a diretoria queriam se concentrar apenas no PayPal como uma infraestrutura de pagamento online, ao passo que Musk queria criar um aplicativo que oferecesse todos os tipos de serviços – não apenas pagamentos online, mas também serviços bancários, investimentos em ações e títulos, cobrança de recebíveis e outros elementos de um "aplicativo completo".

Em fevereiro de 2002, o PayPal abriu seu capital no mercado de ações, e o valor da participação de 11% de Musk dobrou para US$ 60 milhões no primeiro dia. Um mês depois, ele fundou a SpaceX e começou a investir seu próprio dinheiro nela.

Quando o PayPal foi adquirido pelo eBay, em outubro de 2002, a participação de US$ 60 milhões de Musk subitamente aumentou para US$ 175 milhões, quase três vezes mais em apenas oito meses. Em vez de ficar quieto, aproveitando seus ganhos, sem nunca mais ter que trabalhar um dia sequer em sua vida, Elon dobrou a aposta mais uma vez: ele injetou US$ 100 milhões, metade de seu patrimônio líquido total, na SpaceX durante os anos seguintes. Sua participação de 45,2% no lançador de foguetes agora vale US$ 95 bilhões.

No início de 2004, Musk investiu US$ 6,5 milhões em uma startup que passava por dificuldades, chamada Tesla, tornando-se seu presidente. Nos quatro anos seguintes, ele investiu um total de US$ 70 milhões em fundos pessoais e assumiu o controle da Tesla para salvá-la, novamente fazendo uma aposta improvável e ousada em si mesmo. Quando as ações da Tesla estão a US$ 180 por ação, sua participação de 13% vale mais de US$ 75 bilhões.

A aquisição do Twitter por Musk em outubro de 2022, por US$ 44 bilhões, o expôs a um novo e mais alto nível de fama – e infâmia. A grande mídia disse que Musk destruiria a plataforma, mas, em vez de quebrar o Twitter, Musk está transformando o X na principal plataforma de mídia da nossa era. Ela é incrivelmente robusta e poderosa, continuamente adaptável, muito mais influente e muito mais livre do que o *New York Times*, a CNN, a *Fox News* ou qualquer outra plataforma de mídia que dependa dela.

Ao mesmo tempo, Musk está transformando o X em algo muito maior do que apenas uma plataforma de mídia. Ele quer que ela seja a ferramenta principal para centenas de milhões de pessoas, onde tudo começa e onde grande parte de suas vidas será gasta planejando, organizando, adquirindo e fazendo. Uma espécie de metaverso sem óculos de realidade virtual. Ele sinalizou isso em 23 de julho de 2023, quando abandonou a marca Twitter – indiscutivelmente uma das marcas mais reconhecidas do mundo – em favor de X, o nome da marca que ele sonhava em construir fazia mais de vinte anos. O X será um mercado maciço para comércio instantâneo baseado em informações, desde serviços bancários e pagamento de contas no site até investimentos em ações e compras online, encontros, chamadas de vídeo, entretenimento, podcasts, programas de TV e muito, muito mais.

Aqui chegamos a outra lição que será repetida várias vezes neste livro. Musk raramente nega seus valores, seus métodos ou sua visão. Ele é capaz de mudar de ideia, mas raramente muda o que considera mais importante.

Assim, vemos Elon Musk e suas lições no trabalho em grande escala à medida que ele desenvolve o X e, mais uma vez, imagina um futuro que a maioria das outras pessoas – especialmente seus críticos em Washington e na mídia – não consegue ver. Mesmo entre os concorrentes hipercríticos do Vale do Silício, está surgindo um respeito e uma admiração cada vez maiores pelo que Elon está fazendo no X e como o faz. Como ele conseguiu cortar 80% da equipe do antigo Twitter e, mesmo assim, apenas algumas semanas depois, mediu 147 bilhões de impressões durante a Copa do Mundo masculina e aumentou a base de usuários para mais de meio bilhão de pessoas em todo o mundo; como o X, de forma furiosa e contínua, lança dezenas de recursos toda semana para testá-los, em uma estratégia de jogar para ver se cola, consertando o que for preciso com rapidez quando algo falha.

As empresas de mídia dependem do X para expandir enormemente seu alcance. É assim que o *New York Times* pode ser visto por milhares de veículos de mídia e milhões de leitores em um instante, mesmo que sua circulação impressa durante a semana tenha caído para apenas trezentos mil exemplares. Este é um dos motivos pelos quais a mídia comumente ridiculariza Elon Musk: como ele ousa adquirir seu parquinho particular, onde as vozes conservadoras eram censuradas e a mídia ficava feliz em deixar isso acontecer, sem contestar? Isso oferece outra lição de Elon: deixe a liberdade de expressão reinar e soar, sem se importar com as consequências. É lamentável que um inovador cidadão sul-africano, naturalizado estadunidense, tenha que ensinar aos repórteres como proteger e defender a Primeira Emenda, garantindo liberdade de expressão sem restrições – até mesmo para discursos de ódio.

Toda essa inovação, adaptação e atitude de Elon Musk pode trazer lições para todos nós, e é isso que você encontrará neste livro. Por favor, leia, absorva e aproveite ao máximo. Não importa se você gosta ou não dele: ainda assim, é muito divertido observar esse homem.

LIÇÃO 1

PODE SER QUE ISSO TUDO SEJA FALSO, ENTÃO VÁ EM FRENTE

A crença de Elon na Matrix permite e dá poder a tudo o que se segue

Uma parte considerável do grande cérebro e da mente expansiva de Elon Musk realmente acredita que estamos vivendo dentro de uma simulação virtual muito real, sendo meros personagens no videogame de outra pessoa. Na verdade, ele diz que as chances de não estarmos vivendo na "realidade verdadeira" são de bilhões para um.

A maioria de nós neste mundo tem certeza absoluta de que vive na realidade verdadeira. Isso porque, veja bem: estamos *aqui* e estamos *vivos*, temos entes queridos e animais de estimação, dirigimos carros e trabalhamos, criamos filhos e temos triunfos e traumas. Sentimos prazer, sangramos e sentimos dor. A dor, na verdade, pode ser a realidade mais verdadeira de todas: é quase impossível de escapar dela.

Como poderia tudo isso ser um jogo? Isso somos nós; isso é a vida. *Esta* é a realidade.

Errado, e Elon Musk terá o prazer de lhe mostrar o porquê. Durante uma década ou mais, ele ponderou sobre o argumento de que tudo isso é uma simulação. Pode ter começado como um exercício intelectual, mero experimento imaginativo, mas isso o contagiou e agora é sua crença sincera, que pode orientar tudo o que ele faz. Também pode ser o segredo central do sucesso dele, sendo algo que você pode incorporar sem precisar acreditar literalmente.

Esse jogo de realidade virtual incrivelmente realista pode ser administrado por algum ser invisível e desconhecido em outro sistema solar, galáxia ou universo. Ou em outra dimensão oculta. Talvez esse jogo seja controlado por um único usuário – ou, o que é mais provável na visão de Elon, pode haver milhões ou até bilhões de usuários jogando seu próprio jogo sobre suas próprias vidas, cada pessoa controlando seu próprio programa em um futuro distante, bem aqui na Terra.

Só não sabemos disso porque vivemos em nossos jogos (ou nos de outra pessoa). A tecnologia é tão avançada, as imagens e os sentimentos são tão reais, que o jogo é totalmente indistinguível da realidade.

Como isso pode ser verdade e como Musk, um dos inovadores mais brilhantes que já vimos, pôde começar a acreditar nisso? Especialmente quando ele faz um trabalho tão árduo para resolver alguns dos problemas mais assustadores da Terra: a "crise" da mudança climática da qual ouvimos falar há quarenta ou cinquenta anos, a grave ameaça à liberdade de expressão, o risco muito real de que a IA fique fora de controle e ameace a humanidade.

Se tudo é uma ilusão, por que se preocupar?

Deixaremos que Elon Musk apresente seu argumento em breve, mas, primeiro, vamos refletir sobre as possibilidades, caso ele esteja certo, e como isso pode libertar você para viver sua vida de uma forma maior, mais completa, mais rica, mais enfática e dramática. Para que você possa ousar ser grande e simplesmente seguir em frente. Porque qual a pior coisa que pode acontecer? Afinal, tudo isso não passa de uma grande simulação.

Dentro de nossa própria simulação, não podemos pular repentinamente do telhado de um arranha-céu para outro, porque as leis da física e da gravidade dentro dessa bolha são tão imperantes e irrefutáveis quanto na realidade verdadeira. Qualquer tentativa de pular de um prédio acabará com a vida simulada de seu personagem.

Mas, quando nos conscientizamos de que podemos estar vivendo como Jim Carrey em O *Show de Truman* (1998), podemos fazer outras mudanças de atitude. Podemos saborear a vida e aproveitá-la mais, correr mais riscos e dar mais saltos. Podemos abrir mais o coração para dizer às pessoas o quanto as amamos, ter mais coragem para falar contra um erro e abrir mais a mente para ouvir opiniões divergentes – porque tudo isso é fantasia e entretenimento; nada disso é real.

Da mesma forma, talvez pudéssemos ficar menos chateados com tantas coisas que nos incomodam terrivelmente nos dias de hoje, porque... elas não são *reais* de verdade.

O presidente Trump e os extremistas MAGA, ou o presidente Biden e as denúncias de corrupção; os democratas radicais e a crise na fronteira, os manifestantes antifa e os manifestantes do Black Lives Matter; escândalos políticos, presos políticos e questionamento de eleições; crimes urbanos, falta de moradia, a epidemia de mortes por fentanil e a crise da covid-19.

Se passássemos a acreditar que tudo isso é um grande jogo, até mesmo as questões pessoais mais dolorosas – desde discussões com nossos parceiros românticos e colegas de trabalho até divórcios, perdas e crises de saúde que nos deixam entre a vida e a morte – poderiam ser mais fáceis de gerenciar, pois seriam vistas de uma forma mais distante e isolada.

Na verdade, você poderia fazer essas mudanças em sua vida apenas ao passar a *acreditar* na simulação, mesmo se a realidade verdadeira for a nossa e não houver mais nada. Efeito placebo.

Manter em mente a crença de Musk na teoria da simulação poderia nos dar uma maneira de nos dissociarmos de toda a angústia, de sair do quadro em que estamos e olhar para ele de uma maneira nova, mais otimista, mais positiva e divertida, porque, no fim das contas, e daí? É só faz de conta. E se fosse verdade que a nossa "realidade" é uma simulação que está entretendo outra pessoa, em outro lugar, então não poderíamos aumentar o amor, o prazer, a alegria, a bondade, a generosidade, a tolerância e a compreensão com nossos colegas, os outros atores?

Já que se trata de entretenimento, deveríamos nos divertir o máximo possível.

Isso certamente é o que Elon Musk parece estar fazendo, todos os dias de sua vida. O homem tem um gosto e um ardor por viver que vão muito além do que é normal para a maioria de nós. Seu apetite por ação e impacto é prodigioso.

Elon tem um desejo desinibido pela vida com um entusiasmo sem fim. Esse cara dirige várias empresas ao mesmo tempo e vive criando outras novas. Ele assume improváveis riscos após riscos, construindo riqueza e apostando grande parte dela em sua próxima ideia. Ele mostra o dedo do meio para os valentões do governo e para os políticos arrogantes, e provoca sem parar os ricos e famosos no X.

Musk é um modelo vivo do que os liberais de coração fraco chamam de "masculinidade tóxica". E com orgulho: ele é rápido no gatilho e usa sua testosterona como um colete à prova de balas; e é pai de doze filhos com três mulheres diferentes.

Sua paixão pela simulação o libera para pensar em ideias impossíveis e criar empresas para persegui-las. Isso o libera para viver da forma mais livre e desinibida possível, e é aí que o resto de nós pode aprender uma lição. Tudo isso pode ser um jogo, portanto, vá em frente.

Isso também pode ajudá-lo a facilitar o caminho, aderindo à possibilidade muito real de que todas as suas dificuldades e triunfos, seus amores e perdas, não passam de enredos. Tramas em uma ilusão óptica e sensorial que o envolve. Talvez tenhamos mais controle sobre esse videogame envolvente do que imaginamos, como Neo (Keanu Reeves) aprende no final do primeiro dos quatro filmes da série *Matrix*. No segundo filme, Neo sabe como voar. Assim como Elon Musk.

Em várias ocasiões públicas, Musk, que completou 53 anos em 28 de junho de 2024, discutiu, de forma séria e detalhada, sua tendência a crer na hipótese da simulação. Ele falou sobre esse tópico centenas de vezes em conversas particulares com seus amigos e seu irmão um ano mais novo, Kimbal. Tanto que os dois fizeram um pacto de não abordarem o tópico da simulação virtual quando estivessem em uma banheira de hidromassagem.

A crença de Musk na simulação pode ser reforçada por seu uso admitido de cetamina para combater crises de depressão. A droga pode ter efeitos psicodélicos. Em doses suficientemente altas, ela pode causar um impacto visual dissociativo que faz com que tudo pareça adereços em um cenário de filme. Quem usa diz que a substância química pode criar uma aparência nítida, no estilo de uma aldeia Potemkin, e despertar a sensação de que tudo pode ser uma ilusão.

Quando Elon fala sobre a realidade e as chances de ela ser uma simulação virtual imersiva, eis a coisa mais estranha de tudo isso: quanto mais você ouve, mais convincente ele fica. Uma das primeiras explicações de Musk sobre simulação ocorreu em outubro de 2014, em uma apresentação da *Vanity Fair* chamada *New Establishment Summit*. Musk estava no palco com Walter Isaacson, que anos depois se tornaria seu biógrafo autorizado.

Eles estavam no *Yerba Buena Center for the Arts*, em São Francisco. Na sessão de perguntas e respostas no final, Elon começou a falar sobre a teoria da simulação, o que deu início a uma série de observações futurísticas que pressagiavam novos negócios nos anos seguintes: a The Boring Company, de Musk, e seus túneis subterrâneos de tráfego de alta velocidade; o desenvolvimento de um tubo de vácuo *hyperloop* para viagens de alta velocidade (com outros investidores adotando o conceito de Musk); e o X, antigo Twitter, que reviveu o sonho desfeito de Musk do aplicativo X no qual se podia fazer de tudo.

É como se aquele solilóquio de simulação abrisse os caminhos no cérebro de Musk para contemplar o impossível como realizável. Ao ler a transcrição da conversa de Elon com Isaacson, é quase possível ver as engrenagens funcionando na mente de Elon Musk, com um pensamento pulando para o outro, que leva ao próximo, como dominós caindo.

Na sessão de perguntas e respostas, um jovem estudante indiano perguntou a Musk por que, se a realidade virtual será tão boa quanto estar lá de fato, Elon se concentra em fabricar carros elétricos e foguetes para transporte. Elon respondeu de imediato: “Bem, talvez estejamos em uma simulação neste momento. Pois é. Sério, às vezes parece isso".

Em seguida, ele apresenta um caso muito lógico: dada a tecnologia atual, "se você extrapolar para o futuro", os videogames daqui a cem ou duzentos anos serão "indistinguíveis da realidade". E pode haver "milhões, talvez bilhões de simulações desse tipo. Então, quais são as chances de estarmos de fato na realidade verdadeira? Não é uma em bilhões?".

"Obviamente, isto parece real", acrescenta Elon. "Mas, quero dizer, parece improvável que seja." Sua plateia titubeia nervosamente, perguntando-se: será que esse homem está falando sério? Ele está.

Em 2016, Musk abordou novamente a verossimilhança da simulação, dessa vez na *Code Conference,* em Rancho Palos Verdes, no elegante *Terranea Resort*, que fica no belíssimo litoral da Califórnia. Na sessão de perguntas e respostas, Josh, um técnico de barbicha e vestido de preto, pergunta a Musk sobre a teoria da simulação, e Elon responde: "Já tive tantas discussões sobre simulação que é uma loucura. Na verdade, chegou ao ponto em que basicamente todas as conversas eram sobre esse tópico".

Pense no primeiro videogame de sucesso comercial há cinquenta anos: Pong, que era, "tipo, dois retângulos e um ponto. Era assim que os jogos eram", diz Musk. Agora temos a realidade 3D nos jogos e, "considerando que estamos claramente em uma trajetória para ter jogos que são indistinguíveis da realidade", bem como que bilhões de pessoas jogarão esses jogos futuristas, "parece que as chances de estarmos na realidade verdadeira são de uma em bilhões. Então, diga-me o que há de errado com esse argumento".

"Acredito que devemos esperar que isso seja verdade", disse Musk ao seu interlocutor. "Porque, caso contrário, se a civilização parar de avançar, isso pode ser devido a algum evento calamitoso capaz de acabar com a civilização. Portanto, talvez devêssemos ter esperança de que isso seja uma simulação, pois, caso contrário, ou criaremos simulações que não se distinguem da realidade ou a civilização deixará de existir. Essas são as duas opções." Uma escolha binária bastante inflexível.

Elon abordou esse tema novamente em fevereiro de 2018, em uma entrevista com Mohammad Al Gergawi, ministro do gabinete dos Emirados Árabes Unidos, na Cúpula Mundial de Governos, em Dubai. A pergunta de abertura foi bem tranquila: "Então, o que é a vida para você? É um sonho? É real?".

Musk: "À medida que envelheço, acho que essa questão é cada vez mais confusa, preocupante ou incerta. Principalmente quando vemos o avanço de algo como os videogames". Ele dá uma explicação semelhante sobre isso e conclui: "E então parece que, bem, como sabemos que isso não aconteceu no passado e que nós mesmos não estamos em um desses jogos?".

Al Gergawi, sem entender, responde: "Interessante, interessante".

Em setembro de 2018, Musk estava pronto para levar suas crenças sobre simulação a um público muito maior. Ele apareceu no episódio número 1.169 do podcast *Joe Rogan Experience*, em 7 de setembro, uma conversa sinuosa de duas horas e meia que continua sendo o podcast de Rogan mais baixado de todos os tempos: 69 milhões de downloads até o verão de 2024.

Isso quase queimou o cérebro de Joe Rogan, que normalmente acompanha o ritmo de seus convidados. Ao dar uma aula a Rogan, Elon acrescentou a simples matemática da passagem do tempo. Digamos que você ache ridículo e impossível que a tecnologia de hoje possa criar uma simulação tão real que você não saiba que ela é falsa. Você acreditaria que isso possa ser possível daqui a, digamos, dez mil anos? Claro que sim. Agora, considere o próximo pensamento no processo de Elon:

O universo tem 13,8 bilhões de anos. A Terra tem 4,54 bilhões de anos, e a civilização na Terra – pelo menos a mais recente – tem, talvez, sete mil anos, menos do que um piscar de olhos no tempo. Se você acredita que uma simulação indetectável é possível em dez mil anos, então há 1,38 milhão de períodos possíveis em que essa tecnologia poderia ter avançado tanto, em algum lugar do universo.

Assim, a chance de vivermos agora na realidade verdadeira é de uma em 1,38 milhão, segundo essa medida de dez mil anos. Pense em como é arrogante a ideia de que vivemos na única realidade verdadeira: que em quase catorze bilhões de anos, nós, humanos aqui na Terra, somos os únicos habitantes capazes de criar esse "simulaverso" – e somente daqui a milhares de anos.

E então, dadas as probabilidades extremamente prováveis de que, sim, essa super-realidade nos envolva agora, *mesmo enquanto você lê estas palavras*, certamente bilhões de pessoas (ou seres) poderiam estar jogando seus próprios jogos à parte, e voltamos a ter uma chance em um bilhão de que esta vida que vivemos seja a verdadeira. A conversa de Rogan e Musk, regada a uísque e outras bebidas, é fascinante. E filosófica.

Em determinado momento, Elon explica: "Sempre achei que as coisas estavam muito sombrias, porque acho que você precisa ser otimista em relação ao futuro. Não faz sentido ser pessimista. A sociedade se tornou negativa". Ele acrescenta: "Prefiro ser otimista e errado a pessimista e certo".

Em seguida, Elon fala sobre o fim do mundo. "É apenas uma questão de quando, certo? Então, o que importa mesmo é a jornada." Porque "o universo como o conhecemos acabará se dissipando em uma fina névoa de um gélido vazio". Isso levará um "tempo muito longo. Acho que o que importa é: como podemos fazer com que dure mais?".

Essa, em essência, pode ser a razão de ser de Elon Musk.

Em determinado momento, ele pergunta a Joe Rogan: "Por que você acha que está onde está agora? Talvez você não esteja", e Joe responde: "Vou acender um baseado se você continuar falando, o gerente vai entrar aqui. Vou ter que trancar a porta". Elon dá risada com isso.

Mais tarde, Musk declara: "O amor é a resposta". Esse vaivém ocupou dez minutos antes de se chegar à primeira hora da entrevista, e, uma hora e dez minutos depois, Joe Rogan de fato "acende um baseado". Os dois homens beberam uísque durante toda a conversa, e agora Rogan pega um *blunt* – um charuto fino com parte do tabaco retirado e substituído por maconha – e o acende.

"Então, isso é um baseado ou um charuto?", pergunta Elon.

"Não, é maconha dentro do tabaco", responde Rogan. "Você provavelmente não pode [fumar], por causa dos acionistas, certo?"

Elon: "É legalizado, não é?". Era, sim, então Rogan lhe entrega o baseado, Elon dá uma tragada e o devolve.

Minutos depois, Rogan diz a Elon: "Basicamente, você tem um dom, certo? Não existe um milhão de Elon Musks, existe um, esse bastardo aqui na minha frente! Você pensa nisso quando pisa na bola?".

Elon reflete por alguns segundos e diz: "Não acho que você necessariamente gostaria de ser eu. Acho que as pessoas não gostariam muito. É bastante difícil desligar isso". Por "isso", ele quis dizer o fluxo contínuo de ideias, perguntas, visões e ambições. Momentos depois, o celular de Musk apita com novas mensagens.

"São meninas te chamando aí?", Rogan lhe pergunta.

"Não", responde Elon. "São amigos me perguntando o que diabos eu estava fazendo fumando maconha." Em seguida, ele diz a Joe Rogan: "Não fumo maconha com frequência... quase nunca". E então: "Pois é. Na verdade, nem estou sentindo nada". Então, talvez tenha sido o uísque.

Isso ocorreu durante o dia, em uma sexta-feira, e essa mínima transgressão se tornou um erro multibilionário. A baforada única de Musk foi suficiente para chatear os fãs da Tesla (e os vendedores a descoberto que apostam contra as ações). As ações da TSLA chegaram a cair 11,4% em um dia, um declínio de US$ 5,7 bilhões em manchetes sobre a maconha. Elas logo se recuperaram e cresceram vinte vezes mais nos três anos seguintes.

* * *

A noção de que toda a vida é uma ilusão remonta a milhares de anos. Uma das referências mais antigas data de 1.500 a.C. e do conceito de *Maya*, uma palavra sânscrita para "ilusão" (ou "delírio"), encontrada no budismo e no hinduísmo. A palavra aparece no Rig Veda, um texto sagrado do hinduísmo que aborda a natureza da realidade e as origens do universo.

No final do século 20, um dos primeiros defensores dessa ideia de que tudo deve ser um sonho foi um cientista da computação austríaco chamado Hans Moravec, que até hoje é professor de robótica na Carnegie Mellon. No livro *Mind Children: The Future of Robot and Human Intelligence* (Filhos da mente: o futuro da inteligência robótica e humana), de 1988, ele previu que a inteligência dos computadores ultrapassaria a dos humanos em quarenta anos (2028: um pouco cedo). Ele postulou que a simulação e a replicação se tornariam tão poderosas e imersivas que não conseguiríamos distinguir o falso do real – e quem sabe? Talvez já estejamos lá.

A ideia de simulação foi difundida com a estreia do filme de ficção científica de sucesso *Matrix*, em 1999. Keanu Reeves interpreta um comportado funcionário de escritório no futuro que começa a suspeitar de que tudo o que vê é falso. Quando acorda, percebe que estava certo: ele estava vivendo em uma simulação, enquanto sua forma física estava adormecida dentro de uma cápsula em animação suspensa conectada, usada como uma dos milhões de baterias humanas para alimentar os robôs que estavam no controle.

Quando *Matrix* foi lançado, fiquei impressionado com os efeitos especiais e as possibilidades da teoria da simulação. O filme chegou a arrecadar quase meio bilhão de dólares, sendo que o orçamento de produção foi de US$ 63 milhões, e a franquia de quatro filmes arrecadou quase US$ 1,8 bilhão.

A teoria da simulação ganhou novo peso científico com um artigo seminal publicado na *Philosophical Quarterly* por um professor de filosofia da Universidade de Oxford em 2003. O artigo de Nick Bostrom, repleto de equações algébricas que parecem hieróglifos, inspirou uma série de trabalhos de filósofos e cientistas nos vinte anos seguintes. Alguns se propuseram a experimentos físicos, com a intenção de provar se estamos vivendo dentro de uma simulação virtual neste exato momento.

O único problema é que os criadores dessa simulação poderiam fazer um ajuste para impossibilitar que os pesquisadores encontrassem provas de que se trata de uma simulação, no fim das contas. Não é?

Bostrom inicia seu artigo argumentando que "*pelo menos uma*" (itálico dele) destas três perspectivas deve ser verdadeira:

1. Que os seres humanos serão extintos antes de atingir um estágio de avanço pós-humano.
2. Que é "extremamente *improvável* (itálico meu) que qualquer civilização pós-humana execute um número significativo de simulações de sua história evolutiva".
3. Que "é quase certo que estamos vivendo em uma simulação virtual" neste momento.

"Portanto, a crença de que há uma chance significativa de que um dia nos tornaremos pós-humanos que executam simulações de ancestrais é falsa, *a menos que estejamos vivendo atualmente em uma simulação.*" (Itálico meu.)

Em outras palavras, acreditar na teoria da simulação é estar dentro da simulação. Você está acreditando em algo em que já está envolvido.

É, de certa forma, um equivalente digital da crença em Deus: algum ser supremo, em algum outro lugar, vê tudo e está no controle de tudo o que testemunhamos. Tudo ficará bem se acreditarmos. E nos comportarmos. Esse ser supremo, talvez um dos bilhões que executam suas próprias simulações separadas, não tem o controle de todos os resultados; ele está executando essa simulação porque quer aprender o que acontece, e o que acontece depende de nós, individualmente.

Por consequência, os personagens dentro de cada simulação podem ter o poder computacional para executar suas próprias simulações e ser semideuses digitais; e os personagens dentro dessas subsimulações, por sua vez, podem ser capazes de executar suas próprias minissimulações também. Então, se estivermos vivendo dentro de uma simulação, como saberemos que estamos no nível mais alto desse cenário, e não em alguns níveis abaixo, dentro de um conjunto de simulações do tipo boneca-russa? Bostrom escreve:

> É possível fazer algumas analogias com as concepções religiosas do mundo. De certa forma, os pós-humanos que administram uma simulação são como deuses em relação às pessoas que habitam a simulação: os pós-humanos criaram o mundo que vemos; eles têm inteligência superior; são "onipotentes", no sentido de que podem interferir no funcionamento do nosso mundo, mesmo que violem suas leis físicas; e são "oniscientes", no sentido de que podem monitorar tudo o que acontece. Entretanto, todos os semideuses, exceto os que estão no nível fundamental da realidade, estão sujeitos a sanções dos deuses mais poderosos que vivem em níveis inferiores.

Bostrom diz que, como ninguém pode ter certeza de que está no "nível base" da primeira simulação, todos teriam que estar cientes de que "suas ações serão recompensadas ou punidas, talvez com base em critérios morais, por quem controla tudo". Portanto, ele conclui: "Uma vida após a morte seria uma possibilidade real". Isso é algo profundo.

O fator limitante que prejudica essa tese etérea é a capacidade ainda não alcançada da tecnologia para realizá-la. Bostrom estima que, para que um computador emule a mente humana, seria necessário realizar um total de 10^{14} (1 seguido de 14 zeros) ou até 10^{17} operações de processamento por segundo. Isso pode ser possível hoje, mesmo que em uma escala minúscula: o supercomputador mais rápido do mundo, o Frontier, do *Oak Ridge National Laboratory*, no Tennessee, opera na potência de 10^{18}. É a chamada computação *exascale*.

A capacidade máxima do ser humano de absorver informações é de cerca de 10^8 bits, o que significa que o custo de replicar ou imitar efeitos sensoriais seria "insignificante". Bostrom calcula, em uma "estimativa aproximada", que a produção de uma simulação realista de toda a história humana exigiria operações de processamento por segundo de 10^{33} ou 10^{36}. Um computador capaz de executar operações com potência de 10^{42} por segundo poderia executar uma simulação completa em um curto espaço de tempo.

Por fim, o filósofo de Oxford completa o raciocínio: ele diz que a terceira opção, a de que estamos dentro de uma simulação neste momento, "é a conceitualmente mais intrigante".

"Se estivermos vivendo em uma simulação, então o cosmos que estamos observando é apenas uma pequena parte da totalidade da existência física. A física do universo onde está situado o computador que está executando a simulação pode ou não se assemelhar à física do mundo que observamos. Embora o mundo que vemos seja, de certa forma, 'real', ele não está localizado no nível fundamental da realidade."

Em sua conclusão, Nick Bostrom sugere: "Na floresta escura de nossa ignorância atual, parece sensato que as crenças de cada pessoa sejam distribuídas de forma mais ou menos uniforme entre as três opções. A menos que estejamos vivendo em uma simulação, é quase certo que nossos descendentes nunca executarão uma simulação de ancestral".

O artigo de Bostrom gerou uma série de estudos que buscavam confirmá-lo. Ou desmascará-lo como bobagem científica. O próprio Bostrom publicou uma correção para sua fórmula principal em 2011. Em agosto de 2021, Viking Nilsson, da Universidade de Uppsala, publicou *An In-Depth Look at Bostrom's Simulation Argument* (Uma visão aprofundada do argumento de simulação de Bostrom). Ele o encheu de novas equações matemáticas e deu mais apoio a toda a ideia: se é plausível que a tecnologia possa avançar, um dia, a ponto de ser capaz de encenar simulações perfeitas, então é provável que já existamos dentro de uma.

Nilsson acompanhou os avanços desde o primeiro supercomputador, o ENIAC, em 1945, que executava quinhentas operações de ponto flutuante por segundo e custava quase meio milhão de dólares.

Ajustado pela inflação, isso se traduz em um custo de US$ 1,9 trilhão por gigaflop, ressaltou o autor. Hoje um gigaflop custa US$ 0,04! Um PlayStation 5 da Sony pode processar 10,3 *teraflops* e custa US$ 399, disse o filósofo. Portanto, US$ 1 hoje lhe dará cinquenta *quatrilhões* de vezes mais poder de computação do que um dólar ajustado pela inflação poderia comprar há 75 anos.

Viking Nilsson também diz que é muito provável que esses ambientes totalmente envolventes, se existirem, estejam executando simulações de Monte Carlo, como as que usamos hoje para modelagem financeira e previsão do tempo. A tese da simulação, segundo ele, também poderia explicar o paradoxo de Fermi – por que nós, aqui na Terra, nunca encontramos evidências incontestáveis de vida alienígena, embora sejamos apenas um pequeno planeta entre bilhões, que existem há 13,8 bilhões de anos, três vezes mais do que a própria Terra. Resposta: porque os criadores da simulação escondem isso de nós.

Ele acrescenta que é duvidoso que uma sociedade futurista privaria alguém do acesso ao poder de computação para executar essas "simulações de ancestrais, dada a quantidade de bilionários excêntricos que existem em nossa sociedade atual". Essa foi boa: Elon, você está por aí?

Nilsson diz que o argumento de Bostrom é, "no mínimo, convincente", mas ele se baseia no "princípio da indiferença", e "essa é uma etapa que pode ser contestada, e, nesse caso, todo o argumento cai por terra". Até que essas questões sejam resolvidas, "o argumento não pode ser considerado à prova de balas".

Uma análise menos educada do argumento de simulação de Bostrom, *The Fiction of Simulation: A Critique of Bostrom's Simulation Argument* (A ficção da simulação: uma crítica do argumento de simulação de Bostrom), foi publicada em novembro de 2021 por Miloš Agatonović, da Universidade de Belgrado, na *AI & Society*. Agatonović escreve que a ideia é "infundada, pois se baseia na suposição de indistinguibilidade que, mesmo em princípio, não pode ser testada". Ou seja, como os cientistas podem testar se essa possível simulação é real se ela é tão grande que não pode ser distinguida da realidade "verdadeira"? Como eles poderiam sequer identificá-la?

Agatonović encontra "semelhanças estruturais entre a ficção em geral e o argumento da simulação" e diz que a teoria infundada "parece persuasiva, porque o argumento mergulha o leitor em um mundo fictício com a ajuda de suposições tácitas, aproveitando o senso comum apenas o suficiente para permanecer convincente enquanto cobre uma premissa não testável".

Em outro lugar, um endosso entusiasmado da teoria de Bostrom apareceu em um artigo publicado na revista *AIP Advances*, do Instituto Americano de Física, em 6 de outubro de 2023. Melvin M. Vopson, da Escola de Matemática e Física da Universidade de Portsmouth, no Reino Unido, oferece "evidências científicas que parecem sustentar a hipótese do universo simulado".

Em 2022, Vopson inventou a segunda lei da infodinâmica, que afirma que, embora a entropia – ou seja, a complexidade, os detritos, a deterioração – no universo esteja em constante crescimento, isso deve ser compensado por outra coisa: uma *diminuição* na "entropia da informação". Ele descobriu que essa entropia decrescente é inerente ao armazenamento digital, ao sequenciamento do DNA, que perde informações a cada nova geração, e à natureza, que prefere a ordem e a simetria.

Um indício importante: se tudo isso fosse uma simulação, seria necessário um enorme poder de computação em todo o planeta para que ela fosse boa, e isso exigiria que o universo reduzisse, tanto quanto possível, a carga de armazenamento de informações e o poder de processamento.

Como escreve Vopson: "Esse resultado notável demonstra que as simetrias que se manifestam em toda a natureza e em todo o universo são uma consequência da segunda lei da dinâmica da informação, que exige a minimização da entropia da informação em qualquer sistema ou processo no universo".

Vopson espera até o penúltimo parágrafo de seu artigo de treze páginas para fazer a maior afirmação: "Como a segunda lei da infodinâmica parece estar se manifestando universalmente e é, de fato, uma necessidade cosmológica, poderíamos concluir que isso aponta para o fato de que o universo inteiro parece ser uma construção simulada".

Você entendeu isso? Ele chamou de "fato" *que o universo inteiro parece ser uma construção simulada*. Talvez Elon Musk esteja certo, afinal.

Nas pilhas de pesquisas e dezenas de vídeos que reuni para este livro, aparece um clipe revelador de 34 segundos. Lex Fridman, um cientista da computação russo-estadunidense e apresentador de podcast, pergunta a seu amigo Elon: se ele ou outra pessoa inventasse a IAG (Inteligência Artificial Geral) definitiva, um deus digital onisciente, qual seria a única pergunta que ele faria a "ela"?

Elon fica olhando para o espaço por treze segundos inteiros de pensamentos profundos antes de responder, depois olha para cima e pergunta: "O que há fora da simulação?".

LIÇÃO 2

REDUZIR, REDUZIR, REDUZIR

Em um mundo de incrível e crescente complexidade, simplifique

Para um homem com um patrimônio líquido de doze dígitos, Elon Musk leva uma vida espartana. Essa é outra coisa que o separa dos bilionários que conhecemos antes de ele se juntar ao grupo dos ricos extravagantes.

Bill Gates, que hoje vale quase US$ 140 bilhões, chegou ao marco de US$ 1 bilhão em patrimônio líquido pela primeira vez aos 31 anos, em 1987. Um ano depois, ele pagou US$ 2 milhões por um terreno à beira de um lago em Medina, Washington. Ele passou sete anos construindo sua versão do *Xanadu* de Charles Foster Kane, de *Cidadão Kane*. Ela é composta pela madeira de quinhentos abetos-de-douglas e por sete variedades diferentes de pedra, com mais de seis mil metros quadrados, sete quartos e 24 banheiros (dez deles com banheira).

A mansão em estilo de chalé, por si só, está avaliada em mais de US$ 130 milhões, além de US$ 14 milhões em compras de propriedades adjacentes. A casa tem uma sala de cinema com vinte assentos, uma biblioteca de 195 metros quadrados, com um bar camuflado e duas estantes secretas, uma sala de trampolim com um pé-direito de seis metros, seis cozinhas, uma garagem para duas dúzias de carros e uma academia que ocupa mais de 2.300 metros quadrados.

Jeff Bezos atingiu seu primeiro bilhão de dólares uma década depois de Gates, em 1998, quando a Amazon abriu seu capital. Ele tinha 34 anos. Hoje sua riqueza é superior a US$ 200 bilhões. No início de 2020, ele pagou US$ 165 milhões pela Warner Estate em Beverly Hills, uma mansão de 1.260 metros quadrados em um terreno de nove acres; um ano depois, investiu US$ 78 milhões em uma propriedade de 140 acres em Maui. Ele também possui algumas propriedades no estado de Washington, apartamentos em Nova York, propriedades na Califórnia e um rancho no Texas.

Ultimamente, diz-se que Bezos está alugando uma casa em Malibu de Kenny G, o solista de saxofone soprano de jazz, por US$ 600.000 por mês, por mais que tenha gastado, em 2023, outros US$ 147 milhões em duas mansões em Indian Creek Island, na costa norte de Miami, na Flórida.

O fundador da Amazon também é proprietário do maior iate a vela do mundo, o *Koru*, que tem três mastros e 127 metros de comprimento, com nove cabines para acomodar dezoito hóspedes (e espaço para uma equipe de 36 pessoas em tempo integral). O navio custou cerca de meio bilhão de dólares. Sua grande largura e altura exigiram a desmontagem parcial da ponte Koningshaven, construção com mais de 145 anos, em Roterdã, na Holanda, para que a gigantesca embarcação pudesse sair para o mar.

Mark Zuckerberg, famoso pelo Facebook, tornou-se o mais jovem recém-bilionário, atingindo esse marco aos 23 anos, em 2007, alguns anos antes de a empresa abrir seu capital. Agora, com um patrimônio líquido de quase US$ 200 bilhões, ele possui US$ 320 milhões em propriedades, grande parte delas no Havaí.

Ele mora com a esposa e três filhas pequenas em uma mansão de cinco quartos em Palo Alto, na Califórnia, que comprou por US$ 7 milhões em 2011, sendo que depois investiu outros US$ 50 milhões para decorar essa casa e comprar outros quatro imóveis ao redor. Ela tem uma piscina de água salgada, um amplo jardim, uma área de churrasqueira e um mordomo-robô equipado com a voz estrondosa de Morgan Freeman.

Zuckerberg também possui duas casas de frente para o lago construídas em dez acres no Lake Tahoe, compradas por quase US$ 60 milhões; 707 acres na ilha de Kauai que lhe custaram US$ 116 milhões e mais seiscentos acres na costa norte de Kauai (US$ 53 milhões); além de 110 acres de terras agrícolas (US$ 17 milhões).

A revista *Wired* informa que ele está construindo um complexo na costa norte de Kauai que, no total, custará US$ 270 milhões. Ele incluirá um abrigo subterrâneo de mais de quatrocentos metros quadrados, com seus próprios suprimentos de energia e alimentos e uma porta à prova de explosão; uma dúzia de edifícios com trinta quartos e trinta banheiros e duas mansões adjacentes que, juntas, ocupam 5.300 metros quadrados (para comparação, um campo de futebol, de gol a gol e de lateral a lateral, cobre pouco menos que 4.200 metros quadrados).

O fundador do Facebook, que ainda dirige a empresa que ele rebatizou de Meta, também é proprietário do *Ulysses*, um iate de 106 metros de comprimento que ele comprou de outro bilionário (Graeme Hart, da Nova Zelândia) por US$ 150 milhões em 2015. Foi uma pechincha em relação ao preço original de US$ 195 milhões, embora sua operação custe US$ 2 milhões *por mês*, o que inclui um barco de apoio de 73 metros de comprimento, além de uma motocicleta e uma caminhonete 4x4.

E o Elon Musk? Embora tenha começado a seguir o mesmo caminho de acúmulo e ostentação, Musk reduziu o ambiente de sua casa a uma das opções mais baratas e minimalistas que se pode encontrar. Ele mora em uma casa pré-fabricada e modular que aluga da SpaceX em Boca Chica, no Texas. A Boxabl Casita, uma casa dobrável de apenas 37 metros quadrados, custa US$ 60.000, menos do que a maioria dos modelos da Tesla. "E é um tanto incrível", como Elon tuitou em junho de 2021.

Há vezes que ele prefere dormir no sofá da casa de um amigo a se hospedar em um hotel cinco estrelas. Iates, casas de férias e uma frota de carros de luxo estão facilmente ao alcance de Elon, mas esse bilionário evita possuí-los.

Musk só ganhou seu primeiro bilhão de dólares aos 41 anos, em 2012, principalmente por meio da Tesla e da SpaceX. Em maio de

2020, ele anunciou que venderia "quase todos os bens físicos" e deixaria de ter uma casa própria, depois de sair da Califórnia e se mudar para o Texas. Como ele disse no podcast de Joe Rogan em maio de 2020:

"Acho que as posses atrapalham muito e são uma espécie de vetor de ataque. [Os críticos] dirão: 'Ei, bilionário, você tem todas essas coisas'. Bem, agora eu não tenho coisas, o que você vai fazer?"

No ano seguinte, ele vendeu sete casas que havia acumulado na região de Los Angeles por mais de US$ 100 milhões. Uma mansão colonial em Bel Air, que ele havia alugado por dois anos antes de comprá-la por US$ 17 milhões em 2012, ocupava 1.860 metros quadrados, com sete quartos, treze banheiros, uma biblioteca com dois andares, uma adega, piscina e quadra de tênis. Tudo isso em 2.830 metros quadrados de terreno, bem em frente ao Bel-Air Country Club. Ele a vendeu por quase US$ 30 milhões.

Musk também se desfez de uma propriedade próxima, uma casa no estilo rancho, em Bel Air, com cinco quartos e quatro banheiros construídos em mil metros quadrados, que ele havia comprado por US$ 6,75 milhões em 2013 e vendido por um pequeno lucro em 2020. O preço elevado era devido ao seu proprietário anterior, o falecido ator Gene Wilder, que morara na casa por trinta anos. A antiga estrutura estava pronta para ser demolida quando Musk a comprou para resgatá-la e "preservar sua alma", como ele disse na época.

Para ajudar na venda, Elon até emprestou US$ 6,7 milhões aos compradores – o sobrinho de Wilder, Jordan Walker-Pearlman, e sua esposa, a produtora de Hollywood Elizabeth Hunter.

Além disso, quatro mansões em Bel Air, compradas por quase US$ 75 milhões, de 2015 a 2017, foram vendidas a uma incorporadora imobiliária por US$ 84 milhões em 2020. E Elon vendeu uma mansão histórica em Hillsborough, na Califórnia, em 2021. Ela tinha treze quartos e dez banheiros, um salão de baile e papel de parede chinês que remontava aos anos 1700.

A mansão, construída em 1912 em 47 preciosos acres, com mais de 1.480 metros quadrados de área útil, era conhecida como *Guignécourt*, em homenagem ao seu proprietário original, Christian de Guigné, um conde francês que imigrou para os Estados Unidos no final do século 19. Ele se casou com a filha de um magnata da mineração e construiu um negócio de produtos químicos que rapidamente cresceu. A propriedade permaneceu nas mãos da família por quatro gerações, até que Christian de Guigné IV a colocou à venda em 2013. Preço pedido: US$ 100 milhões. Musk, sempre astuto, pagou menos de US$ 32 milhões para comprar a mansão em 2017, vendendo-a quatro anos depois por US$ 40,8 milhões.

Elon eliminou esses bens de sua vida, embora isso o deixasse triste. Ele considerava esses adereços de riqueza como uma distração e uma obrigação desnecessárias. Reduzir, simplificar, livrar-se do desnecessário. Esse regime minimalista e de corte de gastos aparece em muitos aspectos de como Musk constrói seus negócios, lidera seus funcionários e gerencia sua carreira. Isso se manifesta na maneira como ele vive a vida.

O restante de nós realmente deveria reduzir nossas posses e as complexidades desnecessárias em nossas vidas. Elon Musk oferece um guia de como fazer mais com menos. Tudo o que você vê oferece uma oportunidade de reduzir parte do que existe.

Muitos de nós têm coisas demais; ficamos sobrecarregados por possuir coisas demais. A vida é um acúmulo de bens, uma pilha em constante crescimento de complexidade crescente, entropia progressiva e largura em expansão. Acrescentamos a essa pilha coisas, compras e acessórios sem parar, sem nunca jogar as coisas fora e voltar às necessidades básicas.

A busca por mais coisas que achamos que queremos aumenta esse fardo de ter demais. E, assim, acabamos nos esforçando para acomodar a montanha crescente de objetos e obrigações que possuímos, em vez de tentar reduzir tudo.

Essa situação gerou o setor de armazenamento, que arrecada US$ 40 bilhões por ano de pessoas que não conseguem se desfazer de bens que não precisam mais ou que não utilizam mais. Mais de 30 milhões de pessoas nos Estados Unidos, incluindo metade dos locatários, alugam espaço em 52 mil instalações em todo o país, que ocupam mais de 230 quilômetros quadrados. Isso são quase cinquenta mil acres de coisas que, se realmente precisássemos delas, estariam em nossas casas, e não em uma unidade de armazenamento a quilômetros de distância.

Na terra da abundância, nos tornamos uma nação de acumuladores. Em pesquisas, cerca de 54% dos estadunidenses dizem que se sentem sobrecarregados pelo acúmulo de coisas em suas vidas. Precisamos de uma intervenção. É por isso que a indústria do desapego, ou da "organização doméstica", fatura mais de US$ 11 bilhões por ano. Milhares de blogs e vídeos do YouTube espalham a palavra da organização. Consultores de organização cobram US$ 55 por hora para ajudar os clientes a se desapegar do excesso de coisas.

A pregadora japonesa da simplicidade, Marie Kondo, construiu um negócio multimilionário aconselhando as pessoas sobre como economizar. Seu primeiro livro, *A mágica da arrumação: a arte japonesa de colocar ordem na sua casa e na sua vida*, vendeu 11 milhões de cópias em quarenta países após o lançamento, em 2011. Ele inspirou um filme com o mesmo nome, um planner, um guia ilustrado e uma *graphic novel*, além de uma série da Netflix lançada em 2019: *Ordem na Casa com Marie Kondo.*

No entanto, Marie Kondo não tem nada a ver com Elon Musk no quesito organização e redução. Toda a razão de ser de Musk parece estar ancorada na devoção ao minimalismo e em fazer mais com menos: produzir mais Teslas com menos pessoas, construir carros e naves espaciais com o menor número possível de peças móveis, simplificar os processos de fábrica para reduzir etapas e estações.

Musk acredita muito nos primeiros princípios e na possibilidade de decompor qualquer problema em seus elementos básicos e desafios principais. Isso exige uma obsessão por reduzir e descartar distrações e detalhes desnecessários, e permite que ele pare de se preocupar com coisas que não importam, removendo-as de seu campo de visão.

Como ele disse a um entrevistador em dezembro de 2013: "Os primeiros princípios são uma espécie de maneira física de ver o mundo. E o que isso quer dizer de fato é que você meio que reduz as coisas às verdades mais fundamentais e diz: 'Tá, o que temos certeza de que é verdade ou temos tanta certeza quanto possível de que é verdade?'. E então, raciocina a partir daí. Isso requer muito mais energia mental".

Ele explica que um esforço para desenvolver um pacote de baterias para veículos elétricos seria muito mais barato do que os US$ 700 por quilowatt da tecnologia atual. "Então, com os primeiros princípios, dizemos: 'Tá, quais são os componentes materiais das baterias? Qual é o valor de mercado dos materiais constituintes?'. Então, você pode dizer: 'Tá, ela tem cobalto, níquel, alumínio, carbono e alguns polímeros para separação, além de um revestimento de aço'. Então, separe isso tudo em uma base material e diga: 'E se comprássemos isso na Bolsa de Metais de Londres? Quanto custaria cada uma dessas coisas?'. Tipo, meu Deus, é uns US$ 80 por quilowatt-hora. Então, claramente, você só precisa descobrir maneiras inteligentes de pegar esses materiais e combiná-los na forma de uma célula de bateria, e poderá ter baterias que são muito, muito mais baratas do que qualquer um possa imaginar."

O foco obsessivo de Musk na redução de peças concede uma vantagem competitiva à Tesla. O Tesla Model 3 contém cerca de dez mil peças exclusivas, enquanto os automóveis movidos a gasolina fabricados por Detroit contêm mais de trinta mil peças: três vezes mais chances de algo dar errado.

O foco na redução é incessante: no número total de peças, nas etapas da linha de montagem, no espaço físico, nos custos gerais. Um engenheiro da Tesla, em uma apresentação por vídeo, fala sobre como eles reprojetaram a linha de montagem para reduzi-la em 10%: "Fizemos essas gigaprensas e eliminamos centenas de peças. Daí, pensamos que talvez pudéssemos fazer isso em outros lugares. É, quero dizer, de certa forma, as restrições se tornam parte da solução em vez de um problema".

Os engenheiros da Tesla trabalharam para reduzir a área ocupada pela operação de montagem, de modo que mais pessoas e robôs passassem mais tempo trabalhando nos carros do que parados ou andando de um lado para o outro da estação de trabalho para a esteira. "Isso significa que temos uma melhor densidade de operadores, menos tempo sem fazer nada. Eu chamo isso de eficiência espaço-temporal. Não tem nada a ver com mecânica quântica", explica o engenheiro. "Mas temos 44% a mais de densidade de operadores, o que significa mais trabalho, menos tempo caminhando de volta para a estação, 30% de melhoria na eficiência do espaço-tempo."

O engenheiro acrescenta: "No fim das contas, o que isso significa? Para aumentar a escala e a adoção de veículos elétricos nas ordens de grandeza que acabamos de mostrar, temos que tornar as restrições parte da solução. Isso nos leva a uma redução de mais de 40% na área ocupada, o que significa que podemos construir fábricas mais rapidamente, com menos investimento e mais produção por unidade. Reduziremos os custos em 50%".

Temos que fazer com que as restrições sejam parte da solução.

Esse ponto é um *insight* fundamental para todos nós e foi inspirado pelo próprio Elon. Um conjunto de frases de efeito de Musk, publicado pelo Leaders.com, inclui esta: "Acho que a frugalidade impulsiona a inovação, assim como outras restrições. Uma das únicas maneiras de sair de uma caixa apertada é inventar uma saída".

As restrições, que a maioria de nós vê como problema, na verdade são parte da solução. Essa é uma máxima útil para qualquer empresa que pretenda expandir-se enquanto enfrenta restrições financeiras, e para qualquer equipe que esteja trabalhando em um novo produto, mas com recursos limitados. Ela pode inspirar qualquer empresa pequena que esteja começando: a falta de financiamento amplo forçará o surgimento de soluções melhores e mais elegantes.

A abundância se torna um obstáculo, um convite à ineficiência. Menos não é apenas "mais": menos é melhor.

Há quarenta anos, quando o computador doméstico Commodore tinha apenas 64 kB de memória, os programadores de software precisavam escrever um código compacto e esparso que pudesse reunir uma enorme funcionalidade em pouquíssimos algoritmos. O sistema operacional do Commodore tinha vinte mil linhas de código.

Atualmente, um Apple MacBook começa com 16 GB de memória – 250 mil vezes mais memória que o Commodore 64. Isso permite que o sistema operacional da Apple consuma mais de 100 milhões de linhas de código: cinco mil vezes mais programação para operar a máquina. Isso é, no mínimo, ineficaz e desleixado. Se a memória fosse escassa e cara, os programadores escreveriam com mais rigor.

A ênfase de Musk no minimalismo se aplica aos funcionários de suas empresas. A Tesla, mesmo tendo crescido de uma forma extraordinária e lucrado enormemente nos últimos anos, tem cortado com consistência o número de funcionários em vários momentos. Ela demitiu 9% da equipe, ou 3.600 pessoas, em 2018; 10% de todos os funcionários de colarinho branco em 2022 (dez mil empregos cortados); e outros 10% de sua equipe global em 2024, eliminando outros catorze mil empregos.

Elon também reduz ao mínimo sua equipe executiva. A Tesla lista apenas três executivos no topo da empresa, enquanto a Ford Motor Company lista oito.

Sob a liderança de Elon, a Tesla impôs esses cortes mesmo com o grande aumento do número de carros que produz a cada ano. Em 2017, os 37.543 trabalhadores da Tesla montaram 50.067 veículos elétricos, e, em 2023, os nomes na folha de pagamento subiram para 140.473, que produziram 670 mil unidades naquele ano. Isso significa que a Tesla aumentou a equipe em 275%, para poder produzir 1.200% a mais.

Em outra perspectiva, a Tesla produziu 1,33 carro por trabalhador em 2017 – e quase 5 carros por trabalhador (4,77) em 2023. Isso representa um aumento de 260% na produção por funcionário em seis anos. A Tesla conseguiu reduzir peças, processos e custos o suficiente para fabricar dois carros com o custo antigo de fabricar apenas um. As gigantescas montadoras de Detroit quase não têm chance de reduzir a esse nível.

A Ford tem quase quarenta mil trabalhadores a mais do que a Tesla: 177 mil pessoas, 25% a mais de pessoal, para produzir 183% mais carros do que a Tesla, chegando a 1,9 milhão de unidades por ano. O problema para a Ford é o resultado: ela teve um lucro líquido de US$ 4,3 bilhões em 2023, em comparação com os US$ 15 bilhões (mais do que o triplo) da Tesla.

No geral, a receita da Ford por empregado é 44% maior do que a da Tesla, com US$ 995 mil contra US$ 690 mil da Tesla no final de 2023. Mas a Tesla registrou ganhos finais por empregado de US$ 102 mil em 2023, quatro vezes mais do que a Ford, com US$ 24.292. Essa é uma das razões pelas quais, em junho de 2024, o valor de mercado total da Ford mal chegava a US$ 50 bilhões, enquanto o da Tesla era de US$ 567 bilhões, quase doze vezes mais – e mais do que as quatro maiores montadoras seguintes (Toyota, BYD, Mercedes-Benz e Ferrari) juntas. Em alguns momentos, a Tesla foi avaliada em mais de US$ 1 trilhão.

A mesma abordagem de reposição também é um procedimento operacional padrão na SpaceX. O carro-chefe da empresa, o foguete Falcon 9, é composto por menos de quatro mil componentes, em comparação com as dezenas de milhares de peças dos foguetes da Nasa, da Boeing, da agência espacial chinesa e da Rússia. O custo dos lançamentos é reduzido ainda mais com a reutilização de cada Falcon 9 em voos futuros, em vez de construir um novo foguete do zero a cada vez.

E, assim como a Tesla, a SpaceX reduz a força de trabalho mesmo com o crescimento vertiginoso de seus negócios. A empresa lançadora de foguetes demitiu 10% da equipe em 2019. Em 2021, a companhia empregava 9.500 pessoas e realizou 29 lançamentos. Em 2023, a equipe da

SpaceX totalizava treze mil pessoas e os lançamentos subiram para 96 em um único ano. Isso significa que ela expandiu sua força de trabalho em 27% para poder aumentar os lançamentos por ano em 230%.

Sempre tente fazer mais com menos.

Na SpaceX, Elon separou sua abordagem minimalista de fabricação e design em cinco etapas principais. Ele as explicou de improviso ao youtuber Tim Dodd enquanto eles visitavam a base da SpaceX em Boca Chica, no Texas, em agosto de 2021.

No programa *Everyday Astronaut*, de Dodd, Musk disse que incentiva os engenheiros a questionarem todos os requisitos (etapa 1), porque a maioria das exigências em qualquer processo estabelecido é burra e ineficiente. Elon diz a eles que devem eliminar qualquer peça ou processo que possam cortar (etapa 2) – cortar tanto que tenham que acrescentar depois 10% do que foi retirado.

Como Elon diz ao youtuber: "Se você não está adicionando coisas de volta de vez em quando, então não está excluindo o suficiente".

Em seguida, vem a etapa 3: simplificar e otimizar, somente depois de descartar as partes desnecessárias. Caso contrário, você acaba perdendo tempo para melhorar uma parte que será eliminada mais tarde. Depois disso, ele exorta a equipe a acelerar o tempo do ciclo de desenvolvimento do produto (etapa 4) e a automatizar o processo resultante, que é simplificado e tem o menor número possível de peças (etapa 5).

Quando Elon concebeu a ideia de construir seu próprio foguete, ele o reduziu a sua essência: aço e combustível. Ele desenvolveu um "índice de idiotice", comparando o preço de algo com o custo real dos componentes, conforme relata Walter Isaacson no livro *Elon Musk*. Musk descobriu que um foguete pronto custa cinquenta vezes o custo real das peças básicas necessárias para construí-lo.

Sua tendência a reduzir a complexidade e simplificar o que é complicado levou a uma drástica reversão de curso no desenvolvimento da Starship, a maior, mais pesada e mais alta espaçonave que já subiu aos céus. Embora o Falcon 9 seja composto de uma liga de alumínio e lítio, a Starship precisava ser maior, mais resistente e capaz de suportar uma viagem interplanetária a Marte algum dia. Assim, os engenheiros da SpaceX conceberam e criaram uma fabricação cara e mais sofisticada: um composto de fibra de carbono para o exterior da espaçonave gigante.

Era para ser o que havia de mais moderno em tecnologia de ponta. As estimativas são de que a SpaceX tenha gastado mais de US$ 24 milhões com os materiais, além de US$ 20 milhões ou mais em equipamentos de produção, e os engenheiros da empresa gastaram dezenas de milhares de horas nesse projeto.

O composto era sofisticado, complicado e caro, exigindo a criação de 60 a 120 camadas, com resinas de alta resistência para reforço e um alto custo de US$ 135 por quilo. Pior ainda: cerca de 35% da produção desse composto era inutilizada na produção e no corte, elevando o custo real para US$ 200 por quilo. Além disso, o composto de fibra podia suportar temperaturas de apenas 150 °C e, portanto, o exterior do foguete exigiria proteção térmica adicional, o que significava ainda mais peças.

Então, Elon desistiu de tudo. Depois de conversar com os engenheiros da SpaceX e pressioná-los a concordar, eles acabaram construindo o enorme foguete de 120 metros de altura com aço inoxidável: barato, brilhante e à moda antiga. Ele podia suportar temperaturas de 815 °C, assim, não seria necessária nenhuma proteção térmica extra no barlavento, que fica exposto a temperaturas superquentes na reentrada. Isso simplificou o projeto do exterior.

E enquanto o composto de fibra custava US$ 200 por quilo, o aço inoxidável custava apenas US$ 3 por quilo, uma enorme redução nos custos de materiais. Uma vantagem de custo surpreendente.

Ainda assim, às vezes Elon reduz demais. Antes do primeiro lançamento completo da Starship, os engenheiros avisaram Musk que a plataforma de lançamento precisaria de uma camada superior de aço reforçado. Caso contrário, ela poderia ser despedaçada pela potência dos 33 enormes motores de foguete Raptor da Starship, que disparariam fogo sobre a superfície de concreto.

Elon rejeitou o conselho deles e disse para deixarem isso de lado. Grande erro. Quando a Starship foi lançada pela primeira vez, em abril de 2023, o impulso dos motores do foguete devastou a plataforma de lançamento e a explodiu, mandando pelo ar pedaços de concreto que voaram por oitocentos metros antes de aterrissar no mar.

Esse é um daqueles casos em que os engenheiros tiraram tanto que tiveram que colocar parte do material de volta. Posteriormente, conforme relata o biógrafo Walter Isaacson, a atitude de Musk foi de alguém esclarecido e sem remorsos. Ele simplesmente instruiu sua equipe a certificar-se de que a plataforma para o lançamento seguinte teria o escudo protetor de aço que ele havia dito inicialmente para não usar.

Faça mais com menos. O *ethos* de redução de Elon pode ser mais bem ilustrado pelos cortes maciços na folha de pagamento que ele impôs imediatamente após adquirir o Twitter, em outubro de 2022. Ao todo, o Twitter havia acumulado quase US$ 4 bilhões em prejuízos líquidos em oito dos dez anos anteriores (de 2012 a 2021). Isso apesar de ter registrado mais de US$ 20 bilhões em vendas nesse período. A empresa teve dois anos lucrativos (2018 e 2019), mas voltou ao vermelho nos três anos seguintes consecutivos. Em 2022, ela estava a caminho de perder mais US$ 1 bilhão quando Musk entrou em cena.

A primeira medida de Musk foi demitir uma série de executivos seniores, incluindo o CEO, Parag Agrawal, o CFO, Ned Segal, o chefe jurídico e de políticas, Vijaya Gadde, e o conselheiro-geral, Sean Edgett.

Uma semana depois, na quinta-feira, 3 de novembro, um e-mail para toda a empresa foi enviado à equipe do Twitter, informando que, até as nove horas da manhã seguinte, eles receberiam um e-mail com o assunto "Sua função no Twitter".

No dia seguinte, em um único golpe instantâneo, metade das pessoas na folha de pagamento recebeu e-mails dizendo: "Hoje é seu último dia de trabalho na empresa". No final das contas, seis mil pessoas foram demitidas, um corte de 80%, assim como 4.400 dos 5.500 funcionários que o Twitter antigo havia empregado, outro corte de 80%.

Aqui está, senhoras e senhores: a regra 80/20 em grande escala. Qualquer pessoa que tenha gerenciado funcionários sabe que 80% do trabalho é feito pelos 20% melhores de sua equipe. E esses 20% são aqueles para quem você delega ainda mais trabalhos, pois você sabe que eles farão o que for pedido, em vez de criar dificuldades, obstáculos e problemas.

Não é de se admirar que Musk quisesse fazer um corte profundo e rápido, eliminando 50% da equipe do Twitter em um primeiro golpe. Quando Musk organizou sua primeira reunião de empresa no Twitter, durante a primeira semana da aquisição, ele respondeu a perguntas de funcionários chocados. Um deles lhe perguntou qual era a "grande visão", e Musk respondeu: "Bem, quero dizer, eu não sei. Não tenho uma boa resposta para isso. Mas posso lhe dizer, filosoficamente, que o que funciona na SpaceX e na Tesla é o fato de as pessoas estarem no escritório e serem duronas, e um pequeno número de pessoas pode fazer muita coisa nessa situação".

Ele disse aos funcionários que, na Tesla, o sistema Autopilot, um dos programas de direção assistida por IA mais avançados do mundo, é fruto do trabalho de apenas 150 engenheiros, superando equipes rivais de três mil pessoas. Ele acrescentou: "Acredito muito que um pequeno número de pessoas excepcionais pode ser altamente motivado e fazer as coisas melhor do que um grande número de pessoas que são muito boas e moderadamente motivadas. Essa é a minha filosofia".

Reduzir, reduzir, reduzir. De fato, Musk demitiu tantas pessoas no Twitter, com tanta rapidez, que acabou exagerando. Ele teve que fazer um apelo aos engenheiros para que voltassem à empresa para que ele pudesse recontratá-los. O que é semelhante ao fato de ele dizer aos engenheiros da Tesla para retirarem tantas peças que teriam de adicionar novamente 10% do que haviam retirado, porque haviam reduzido um pouco demais.

Quatro semanas após os cortes drásticos que reduziram a equipe do Twitter a um quinto de seu tamanho anterior, o torneio de futebol da Copa do Mundo começou. O Twitter, recém-enxugado, conseguiu hospedar 147 bilhões de impressões sobre a Copa do Mundo em um período de duas semanas. O que todos esses funcionários excedentes faziam o dia todo antes de serem demitidos por Elon? Claramente, eram desnecessários – e nenhuma empresa pode se dar ao luxo de empregar funcionários desnecessários por muito tempo.

As reduções, feitas com rapidez e sem remorso, deixaram o Vale do Silício em polvorosa: como Musk poderia demitir 80% da equipe e manter a plataforma funcionando sem problemas? No ano seguinte, os usuários mensais do Twitter dobraram para 550 milhões em todo o mundo, atendidos por apenas uma fração da antiga equipe.

Isso estabeleceu um novo padrão para operações suaves em um negócio e ressaltou que as melhores empresas estão constantemente aumentando o número de funcionários e cortando, aumentando e cortando, e reduzindo o número de funcionários mesmo nos períodos mais dinâmicos. Ajuste suas velas e reduza o lastro e a ineficiência, de novo e de novo e de novo.

Essa abordagem de racionalização e redução constante aparece no estilo de interação e comunicação de Elon. Ele dispensa gentilezas desnecessárias e demoradas e preâmbulos longos de secar a garganta. Musk prefere ir direto ao ponto e dizer apenas o que quer dizer, deixando pouco tempo para conversa fiada e convenções. Como quando ele disse na CNBC a qualquer anunciante que tentasse amordaçar a liberdade de expressão no X: Vão. Se. Foder. (Veja a Lição 6.)

Elon apenas parece não conseguir, ou não querer, implementar sua abordagem de redução contínua em uma área específica: mulheres e filhos. Ele nunca se digna a reduzir nenhum dos dois – e, de fato, ele recomenda mais crescimento populacional para o bem-estar e a produtividade globais.

Enquanto a cantora de *synth-pop* Grimes estava lhe dando um filho, Musk também estava tendo gêmeos (um menino e uma menina) com Shivon Zilis, uma executiva sênior de sua startup de tecnologia cerebral, a Neuralink. Há relatos de que as duas mulheres eram amigas, e Grimes não tinha conhecimento do outro relacionamento. Zilis e Musk tiveram um terceiro filho em 2024.

Manter apenas uma mulher feliz pode ser um desafio quase impossível; adicionar uma segunda mulher, ou mesmo uma terceira, aumenta exponencialmente esse fardo, resultado de arrogância ou insanidade. Pode ser que apenas um bilionário consiga realizar uma façanha dessa magnitude, e apenas se ele comprar a paz. Mas a maioria dos bilionários opta por não tentar algo assim.

Nos outros setores, Elon prefere consumir menos, assim como todos nós. Algo elementar está em ação nesse desejo muskiano de liderar cortando e reduzindo. Ficar sem e se contentar com menos permeia mais aspectos de nossa vida do que imaginamos, desde as dietas que seguimos e as resoluções de Ano Novo que fazemos até as poucas amizades próximas que mantemos.

Até mesmo nas frases que você está lendo nestas páginas: meu processo de escrita é uma missão constante de busca e destruição para eliminar palavras e frases supérfluas. Escreva menos.

Isso se aplica até mesmo à comida que Elon Musk come. Grimes já contou de um período de seis dias que passou com Musk, comendo sanduíches de manteiga de amendoim, pois ele fazia muitas horas extras na Tesla. Ninguém jamais lhe perguntou por que ela nunca pediu comida por conta própria. Tome a frente, mocinha.

O próprio Musk já falou sobre sua luta para manter seu peso baixo e sobre o sucesso obtido com o jejum intermitente. Atualmente, 10% de nós, mais de 30 milhões de pessoas (incluindo este autor), praticam o jejum intermitente, limitando a alimentação a, digamos, apenas oito horas por dia e jejuando nas outras dezesseis horas (incluindo oito horas de sono). A maioria das pessoas faz o inverso, comendo dezesseis horas por dia.

O corpo humano, de fato, prospera e opera com eficiência máxima quando é privado de ingestão apenas o suficiente para sobreviver de modo confortável. A fome é boa. Uma dieta mais enxuta desperta o sistema e dá vida às nossas células. O jejum como remédio remonta a Hipócrates, quatrocentos anos antes do nascimento de Jesus Cristo.

Em março de 2020, um artigo publicado na revista *Aging*, "Fasting for Stem Cell Rejuvenation" (Jejum para rejuvenescimento das células-tronco), estudou vermes planárias, que podem passar três meses sem ingerir nada. Os autores, Cristina González-Estévez e Ignacio Flores, relataram:

> Através dos séculos, os seres humanos buscaram sem parar por modos de viver por mais tempo e com mais saúde. Entre todas as intervenções antienvelhecimento, as dietas com restrição calórica e os períodos de jejum se destacam como os métodos mais convincentes e robustos para prolongar a vida e a saúde e reduzir o risco de diabetes, neurodegeneração, distúrbios autoimunes, tumores espontâneos e doenças cardiovasculares.

Os vermes que eles estudaram mostraram que aqueles que passavam mais fome tinham as células-tronco mais robustas, o que lhes permitia "responder rapidamente a qualquer lesão, mesmo em jejum". Os pesquisadores acrescentam: "Portanto, os ciclos naturais de jejum e alimentação promovem a manutenção de uma população de células-tronco saudável e sempre cíclica, tornando as planárias imortais". Imortais!

Muitos de nós poderiam ter benefícios se consumissem menos. Dentre os adultos estadunidenses, 31% estão acima do peso e outros 42% são obesos. E dentre as crianças de dois a dezenove anos, 16% estão acima do peso e quase 20% são obesas; 6% são obesas mórbidas.

Essas são as consequências da abundância: a taxa de obesidade dos EUA é o dobro da média da dos outros países membros da Organização para a Cooperação e Desenvolvimento Econômico. Entre os países da OCDE, os Estados Unidos têm a segunda maior taxa de mortalidade por doença cardíaca, uma mortalidade por doença pulmonar mais alta do que a do Reino Unido ou a dos países europeus, maior incidência de artrite grave e a maior taxa de diabetes. Portanto, em caso de dúvida, reduza: consuma menos.

Até mesmo o guarda-roupa de Elon é uma questão de redução: apenas um monte de camisetas pretas lisas, algumas com logotipos, jeans pretos e alguns cachecóis. Sua necessidade primordial de cortar quase tudo, de reduzir, reduzir, reduzir e simplificar ao máximo, pode ser mais profunda do que apenas seus próprios desejos. Sua máxima de redução, na verdade, pode ser parte integrante das leis mais básicas do universo e de como ele funciona. Pode ser uma maneira de contrabalancear e compensar a tendência do universo de produzir mais entropia, complexidade, desperdícios e ineficiência à medida que o tempo avança. E Elon entende isso.

O universo é regido por quatro leis básicas da termodinâmica, e as duas primeiras se aplicam bem aqui. A primeira lei da termodinâmica, estabelecida em 1824, afirma que o universo, por envolver tudo, não pode criar nova energia nem a destruir ou expelir; em vez disso, a energia é transformada de uma forma para outra – de, digamos, calor para movimento.

Preste atenção: a segunda lei da termodinâmica, estabelecida em 1850, diz que em toda transformação de energia de um estado para outro, grande parte da energia é perdida, desperdiçada. Isso é conhecido como entropia.

Decadência, complexidade, aumento da ineficiência, desperdício: entropia.

Veja também: governo, grandes empresas, organizações, sistemas.

A segunda lei diz que o universo inteiro tende a produzir mais entropia, em vez de menos.

Mas o mais estranho é que, apesar desse volume sempre crescente de entropia e complexidade, a massa total geral de todo o universo permanece constante e nunca aumenta. Como isso é possível se a decomposição e a complexidade da entropia estão aumentando constantemente? Algo mais deve estar em declínio para compensar isso.

Melvin Vopson, da Universidade de Portsmouth, que também é engenheiro de armazenamento em estado sólido, conversou comigo sobre isso por mais de uma hora certa noite, em uma chamada pelo Zoom feita de sua casa. Como ele explica:

"Fato é que não se pode permitir que o universo troque calor com nada. Ou energia, certo? Portanto, massa é energia, então você não pode adicionar mais massa ao universo. Você não pode tirar massa do universo. Você não pode adicionar energia de nenhum tipo ao universo. Você não pode expelir energia do universo de forma alguma."

E por que não? Porque o universo é tudo, já está tudo lá dentro, diz ele. "Se for possível [expelir energia], isso significa que o universo está dentro de outra coisa. Portanto, todos os nossos modelos físicos já eram. Certo?"

Ele acrescenta: "Então, agora a pergunta é: se tudo no universo, inclusive o universo inteiro, evolui para um estado de alta entropia, como é possível explicar que a mudança na entropia tem que ser zero?". Com a segunda lei da termodinâmica, que afirma que, embora tudo no universo aumente a entropia ao longo do tempo, isso não aumenta a massa do universo como um todo, porque essa massa já está lá.

E então Vopson teve um momento Eureka há alguns anos: pode ser que a "entropia da informação" estivesse sempre se reduzindo, cortando as linhas de código que representam a informação dentro de um sistema, organismo ou estrutura. Talvez esse corte fosse a compensação para manter o equilíbrio em nosso universo propenso à entropia.

Para testar essa ideia, Vopson começou a analisar o sequenciamento do DNA do vírus Sars-CoV-2, que causa a covid-19. Cada nova variante poderia ser calculada em relação à quantidade de informações que continha, armazenada na forma binária de pares de bases dos quatro nucleotídeos que são os blocos de construção do DNA: adenina emparelhada com timina ou citosina emparelhada com guanina. AT ou CG em várias ordens, cadeias e combinações. Ele começou com a primeira versão em dezembro de 2019 e a comparou com a próxima variante, e a próxima, e a próxima, e assim por diante.

Vopson ficou surpreso ao descobrir que o vírus da SARS, de uma variante para outra, estava constantemente reduzindo as informações dentro de si. Ele estava diligentemente descartando alguns dos pares de bases de AT e CG, mas o vírus ainda era capaz de funcionar e se multiplicar e se perpetuar, tornando-se mais eficiente a cada iteração sucessiva. Como ele me disse:

"E descobri algo muito interessante. Descobri que o número de mutações é inversamente proporcional à entropia da informação do próprio genoma. Em outras palavras, quanto mais mutações você tiver, menor será a entropia da informação do seu genoma de RNA."

Isso poderia significar que a redução de dados inerente a essas mutações é intencional e planejada, e não mero acaso matemático aleatório, como sustenta a visão convencional das mutações. Uma tendência incorporada e preternatural de reduzir a entropia das informações: executar com mais eficiência, excluindo instruções e informações armazenadas que se revelam desnecessárias.

Basicamente, a mesma coisa que Elon Musk pede que seus engenheiros façam na Tesla e na SpaceX.

Fascinado, Vopson começou a procurar essa tendência de redução de entropia em outros lugares. Como ele diz: "A gama de aplicabilidade é uma loucura. Eu disse: espere um pouco, se isso está acontecendo nos genomas, poderia ser uma lei mais universal? Poderia ser... algo subjacente a tudo na natureza, talvez? Essa redução da entropia da informação, uma redução do conteúdo da informação?".

Ele continuou descobrindo essa tendência de redução de dados no comportamento das unidades de disco, que nunca agem por conta própria para adicionar ou "gravar" novos dados, mas excluem dados ao longo do tempo. Ele também a viu no Monstro de Spiegelman, o resultado de um experimento de 1965 envolvendo uma fita de RNA de bactéria que passou por 74 gerações, reduzindo seus pares de bases de DNA de 4.500 para apenas 218, uma redução de mais de 90% nas informações armazenadas.

Assim, conforme mencionei no capítulo anterior, Vopson elaborou a segunda lei da infodinâmica, como contrapeso à segunda lei da termodinâmica. Sua nova lei "exige que a entropia da informação permaneça constante ou *diminua* ao longo do tempo" (itálico meu), como ele disse em um artigo publicado na *AIP Advances* em 11 de julho de 2022. Ele escreveu:

"Isso é exatamente o oposto da evolução da entropia física, conforme ditado pela segunda lei da termodinâmica. O resultado surpreendente obtido aqui tem implicações enormes para futuros desenvolvimentos em pesquisa genômica, biologia evolutiva, computação, *big data*, física e cosmologia."

Ele continuou descobrindo tendências semelhantes de corte de dados na genética e nas mutações; na geometria euclidiana, no espelhamento e na matemática; e até mesmo na simetria encontrada em toda a natureza e nas regras básicas da estrutura molecular de como os elétrons se organizam. Ele diz:

"Essas são coisas reais. Essa é a física real; isso está acontecendo. É assim que o mundo funciona. Se os elétrons não ocupassem esses estados da maneira como os ocupam, não haveria estabilidade química. Não haveria sólidos. Não haveria matéria. Nada teria a aparência que tem. Portanto, essas regras são fundamentais para tudo o que existe no universo. Agora, encontrei uma regra que determina que eles têm a menor entropia de informação."

Mas de onde se origina essa eficiência autoimposta e quem a fez funcionar? Deus, o universo ou alguma outra força? É aqui que as coisas ficam um pouco estranhas.

Vamos voltar à firme convicção de Elon Musk de que podemos estar vivendo em uma enorme simulação virtual. Uma simulação controlada por outra pessoa, em outro lugar, em outro tempo. Se isso fosse verdade, seria necessário um enorme poder de computação para executar esse videogame gigantesco – digamos, o poder equivalente a quase cinquenta planetas de computadores, todos trabalhando nessa única coisa. Portanto, esse universo falso precisaria reduzir, sempre que possível, as informações necessárias para executar nossa simulação.

Tudo se resume a preservar a largura de banda. E armazenar menos informações.

Intrigado por essa possibilidade, Melvin Vopson publicou um artigo de acompanhamento, *The Second Law of Infodynamics and Its Implications for the Simulated Universe Hypothesis* (A segunda lei da infodinâmica e suas implicações para a hipótese do universo simulado), em 6 de outubro de 2023, na revista *AIP Advances*, do Instituto Americano de Física. Como ele me explicou em nossa ligação pelo Zoom:

"Não estou dizendo, de forma alguma, que encontrei a prova de que vivemos em uma simulação. Estou apenas dizendo que encontrei o que chamo de impressão digital, se isso faz sentido... que aponta para essa possível conclusão de que nossa realidade não é o que parece. E podemos estar vivendo em um mundo simulado, mas isso não está claro. Precisamos de mais trabalhos, talvez experimentos, observações empíricas, mas tudo isso, de fato, aponta para essa direção. Pois é."

Ele detalha mais essa ideia no segundo artigo, escrevendo que sua segunda lei "essencialmente minimiza o conteúdo de informações associado a qualquer evento ou processo no universo. (...) Esse comportamento lembra as regras usadas em linguagens de programação e codificação de computadores". Como a segunda lei da infodinâmica parece estar se manifestando universalmente e é, de fato, uma necessidade cosmológica, poderíamos concluir que isso aponta para o fato de que o universo inteiro parece ser uma construção simulada.

"Um universo supercomplexo como o nosso, se fosse uma simulação, exigiria um mecanismo integrado de otimização e compactação de dados para reduzir a potência computacional e os requisitos de armazenamento de dados. Isso é exatamente o que estamos observando por meio de evidências empíricas ao nosso redor, incluindo dados digitais, sistemas biológicos, sistemas atômicos, simetrias e todo o universo."

Reduzir, reduzir, reduzir: as ações de Elon são as do universo, seja ele uma simulação ou a realidade verdadeira. Musk entende isso de uma maneira mais profunda do que o resto de nós. Reduzir, buscar a simplificação, promover um design econômico e perfeito, eliminar desperdícios e etapas desnecessárias: essa é uma maneira melhor de viver. O universo exige isso – ou talvez a simulação exija.

L I Ç Ã O 3

PREGO QUE SE DESTACA LEVA MARTELADA: COLOQUE UM CAPACETE

Quando o sistema ataca

O sistema é duro com Elon Musk. Ele quer salvar o mundo, enquanto seus muitos detratores – e são tantos! – querem obrigá-lo a se curvar aos seus superiores. Políticos, órgãos reguladores, organizações não governamentais (ONGs), advogados especializados em responsabilidade civil e ativistas de acionistas são todos inimigos declarados de Elon.

Como não amar isso? No entanto, o sistema está estabelecendo um jogo sangrento, investigando, atacando e processando Musk, apresentando acusações contra ele e suas empresas e tentando prejudicar os negócios que ele está construindo incansavelmente. Eles o demonizam de modo que tudo o que ele faz é visto pelas lentes mais sombrias. Em vez de um visionário, eles veem um mentiroso e charlatão. Em vez de entusiasmo e otimismo infatigáveis, eles veem a ostentação de um golpista, semelhante a Harold Hill em *Vendedor de ilusões.*

E uma vez que você tenha demonizado e transformado Elon Musk em vilão, tudo que ele faz se torna suspeito de alguma forma. Atira-se primeiro e descobrem-se os fatos depois. Ele é culpado e não merece a chance de provar sua inocência. Coisas insignificantes podem se tornar incidentes internacionais.

As autoridades querem esse homem algemado e amordaçado, tido como um suspeito perigoso, seja de modo figurado ou não. Por que eles temem Elon Musk e do que eles têm tanto medo?

Uma resposta é que eles o temem por ter comprado o Twitter – e por ter exposto uma das violações governamentais mais desenfreadas, grosseiras e inconstitucionais da Primeira Emenda na história estadunidense. A exposição #TwitterFiles, autorizada por Musk e relatada por jornalistas independentes liderados por Matt Taibbi, mostrou que o FBI, a CIA, o Departamento de Segurança Interna, o CDC e dezenas de outras agências governamentais e ONGs pressionaram o Twitter a silenciar milhares de contas de estadunidenses conservadores.

Elon Musk se tornou o "inimigo progressista nº 1", como disse o conselho editorial do *Wall Street Journal* em 23 de setembro de 2023, em *The Harassment of Elon Musk: The Tesla CEO Faces a Remarkable Number of Government Probes* (A perseguição a Elon Musk: o CEO da Tesla enfrenta uma quantia considerável de investigações governamentais). Nenhum delito de Musk é pequeno demais para deixar de chamar a atenção de burocratas do governo ou de políticos moralistas.

Corta para São Francisco, dois meses antes: 24 de julho de 2023 (por acaso, meu aniversário). Musk acaba de renomear o Twitter como X, e uma plataforma elevatória está instalada em sua sede na Market Street, no centro de São Francisco. Os trabalhadores estão começando a remover o letreiro vertical do Twitter, que traz no topo seu símbolo "icônico", como a imprensa local o chamaria mais tarde: o logotipo do pássaro azul. Eles conseguem remover "@tw" e "tt" antes que a polícia da cidade intervenha e ordene que eles parem, o que os faz deixar o "i" e o "er" no lugar.

Tudo por falta de uma licença. Alguns dias depois, em uma sexta-feira, Musk mandou os trabalhadores erguerem um logotipo do X gigante e iluminado no telhado do prédio. Na segunda-feira de manhã, a cidade ordenou que a empresa o retirasse, depois que 25 pessoas ligaram reclamando da estrutura instável e do brilho da iluminação noturna.

Assim, as autoridades do governo e a polícia de São Francisco reservaram um tempo para reprimir as mudanças de sinalização no

Twitter – em uma cidade que permite que acampamentos de sem-teto se instalem em vias públicas, onde o uso aberto de narcóticos ilegais é rotina, pacientes com doenças mentais graves perambulam sem tratamento e atos obscenos são cometidos com impunidade. São prioridades.

Essa inimizade anti-Musk começa no topo. Musk adquiriu o Twitter no final de outubro de 2022. As eleições de meio de mandato ocorreram em 8 de novembro de 2022 e, no dia seguinte, o presidente Biden realizou uma rara coletiva de imprensa sobre os resultados surpreendentemente bons (para os democratas).

Repórter: "Sr. presidente, o senhor acha que Elon Musk é uma ameaça à segurança nacional dos EUA? E os EUA deveriam, com as ferramentas de que dispõem, investigar a aquisição conjunta do Twitter com governos estrangeiros, incluindo os sauditas?".

Biden sorri ironicamente, como se dissesse *"Seu malandrinho"*, faz uma pausa e, em seguida, escolhe. Cuidadosamente. Suas. Precisas. Palavras. Como se estivesse ouvindo, em um fone de ouvido invisível, alguém recitá-las para ele.

Presidente Biden: "Heh heh. Acho que a cooperação e/ou as relações técnicas de Elon Musk com outros países é, ahn, digna de ser analisada. Não estou sugerindo que esteja ou deixe de estar fazendo algo inapropriado. Estou sugerindo que vale, ahn, que vale a pena ser analisado. Ahn, e, mm, ahn, e, ahn, e é só isso que vou dizer".

"Como?", um repórter grita ao fundo.

Presidente Biden: "Há muitas maneiras".

Certo: então, Elon Musk *pode* estar fazendo algo inapropriado. Não sabemos o quê, mas vamos dar uma olhada! Um velho político cauteloso: ao "não sugerir" que Musk estivesse fazendo algo inapropriado, o presidente Biden estava levantando exatamente essa possibilidade – tanto que ela deveria ser "analisada".

Preste atenção: o Twitter já tinha um fundo saudita como investidor muito antes de Musk aparecer, e o fundo permaneceu após a aquisição. Os sauditas também possuem ações de uma miríade de grandes empresas estadunidenses, portanto, isso não é nada demais. Quando os federais visarem o Twitter por causa de seus investidores estrangeiros – e aposto tudo o que tenho que isso vai acontecer –, a mídia deixará de fora o pedido tácito de Biden feito em 2022.

No verão de 2023, Musk sofreu tantos ataques de tantas direções que a coisa toda começou a parecer uma perseguição política. Ou uma comédia de erros. Em questão de semanas, a partir de 24 de agosto, ele foi atacado pelo governo em sete frentes diferentes.

1. A Administração Nacional de Segurança Rodoviária (NHTSA) estava pronta para revelar sua decisão em uma investigação de dois anos sobre o sistema de direção Autopilot, da Tesla. Isso foi motivado por três dúzias de acidentes envolvendo o software de direção autônoma, resultando em 23 mortes desde 2016. Em abril de 2024, a NHTSA concluiu a investigação e não emitiu multas ou penalidades – e lançou uma nova investigação sobre duas dúzias de novas mortes. Não importa que mais de quarenta mil pessoas morram em 2 milhões de acidentes de carro todos os anos.
2. O Departamento de Justiça dos EUA acusou a SpaceX de discriminar refugiados na contratação. Um caso estranho, considerando as leis e regras conflitantes que proíbem os empregadores de contratar migrantes sem documentos, especialmente em áreas sensíveis de alta tecnologia.
3. A justiça lançou uma investigação criminal e a Comissão de Valores Mobiliários iniciou uma investigação civil separada sobre relatos de que a Tesla havia encomendado milhões de dólares de vidro especializado para construir uma casa para Elon Musk. Uma casa de vidro: parece uma piada. No final do verão de 2024, nenhuma acusação havia sido feita, mas os dois órgãos ampliaram suas análises para examinar outros possíveis gastos indevidos.
4. Os promotores federais, em um novo esforço, estavam investigando as declarações de quilometragem da Tesla sobre a

distância que seus veículos elétricos poderiam percorrer com uma única carga.

5. O Departamento de Justiça apresentou um argumento em apoio à Comissão Federal de Comércio (FTC) em relação a um antigo acordo de privacidade do Twitter que remonta a 2011. Isso apesar de nenhuma evidência de qualquer novo dano ao consumidor. Quando Musk assumiu o controle e demitiu vários milhares de funcionários, alguns reclamaram que ele estava ignorando disposições antigas aplicadas pela FTC que datavam de uma década antes.
6. A Comissão de Oportunidades Iguais de Emprego (EEOC), em 29 de setembro de 2023, entrou com uma ação contra a Tesla em um tribunal federal no norte da Califórnia alegando assédio a trabalhadores de minorias. A EEOC estava copiando uma queixa do estado da Califórnia, que, por sua vez, seguiu o caminho de um processo movido por Owen Diaz, um trabalhador negro da fábrica em Fremont, na Califórnia, que ganhou uma sentença de US$ 3,2 milhões contra a Tesla em um julgamento com júri. O caso permaneceu sem solução um ano depois.
7. A senadora Elizabeth Warren pediu que o Departamento de Defesa e o Congresso investigassem Musk por seu papel em uma recente controvérsia relacionada aos militares ucranianos, à rede de satélites Starlink, da SpaceX, e a uma missão fracassada para explodir navios russos na costa da Crimeia.

Sete campos de batalha distintos em dois meses. Essa é uma grande quantidade de guerra governamental direcionada a um único alvo. E isso é apenas uma parte de todos os esforços que estão sendo feitos agora para impedir, prejudicar e destruir Elon Musk. Mais duas frentes de ataque foram iniciadas nos meses seguintes.

Em dezembro de 2023, a Comissão Federal de Comunicações (FCC) rescindiu um contrato de US$ 885 milhões que havia sido concedido à rede Starlink, de Musk, para fornecer serviços de internet a 640 mil residências e empresas em áreas rurais de 35 estados. Esse fato gerou uma amarga discordância do membro republicano da FCC, Brendan Carr, que acusou o governo Biden de ter, repetidamente, Musk como alvo. Fala de abertura:

"No ano passado, depois que Elon Musk adquiriu o Twitter e o usou para expressar suas próprias opiniões políticas e ideológicas sem filtro, o presidente Biden deu luz verde às agências federais para ir atrás dele." Ele cita o fato de o presidente Biden ter dito que havia "muitas maneiras" de fazer isso, e acrescenta:

"Decerto há. O Departamento de Justiça, a Administração Federal de Aviação, a Comissão Federal de Comércio, o Conselho Nacional de Relações Trabalhistas, o Procurador dos EUA para o Distrito Sul de Nova York e o Serviço de Pesca e Vida Selvagem dos EUA iniciaram investigações sobre Elon Musk ou suas empresas."

"Hoje a Comissão Federal de Comunicações se junta à crescente lista de agências administrativas que estão tomando medidas contra os negócios de Elon Musk. A decisão de hoje certamente se encaixa no padrão de assédio regulatório do governo Biden." A decisão "não pode ser explicada por nenhuma aplicação objetiva da lei, dos fatos ou da política".

Um mês depois, Elon Musk foi atacado em outro local, dessa vez no Tribunal de Chancelaria de Delaware. Uma das juízas locais, Kathaleen St. Jude McCormick, rejeitou o pacote de remuneração concedido a Elon Musk em 2018 pelo conselho da Tesla, que teve a aprovação de 73% dos acionistas (antes de contar as ações pertencentes a Elon e seu irmão, Kimbal).

O pacote de pagamento de Elon foi fixado em US$ 2,28 bilhões quando a Tesla o colocou em vigor, mas em 2023 foi avaliado em impressionantes US$ 56 bilhões. Isso se deve ao fato de que as ações da Tesla, nesse meio-tempo, aumentaram mais de dez vezes, passando de US$ 17 por ação para US$ 185 por ação no início de 2024, e isso foi o ponto baixo de uma alta de US$ 370, em outubro de 2021. A remuneração de Elon era composta exclusivamente de ações da Tesla, e isso costumava ser considerado uma coisa boa: vincular a remuneração do CEO ao desempenho das ações para que ele se beneficiasse apenas se os acionistas também se beneficiassem.

Portanto, embora fosse dito que as algemas de ouro dele agora valessem US$ 56 bilhões, fato é que ele criou mais de meio trilhão de dólares em riqueza extra para os acionistas da Tesla nesses cinco anos.

A juíza foi longe demais em sua decisão, começando com uma frase que parecia ter sido criada como *clickbait*: "Será que a pessoa mais rica do mundo foi paga em excesso?". Ela citou o processo "profundamente falho" pelo qual um conselho acolhedor havia aprovado os termos, e argumentou que o preço era "injusto" e "uma soma insondável". Ela citou *Star Trek* ("Audaciosamente indo aonde nenhum homem jamais esteve") e *Henrique V*, de Shakespeare ("À brecha novamente, meus amigos").

Ela estava claramente se divertindo. A juíza McCormick já havia se envolvido com Elon Musk antes: foi ela quem emitiu a decisão que o forçou a prosseguir com sua oferta de aquisição do Twitter no final de 2022.

Horas após a decisão dela sobre o pacote salarial, na terça-feira, 30 de janeiro de 2024, Elon publicou uma nova enquete no X, perguntando se a Tesla deveria mudar sua sede corporativa para o Texas e sair de Delaware, a base para a maioria das grandes incorporações de empresas. De 1,1 milhão de votantes, 87% votaram "Sim"; 13% votaram "Não". Dois dias depois, em 1º de fevereiro, Musk anunciou planos para propor a mudança da incorporação da empresa para o Texas na reunião seguinte de acionistas da Tesla.

Em 13 de junho de 2024, a Tesla realizou sua reunião anual de acionistas. Detentores de 72% das ações votaram a favor do contrato de remuneração de Elon, nos mesmos termos de antes e agora com um valor de US$ 48 bilhões. Isso foi igual à votação original, realizada antes que os acionistas soubessem quanto realmente custaria. Foi uma grande demonstração de apreço. Da mesma forma, os investidores da Tesla também aprovaram a transferência da incorporação da empresa para o Texas.

Elon sempre se recusa a se curvar; ele se recusa a se esquivar. Em vez disso, opta por lutar. Ele vai ao X para reunir a opinião pública. E entra com ações judiciais para se defender de seus agressores. E toma novas medidas que claramente desafiam seus detratores. Aí está: coragem. Muita coragem. Quando até mesmo as forças mais poderosas tentam atacar Elon Musk, ele se levanta para colocá-las de volta em seus devidos lugares. Elon é o prego que se destaca e, por isso, é martelado primeiro. Em vez de reclamar, ele coloca um capacete: "Pode vir".

Isso deve servir de exemplo para o restante de nós. Enfrentar forças superiores e se manifestar é algo que todos deveríamos fazer depois de estudar o caso e garantir que estamos certos do ponto de vista factual e moral. Se ao menos tivéssemos os meios e a garra... E Musk tem os dois. Como um super-herói de energia reversa, ele prospera com os ataques e se fortalece com eles, em vez de deixar que esses idiotas o derrotem. Ele tem a síndrome de Cristóvão Colombo ao contrário: quanto mais insistem que está errado, mais certo ele se sente. Musk confia em seus instintos.

Essas características ficaram evidentes quando Musk navegou pelos sete esforços distintos de repressão do governo que foram notícia em apenas três semanas, de agosto a setembro de 2023. Vamos fazer uma contabilidade PEPS (Primeiro que Entra, Primeiro que Sai) e começar com a última entrada: o caso Ucrânia/Starlink e a senadora hipócrita de Massachusetts.

Ao criticar Musk, a senadora Warren estava navegando nas manchetes sobre o lançamento, na mesma semana, de *Elon Musk*, o livro homônimo do biógrafo Walter Isaacson, que abrange 95 capítulos em 688 páginas. No final da página 430, Isaacson relata que Musk, em abril de 2022, rejeitou os apelos dos militares ucranianos para permitir que sua rede de satélites Starlink, de propriedade privada, fosse usada para orientar um ataque surpresa de drones, o primeiro da história, contra navios russos perto da Crimeia.

Isaacson escreve que os militares ucranianos enviaram seis drones submarinos, armados com explosivos, viajando sob o Mar Negro em direção ao porto de Sebastopol, na península da Crimeia. No meio da noite, militares ucranianos e funcionários do governo, incluindo um vice-primeiro-ministro, ligaram para Musk e executivos da SpaceX para pedir que ativassem a cobertura Starlink para que seu ataque surpresa pudesse prosseguir.

Musk rejeitou seus apelos. Ele discutiu o assunto com Isaacson durante esse período de tensão – uma informação incrível para um autor ou jornalista. Musk disse a ele que o ataque, se bem-sucedido, teria sido "ruim para o mundo". Ele temia que isso pudesse aumentar o envolvimento dos EUA na guerra entre a Rússia e a Ucrânia ou até mesmo levar à Terceira Guerra Mundial.

É assim que Walter Isaacson acaba descrevendo o confronto em *Elon Musk*:

> Permitir o uso do Starlink para o ataque seria um desastre para o mundo. Portanto, ele reafirmou uma política secreta que havia implementado, da qual os ucranianos não tinham conhecimento, para desativar a cobertura num raio de cem quilômetros em volta da costa da Crimeia. Como resultado, quando os drones submarinos se aproximaram da frota russa em Sebastopol, perderam a conectividade e foram parar na praia, sem causar danos.

Isaacson tinha a intenção de retratar seu personagem como corajoso e heroico nesse relato; os biógrafos tendem a fazer isso – por que gastar todo esse esforço para traçar o perfil de um tolo? Em vez disso, ele acabou fazendo com que Elon Musk parecesse arrogante e com fome de poder, e os partidários democratas da Ucrânia, funcionários do governo e a mídia partiram para o ataque.

Manchete do *New Republic*: "Elon Musk, o puxa-saco de Putin, desliga a Starlink para impedir um ataque ucraniano". Puxa-saco?

The Independent: "Elon Musk provoca fúria ao admitir que frustrou ataque de drone ucraniano à frota naval de Putin". Frustrou?

Vanity Fair: "Relatório: Elon Musk causou grandes danos a uma ofensiva de guerra ucraniana no ano passado". Título secundário: "O bilionário temperamental desligou as comunicações da Starlink".

Yahoo News: "Musk nega alegações de traição à pátria por restringir o acesso da Ucrânia à Starlink". Traição? Traição!

Business Insider: "Conselheiro de Zelensky critica Elon Musk. (...) 'Por que algumas pessoas querem tanto defender criminosos de guerra?'".

The New York Times: "Elon Musk se recusou a permitir o ataque de drones da Ucrânia à frota russa". Título secundário: "A notícia de que o Sr. Musk não permitiu o uso de sua rede de satélites Starlink traz luz às preocupações em Kiev e Washington sobre sua influência externa na guerra".

Enquanto isso, os partidários de Musk o elogiaram por ter se contido e ajudado a evitar uma escalada maior na guerra russa contra a Ucrânia. Nem a crítica nem o elogio a Elon Musk eram justificados, como se vê. Walter entendeu errado.

Dias depois de *Elon Musk* ter estreado, Isaacson se adiantou e disse que havia cometido um erro que desencadeara um incidente internacional. Em vez de Musk ter instruído seus engenheiros a desligarem a Starlink na Crimeia, como Isaacson escreveu, a cobertura já não existia, conforme exigido pela lei dos EUA. As sanções dos EUA contra a Rússia impediram a SpaceX de servir o território controlado pela Rússia. Portanto, Elon recusou uma exigência da Ucrânia para que a Starlink ativasse a cobertura da Crimeia porque isso violaria a lei dos EUA. Ele não estava sendo um herói. Ele estava seguindo as regras, embora isso não fosse típico dele.

Às onze horas da noite seguinte, Isaacson apareceu nas mídias sociais para "esclarecer" o assunto, dizendo: "Os ucranianos PENSARAM que a cobertura estava habilitada até a Crimeia, mas não estava. Eles pediram a Musk que a habilitasse para o ataque de seu submarino drone à frota russa. Musk não a ativou, porque pensou, provavelmente de modo correto, que isso causaria uma grande guerra". Opa, ele fez de novo: esse não foi o verdadeiro motivo que levou Musk a dizer não à Ucrânia. Musk estava cumprindo a lei dos EUA e se curvando às sanções contra a Rússia.

Dois dias depois, às 5h30 (horário do leste dos EUA), em 11 de setembro de 2023, Elon Musk se dirigiu diretamente a seus 155 milhões de seguidores no X: "Sou um cidadão dos Estados Unidos e tenho apenas esse passaporte. Aconteça o que acontecer, lutarei pelos Estados Unidos e morrerei nele. O Congresso dos Estados Unidos não declarou guerra à Rússia. Se alguém é traidor da pátria, são aqueles que me chamam assim. Por favor, digam isso a eles com clareza".

Em 13 de setembro, a senadora Warren foi à CNN vestida com um blazer verde-grama, que parecia ser de poliéster e ter sido emprestado de um funcionário da seção de feira de um mercado. Ela ou não sabia das palavras de Isaacson, ou havia decidido ignorá-lo. Em seu melhor tom de professora de Harvard, disse:

"Ninguém deve fazer política externa para os Estados Unidos a não ser o governo dos Estados Unidos. Não cabe a um bilionário sair por aí em segredo e mudar nossa política externa."

Musk não tinha feito nada disso. Na verdade, ele fez o oposto. Um ou dois dias depois, ele acrescentou detalhes, aparecendo remotamente por vídeo em uma tela gigante no palco de uma reunião de fãs do podcast *All-In*, que é apresentado por quatro irmãos tecnológicos inteligentes e muito ricos, incluindo o bom amigo e colega de PayPal de Musk, David Sacks. Enquanto centenas de fãs estavam sentados no escuro no Royce Hall, no campus da Universidade da Califórnia em Los Angeles, prontos para aplaudir cada palavra de Musk, seu rosto na tela parecia positivamente orwelliano. Elon disse à multidão:

"Não temos permissão para realmente ativar a conectividade com a [Crimeia controlada pela Rússia] sem a aprovação explícita do governo. Portanto, não tivemos a [aprovação] do governo dos EUA. (...) Basicamente, percebemos que isso era como um ataque do tipo Pearl Harbor a Sebastopol – à frota russa em Sebastopol. Assim, o que eles realmente estão nos pedindo é que participemos de forma proativa de um grande ato de guerra."

Ele acrescentou: "E, sabe, embora certamente apoiemos muito o governo ucraniano, ele não é responsável por pessoas ou empresas dos EUA. Não é assim que funciona". A sala foi tomada por aplausos. Musk também disse à multidão: "Embora eu não seja o maior fã do presidente Biden, se eu tivesse recebido uma diretriz presidencial para ligar a Starlink, eu o teria feito. Porque considero o presidente como o diretor executivo do país. Quer eu queira que essa pessoa seja o presidente ou não, ainda assim respeito o cargo".

Isso é muito mais respeito do que o presidente Biden e a senadora Warren demonstraram por Elon.

Toda a confusão da Starlink ignorou alguns pontos pertinentes. A rede de satélites é uma propriedade privada. Ela foi construída pela SpaceX, cujo controle acionário Elon detém, com 42%, tendo financiado a empresa com US$ 100 milhões de seu próprio dinheiro. O governo ucraniano elogiou Musk e a SpaceX pelo papel fundamental da Starlink na restauração das comunicações depois que centenas de foguetes russos destruíram a infraestrutura tecnológica do país.

De fato, a Starlink forneceu mais de US$ 100 milhões em serviços para a Ucrânia e suas Forças Armadas, sem custos, porque Musk achava que um país soberano deveria ser capaz de se defender. Em determinado momento, os Estados Unidos estavam perto de assinar um acordo para começar a pagar pelo serviço da Starlink para a Ucrânia, mas o acordo foi desfeito em meio a vazamentos de notícias e mais controvérsias anti-Musk.

O prego que se destaca é o primeiro. E nenhuma boa ação fica impune. Os clichês permanecem por centenas de anos porque, muitas vezes, se provam verdadeiros.

Menos de uma semana depois que a senadora Warren foi à CNN, Musk enviou uma resposta tácita à advertência dela de que ele não deveria se meter em assuntos externos. Ele se reuniu em Nova York com o primeiro-ministro da Turquia, Recep Tayyip Erdoğan, que lhe pediu para construir uma gigafábrica da Tesla em seu país. Mais tarde, no mesmo dia, Musk apresentou ao vivo, em sua própria plataforma X, uma conversa de uma hora com o primeiro-ministro israelense, Benjamin Netanyahu. Eles discutiram IA e outros tópicos.

No final do dia, Elon Musk presenteou o líder israelense com um novo Tesla Cybertruck.

Elizabeth Warren tem uma fascinação por Elon Musk. Em dezembro de 2022, ela solicitou uma investigação da Comissão de Valores Mobiliários dos Estados Unidos (SEC) sobre possíveis conflitos de interesse entre a Tesla, de capital aberto, e o Twitter, de capital fechado, dois meses após Elon ter adquirido a plataforma. Ela reiterou esse pedido em abril de 2023. A senadora estava intervindo em um assunto que é de competência do conselho de administração da Tesla e dos proprietários de ações da Tesla. Se os acionistas estiverem preocupados com isso, eles podem solicitar uma investigação da diretoria ou apresentar uma resolução sobre o assunto, ou podem vender suas ações e investir em outro lugar.

Os federais não precisam se envolver nisso. Eles que vão procurar o próximo golpe de criptomoeda da FTX envolvendo algum fundador espertinho que doou US$ 40 milhões para causas democratas para não ser detectado. Mas não: eles preferem ir atrás de Elon Musk.

A senadora Warren reiterou suas supostas preocupações em julho de 2023. Em 17 de julho, às 15h02, ela tuitou: "Desde que Elon Musk assumiu o controle do Twitter, estou preocupada que o conselho da @Tesla não tenha conseguido administrar os conflitos de interesse de sua função como CEO da Tesla e do Twitter. A diretoria da Tesla tem a obrigação legal de atender seus acionistas. Estou pedindo ao @ SECGov que investigue". Tão solene e piedosa.

Dois dias depois, em 19 de julho, às 11h27, Elon Musk respondeu no Twitter, sem qualquer pontuação: "Você de novo não" e, um minuto depois: "Podemos ser amigos? Por favor por favor por favor". Ele estava sendo irônico: dizendo uma coisa e querendo dizer exatamente o oposto. Elon Musk vê a senadora Warren como a inimiga arrogante e interesseira que ela é, e, para ele, isso é uma guerra. E ele está certo. Investigar o quê? A senadora Warren afirma se preocupar com os investidores da Tesla – no entanto, o preço das ações da companhia estava em alta de 170% no acumulado do ano quando ela publicou seu tuíte.

Um dia depois, em 20 de julho, a Reuters noticiou que os advogados de Elon Musk estavam se preparando para intimar a senadora Warren e exigir ver todas as suas comunicações com a Comissão Federal de Comércio e a SEC em relação ao Twitter e à Tesla. Foi uma amostra de poder de Musk, um jeito de jogar as mesmas cartas. Essa é a consequência de colocar um capacete quando seus inimigos vêm atrás de você: você precisa revidar. E precisa transformar movimentos defensivos em ofensivos. É isso que Elon acabou fazendo depois que o governo basicamente o processou por não contratar refugiados.

No final do verão de 2023, Elon Musk tornou-se alvo de outro valentão – o Departamento de Justiça dos EUA (DOJ), que abriga a Divisão de Direitos Civis, que abriga a Seção de Direitos de Imigrantes e Trabalhadores (IER). A IER entrou com uma queixa contra a SpaceX no Gabinete do Diretor de Audiências Administrativas, dentro do Gabinete Executivo de Revisão de Imigração, que por sua vez fica dentro... do Departamento de Justiça.

Portanto, uma parte do Departamento de Justiça está tomando medidas contra Elon Musk e a SpaceX, a serem julgadas por *outra* parte do Departamento de Justiça. O termo "justiça" tem pouca credibilidade. "Câmara das estrelas" e "tribunal canguru" talvez fossem mais adequados. Ainda mais estranho é o ponto central da queixa apresentada pelo IER: a SpaceX, de 2018 a 2021, supostamente discriminou refugiados ao contratar, em vez disso, cidadãos dos EUA e residentes aprovados com status legalizado.

Esse foi um caso de "Mundo Inverso". Essencialmente processando um proprietário de empresa por não contratar refugiados e solicitantes de asilo, quando a lei dos EUA tende a exigir que os empregadores verifiquem se os trabalhadores que contratam são cidadãos americanos e residentes legais. Regulamentações adicionais proíbem as empresas de contratar estrangeiros em empregos sensíveis de tecnologia, como muitos oferecidos pela SpaceX, que tem contratos de lançamento de satélites com agências de inteligência dos EUA. Além disso, é um mau negócio contratar alguém com status de residência instável: você investe no treinamento dessa pessoa e ela acaba tendo que voltar para seu país de origem.

As políticas dos EUA devem incentivar, tanto quanto possível, a contratação de nosso próprio povo. E quanto àqueles que já conseguiram entrar legalmente no país: 9 milhões de imigrantes legalizados nos Estados Unidos estão desempregados. Refugiados e "asilados" são novos entrantes cujo status de imigração e residência ainda não foi determinado – por que uma empresa contrataria um novo trabalhador com perspectivas tão incertas?

Na última década, o escritório do IER conduziu dez casos administrativos dessa natureza e os resolveu sem apresentar acusações. Cinco desses casos foram registrados depois que Joe Biden se tornou presidente. Todos eles envolviam pequenos empregadores e foram resolvidos por pequenas quantias. Mas Elon Musk foi tratado de forma diferente. A declaração oficial e arrogante da Justiça, atribuída a Kristen Clarke, procuradora-geral assistente dos EUA para direitos civis, foi a seguinte: "Por meio desta ação judicial, responsabilizaremos a SpaceX por suas práticas empregatícias ilegais".

Aqui está uma prática supostamente ilegal que a reclamação alega: alguns dos comentários públicos de Elon Musk foram "discriminatórios", como quando ele disse em uma publicação no Twitter em 2020 que "a lei dos EUA exige pelo menos um *green card* para ser contratado na SpaceX, pois os foguetes são considerados tecnologia avançada de armas". Musk estava dizendo o que acreditava ser verdade, conforme aconselhado por seus advogados, e agora o governo estava tentando penalizar sua liberdade de expressão chamando-a de "discriminatória".

Em geral, quando um valentão tão grande e temível como o Departamento de Justiça transforma você em alvo, seus advogados o mandam calar a boca, e você obedece. Como deveria, porque tudo o que você disser pode e será usado contra você em um tribunal. Todos nós já vimos *Law & Order* milhares de vezes. *Dun-dun!*

Porém, Elon Musk segue outro conjunto de regras. Às 20h44 do dia em que o caso foi anunciado, como se não pudesse mais se conter, ele fez um post no X com 3,7 milhões de visualizações, explicando que a SpaceX estaria violando as leis internacionais de tráfico de armas se contratasse alguém que não fosse um residente permanente dos Estados Unidos. "Esse é mais um caso de utilização do DOJ como arma para fins políticos."

Dois dias depois, após deixar o assunto se dissipar enquanto seus seguidores atacavam o DOJ, Musk publicou outra mensagem, às 13h12 do dia 26 de agosto de 2023: "O DOJ precisa processar a si mesmo!". Ele postou isso em cima de um post de um professor de economia da Universidade George Mason, Alex Tabarrok, que atraiu impressionantes 66 milhões de visualizações com isto:

"O DOJ está processando @elonmusk e a @SpaceX por concentrarem suas contratações em cidadãos estadunidenses e residentes permanentes. Você sabe quem mais anuncia que apenas cidadãos estadunidenses podem se candidatar a um emprego? O DOJ". Em anexo, uma captura de tela de um anúncio de emprego para um "especialista em recreação" no Departamento Federal de Prisões do DOJ. "Condições de contratação: é necessário ter cidadania estadunidense."

Um minuto depois, às 13h13, de @elonmusk: "Não dá… hahahah… é ironia demais", seguido por dois emojis chorando de rir. Elon está rindo da cara daqueles que estão tentando derrubá-lo. E nós também deveríamos.

Pense por um momento em como isso deve parecer para Elon Musk. Ele está sendo perseguido pelo governo federal dos Estados Unidos, uma das maiores e mais poderosas entidades do planeta. Um adversário gigantesco, implacável e inesgotável, dirigido por um grupo de políticos egoístas, na opinião dele.

No caso da reclamação dos imigrantes da SpaceX, o que foi necessário para começar essa briga, sendo o infrator Elon Musk?

Uma única reclamação, de apenas um candidato a emprego.

Um cidadão de fora dos EUA, que apresentou uma das mais de 1 milhão de solicitações de emprego recebidas pela SpaceX em quatro anos, para preencher um total de 11.500 vagas de emprego. Em fevereiro de 2020, um candidato a emprego chamado Fabian Hutter se candidatou a uma vaga publicada no site da SpaceX. O aviso dizia que os candidatos deveriam ser cidadãos dos EUA, residentes permanentes legais, indivíduos protegidos ou pessoas qualificadas pelo Departamento de Estado. O currículo de Hutter afirmava claramente que ele tinha dupla cidadania na Áustria e no Canadá.

E o mais estranho é que, em vez de discriminar esse estrangeiro desde o início, os gerentes da SpaceX o autorizaram a passar por algumas etapas de entrevistas. Não havia nenhuma evidência de que o status de sua cidadania tivesse afetado o processo de tomada de decisão. Eles o recusaram devido a respostas inadequadas sobre sua motivação para trabalhar na SpaceX e à falta de criatividade ao discutir a constelação Starlink. E a SpaceX acabou nunca preenchendo a vaga listada, que era para um associado de estratégia técnica. Tudo isso está declarado na resposta legal da SpaceX.

Então, onde está a discriminação? Mesmo assim, Fabian Hutter apresentou uma reclamação à Seção de Direitos de Imigrantes e Trabalhadores, em 29 de maio de 2020, e o IER tratou do assunto com veemência. Imediatamente, ela alertou a SpaceX que a agência "também poderia estar explorando algum padrão recorrente de discriminação" proibida pela lei dos EUA, como mostra o registro.

O IER exigiu registros de empregos da SpaceX em treze categorias, abrangendo quase quarenta subcategorias. Ela queria ver detalhes de cada uma das 1.700 vagas de emprego para tudo, "desde baristas e encanadores até engenheiros altamente especializados", informou a SpaceX. Uma cópia da lista de empregos, o nome, o título, a data de contratação, a data de início, os salários, todos os documentos relacionados e os mesmos detalhes dos membros da equipe que fizeram a contratação.

O IER também solicitou "milhares de registros confidenciais – incluindo cartões de previdência social, passaportes e certidões de nascimento – de 3.500 funcionários da SpaceX, em todos os cargos, em nove locais da SpaceX em todo o país", disse a empresa em sua resposta à reclamação do IER. "No entanto, o IER não fez nenhuma tentativa de apresentar justificativas para tais intimações abrangentes. (...) Suas respostas oficiosas até o momento não forneceram nenhuma explicação sobre por que sua solicitação atual (...) é específica e relevante para as supostas investigações do IER sobre as práticas de contratação da SpaceX."

A empresa de propriedade de Musk gastou mais de cem horas com sua equipe para responder à consulta do IER com mais de mil páginas de documentos – e isso não foi suficiente! "Deficiente em vários aspectos", disseram os potentados da agência aos advogados da SpaceX sobre a resposta da empresa. O processo da SpaceX diz: "O pedido de aplicação do IER é a própria definição de exagero do governo (...), com base em uma acusação de discriminação de origem nacional isolada e sem mérito aparente, apresentada por um candidato a emprego rejeitado para uma vaga que nunca foi preenchida e a quem nunca foi solicitado fornecer nenhum registro I-9 [de cidadania]".

E também isto: "A todo momento, os esforços de boa-fé da SpaceX para cooperar com o escopo legítimo da investigação do IER foram atendidos com solicitações de documentos cada vez mais invasivas, onerosas e irrelevantes". A intimação do IER para mais documentos era "indevidamente onerosa, dada a sua falta de relevância". Assim, a agência estava se envolvendo em "lógica circular – ou seja, os documentos de padrão discriminatório que o IER busca são necessariamente 'relevantes' para qualquer investigação de padrão discriminatório que o IER possa inventar".

Durante todo o tempo, a SpaceX argumentou que busca os candidatos mais qualificados e que segue as leis dos EUA com relação a contratações, status de residência e requisitos de sigilo; e a empresa ressaltou que já emprega centenas de estrangeiros. Não houve discriminação.

Além disso, por uma questão estratégica, por que o governo deveria ordenar que a SpaceX ou qualquer outra empresa contratasse refugiados e asilados – ou qualquer estrangeiro, aliás –, se milhares de estadunidenses qualificados e residentes legais permanentes estão se candidatando às mesmas vagas? A Seção de Direitos de Imigrantes e Trabalhadores não tinha nada a ver com essa briga. É duvidoso que esse caso existisse se envolvesse alguém que não se destacasse tanto, como Elon Musk.

Quando Musk sabe que está certo, ele retalia com uma vingança. Quando descobre que está errado, ele ganha por ter revidado, mesmo assim, alcançando milhões de fãs e gerando milhares de comentários em seu apoio, tudo isso por ter dado um soco no nariz de um valentão. A lição que fica para o resto de nós é sempre escolher falar sobre o que nos incomoda, pois sempre dá para consertar uma situação. Defender-se em uma disputa importante torna-se ainda mais relevante em especial em um mundo de negócios em que meras palavras, não ações, são condenadas pelas mídias sociais.

Uma semana depois que a nova investigação virou notícia, Musk e a SpaceX revidaram. Em 15 de setembro, eles processaram três pessoas: o procurador-geral Merrick Garland, um chefe de audiência administrativa e um juiz de direito administrativo que trabalhava para este último. Membros do "tribunal canguru" de Musk, em outras palavras.

A nova ação judicial da SpaceX, processo número 1:23-cv-00137, foi apresentada no Tribunal Distrital dos EUA para o Distrito Sul do Texas por advogados da Akin Gump Strauss Hauer & Feld, um dos maiores escritórios de advocacia do mundo. Eles argumentam que o processo contra a SpaceX é inconstitucional, supervisionado por uma juíza de direito administrativo que foi nomeada inconstitucionalmente porque não pode ser removida pelo presidente dos Estados Unidos, e que agora estava "negando inconstitucionalmente à

SpaceX seu direito da Sétima Emenda a um julgamento com júri", mantendo esse caso fora do tribunal federal e confinado na burocracia do Departamento de Justiça.

O processo da SpaceX diz que a empresa contratou centenas de não cidadãos; e que o DOJ "busca alívio em nome de todos os indivíduos que se identificaram como refugiados e asilados – incluindo indivíduos que podem não se qualificar para nenhum desses status". Isso "poderia expor a SpaceX a penalidades e outras sanções de acordo com as Leis de Controle de Exportação dos EUA, incluindo o ITAR", o Regulamento de Tráfego Internacional de Armas que controla as exportações relacionadas à defesa. "A SpaceX está sofrendo danos contínuos 'aqui e agora' porque está sujeita a procedimentos coercitivos perante uma agência estruturada de forma inconstitucional", afirmam os advogados da empresa.

Um mês depois, em outubro de 2023, o Departamento de Justiça tentou dar a volta por cima. O Gabinete Executivo de Revisão de Imigração publicou uma "regra final provisória" – um oxímoro: como pode uma regra "provisória" ser também a final? Essa regra determinava "que o procurador-geral pode, a seu critério, revisar decisões e ordens" emitidas por juízes de direito administrativo, como o que presidiu o caso de contratação de refugiados da SpaceX. Dessa forma, o procurador-geral recebeu novos poderes.

Isso levou os advogados da SpaceX a solicitar uma liminar para interromper a ação administrativa iniciada pela Seção de Direitos de Imigrantes e Trabalhadores do Departamento de Justiça. Eles argumentaram que se tratava de uma concessão inconstitucional de poderes que o Congresso nunca pretendeu que o procurador-geral detivesse.

Em 8 de novembro, a juíza que a SpaceX havia processado – Carol Bell, juíza de direito administrativo do Gabinete do Diretor de Audiências Administrativas –, decidiu a favor da empresa. Ela concluiu que a SpaceX tinha direito a uma liminar porque provavelmente teria sucesso no mérito de sua alegação de que essa nova ordem violava a Constituição dos Estados Unidos. "O autor provavelmente sofrerá danos irreparáveis se os procedimentos administrativos não forem suspensos."

E assim o caso foi encerrado, por enquanto; até que os burocratas da Justiça encontrem uma nova linha de ataque, o que, sem dúvida, farão em algum momento. Porque, ei: é o Elon.

A essa altura, o Departamento de Justiça já havia anunciado um segundo caso contra a SpaceX. Em 30 de agosto de 2023, apenas seis dias após a revelação do caso de discriminação contra refugiados por parte da SpaceX, o *Wall Street Journal* informou que a Justiça havia aberto uma investigação criminal para apurar se a Tesla havia enganado os acionistas ao gastar milhões na construção de uma nova casa particular para seu CEO. A Comissão de Valores Mobiliários dos Estados Unidos (SEC) também havia iniciado uma investigação civil relacionada.

O mais convincente de tudo foi a lista de materiais para essa suposta construção: milhões de dólares em vidro caro, sofisticado, personalizado e perfeitamente transparente. Supostamente para construir uma torre de vidro reluzente de transparência para Elon Musk, o homem que libertou o Twitter, embora ele jogue muitas pedras.

Uma torre de vidro reluzente poderia servir como um ícone promocional de destaque para a Tesla e seu famoso CEO: um símbolo de transparência. Toda vez que Elon passasse a noite lá, visível para o mundo como se estivesse residindo em um cubo de vidro suspenso no ar como um dublê de mágico, a marca da Tesla poderia se beneficiar das imagens desse ritual na mídia.

O caso pareceu imediatamente louco. Há histórico de outras empresas que autorizaram a compra ou até mesmo a construção de uma casa para o CEO como parte do pacote de remuneração. E essa seria uma questão para os acionistas da Tesla, que poderiam exigir uma investigação do conselho ou vender suas ações se não gostassem da forma como a empresa estaria gastando o dinheiro. Por que os federais se envolveriam nisso?

Às 22h23 de 30 de agosto de 2023, um clipe da Fox News foi veiculado no X, com o âncora Jesse Watters criticando toda essa situação da casa de vidro: "Conhecendo o senso de humor de Musk, o projeto provavelmente é uma brincadeira. Como é mesmo aquele eufemismo sobre jogar pedras? Não sabemos, mas temos um palpite de que essas investigações têm menos a ver com casas de vidro e mais a ver com Biden se vingando de Musk por ter comprado o Twitter, o maior golpe psicológico que já ocorreu aos democratas".

Muito bem dito, embora a frase sobre uma casa de vidro seja um aforismo ("uma observação concisa que contém uma verdade geral", conforme tradução do *Oxford English Dictionary*), e não um eufemismo ("uma palavra ou expressão suave ou indireta substituída por uma considerada muito rude ou grosseira ao se referir a algo desagradável ou vergonhoso").

Esse vídeo foi postado por uma conta polêmica chamada @KanekoaTheGreat, com mais de meio milhão de seguidores na época (agora mais de oitocentos mil). Ela faz parte de um grupo conhecido como *We the Media*, que inclui influenciadores do movimento QAnon de teóricos da conspiração. (Desconsidere por um momento a observação de Elon de que muitas teorias da conspiração estão se tornando realidade ultimamente.) Musk interagiu com @KanekoaTheGreat pelo menos dezoito vezes desde o início de 2023, diz um resumo do mecanismo de buscas por IA chamado Perplexity.

Uma das interações foi esta: duas horas depois da publicação do vídeo, à 00h22, Elon respondeu à postagem de @KanekoaTheGreat: "Não estou construindo nenhum tipo de casa, muito menos uma de vidro!". Em seguida, @dvorahfr, Déborah, com 46 mil seguidores, entrou na conversa: "Há vários artigos na França dizendo que você estava construindo uma casa enorme nos Alpes italianos".

Elon: "O quê? Não estou construindo uma casa em lugar nenhum".

@TexasLindsay (182 mil seguidores): "Tenho certeza de que você já está vivendo em uma casa de vidro agora, chamada X". Essa foi boa.

Elon: "Está mais para uma catedral de vidro, rs".

@TexasLindsay: "Amém. [Emoji de mãos orando, emoji de chorando de rir]".

Até o momento em que este livro foi escrito, não está claro se o vidro chegou a ser entregue. Ainda não se sabe se Elon tinha, de fato, a intenção de construir uma casa de vidro como sua residência e acabou mudando seus planos após uma recusa da diretoria. E não está claro por que alguém, além dos diretores e acionistas da Tesla, deveria se importar com isso. Embora Musk estivesse certo ao se referir à casa como uma catedral de vidro, com base na escala do pedido.

Essa investigação criminal foi desencadeada por apenas algumas reclamações de funcionários da Tesla, assim como foi necessária apenas uma única reclamação de um candidato a emprego estrangeiro para justificar a investigação ridiculamente ampla da SpaceX por suposta discriminação contra refugiados. Um ano antes, em julho de 2022, a Bloomberg informou que a Tesla estava conduzindo uma investigação interna sobre um pedido excepcionalmente grande de um vidro especial e difícil de obter. O pedido havia sido feito por um executivo de Musk, Omead Afshar, que dirigia a gigafábrica do Texas e que, segundo se dizia, estava deixando a empresa. A reportagem dizia que alguns trabalhadores já haviam sido demitidos (Afshar passaria a supervisionar a produção da Starship na SpaceX).

Um ano depois, em 11 de julho de 2023, o *Wall Street Journal* publicou uma reportagem sobre uma operação supersecreta na Tesla conhecida como Projeto 42. Ela citou planos para uma torre de vidro "imaginada na forma de um hexágono retorcido. Outras imagens mostravam uma caixa de vidro expansiva que parecia incluir uma área residencial". Os planos devem ser para uma casa de vidro para o CEO da Tesla, supôs-se. O possível projeto chegou ao conhecimento direto dos membros da diretoria da Tesla "depois que os funcionários ficaram preocupados com a forma como a empresa planejava usar milhões de dólares em vidro especializado que havia encomendado", informou o jornal.

"Preocupados"? Por que eles deveriam se preocupar?

Isso é algo que os acionistas da Tesla podem resolver se for de seu interesse, então por que seria um assunto para os federais? A menos que a retaliação política seja um motivo. Então, essa ação se torna mais compreensível – e ainda mais repreensível. Porque, para os investigadores federais, uma vez que eles ficam soltos para perambular dentro do império de Elon, examinar uma coisinha pequena abre caminho para que eles examinem tudo em sua busca por sujeira.

Assim, dois meses depois, em 20 de setembro de 2023, o *Journal* publicou uma matéria na primeira página dizendo que a investigação da casa de vidro havia se ampliado para uma análise mais ampla das vantagens que a Tesla poderia ter concedido ao seu CEO e maior acionista (Musk possuía quase 13% da empresa naquele momento). Manchete: "Departamento de Justiça investiga regalias de Musk na Tesla desde 2017". Lead: "Os promotores federais estão examinando os benefícios pessoais que a Tesla pode ter concedido a Elon Musk desde 2017 – há mais tempo do que se sabia anteriormente – como parte de uma investigação criminal que examina questões que incluem uma casa oferecida ao CEO".

Agora, um grande júri também estava analisando o caso. E um promotor é capaz de convencer um grande júri a fazer qualquer um de bode expiatório. Nesse caso, o bode era Elon Musk.

Reitero que essa questão não tinha nenhum motivo urgente para uma intervenção do governo federal; ela deveria ser deixada para a diretoria e os acionistas da Tesla. E não importa quais vantagens a Tesla tenha pagado a Elon, elas são insignificantes em comparação aos enormes ganhos no preço das ações da Tesla no mesmo período. Quem dera se todos os CEOs fossem acusados de algo semelhante.

Da mesma forma que reclamações isoladas podem levar o governo a atacar Elon Musk, um número relativamente pequeno de acidentes desencadeou uma investigação federal de segurança intensiva que durou dois anos e analisou a Tesla e seu sistema de software de direção autônoma, Autopilot. Em agosto de 2021, a Administração Nacional de Segurança Rodoviária (NHTSA) abriu uma "ampla investigação" sobre o sistema de direção autônoma da Tesla. Isso foi em resposta a pelo menos onze acidentes nos quais os Teslas usando o Autopilot "bateram em caminhões de bombeiros estacionados, carros de polícia e outros veículos de emergência", informou o *New York Times*.

Dez meses depois, em 9 de junho de 2022, o *Times* informou que a NHTSA estava "expandindo significativamente" sua investigação. Agora ela estava ciente de 35 acidentes enquanto o Autopilot estava em uso, "incluindo nove que resultaram na morte de catorze pessoas". Isso embora a NHTSA "tenha dito que não determinou se o Autopilot tem defeitos que podem fazer com que os carros batam enquanto ele estiver ativado".

Depois de quase um ano de buscas, os investigadores da NHTSA não encontraram nenhuma evidência de que o sistema da Tesla fosse perigoso – no entanto, eles estavam expandindo sua investigação mesmo assim, para cobrir 830 mil Teslas de todos os quatro modelos (S, 3, X e Y) vendidos nos sete anos de 2014 a 2021.

Um ano depois, em 10 de junho de 2023, o *Washington Post* publicou uma denúncia dizendo que os dados da NHTSA mostraram que um total de 736 acidentes desde 2019 envolveram o modo Autopilot, "muito mais do que o relatado anteriormente". Manchete: "Dezessete fatalidades, 736 acidentes: o custo chocante do Autopilot da Tesla". Chocante? 736 acidentes em oito anos, de um total de 2 milhões de Teslas vendidos nesse período, em um país com 2 milhões de acidentes de carro por ano.

Além disso, o *Post* relatou que, embora apenas três mortes no trânsito tenham sido definitivamente vinculadas ao Autopilot anteriormente, a agência agora citava dezessete fatalidades, onze delas desde maio de 2022. Dezessete mortes em quatro anos. Comparemos isso às cerca de quarenta mil mortes no trânsito no país inteiro, todos os anos. A NHTSA, em vez de concentrar esforços nesse quadro mais amplo, prefere atacar a Tesla. Esse é um uso ineficiente de recursos, a menos que seja parte de uma estratégia mais ampla para atrapalhar Elon Musk de todas as formas possíveis.

Além disso, o aumento no total de acidentes com Tesla pode ser simplesmente resultado do fato de haver mais Teslas nas ruas. A empresa vendeu quase 530 mil modelos de seu início em 2013 até 2018. Nos quatro anos seguintes, a Tesla vendeu mais de cinco vezes mais carros, o que totaliza um adicional de 2.837.000 de veículos elétricos de 2019 até o final do ano de 2022. Portanto, é claro, o número de acidentes aumentou. Mesmo com a máxima de 736 acidentes com carros da Tesla no Autopilot, a taxa de acidentes é muito menor do que a de todos os carros nos Estados Unidos, em geral. Vamos fazer as contas:

Total dos EUA: 2 milhões de acidentes por ano em um total de 290,8 milhões de carros na estrada.

Isso equivale a um acidente para cada 145 carros. Anualmente.

Total da Tesla: 736 acidentes em um total de 2,837 milhões de carros na estrada em quatro anos.

Isso equivale a um acidente para cada 15.418 carros. Anualmente.

Além disso, o Relatório de Segurança Veicular oficial da Tesla mostra que os Teslas com o sistema Autopilot percorreram, coletivamente, de 8 milhões a 9 milhões de quilômetros entre cada acidente. Isso representa dez vezes a distância percorrida sem acidentes por todos os carros nos Estados Unidos. Também é quatro vezes mais longa que a de um Tesla que dirige sem o uso do software Autopilot.

Então, por que os órgãos reguladores federais estão reprimindo tão duramente a Tesla? Musk não esconde seu ego e prontamente demonstra suas esperanças de que os veículos elétricos da Tesla e o sistema Autopilot um dia serão um substituto completo e muito mais seguro do que o motorista humano. É provável que os órgãos reguladores da NHTSA tentem processar Musk por exageros e penalizá-lo por falar demais. Se eles acham que conseguirão silenciar Elon Musk, estão loucos pra caramba.

L I Ç Ã O 4

PROVOQUE SEUS CRÍTICOS E TORTURE SEUS INIMIGOS

Declarando guerra aos vendedores a descoberto

Quer nosso mundo seja uma simulação sofisticada (o que é muito provável, na visão de Elon) ou a única realidade verdadeira (uma chance em um bilhão, segundo ele), fato é que ele é definido por muita falsidade – politicamente correto, falsa modéstia, cortesias dissimuladas e bajulação à imprensa e às elites. Elon Musk não tem tempo para nada disso. Ele não se curva a nenhum homem ou mulher, nem a qualquer outra coisa. Ele diz o que pensa e no que acredita, e raramente se censura ou retrai de alguma forma. Ele tem dinheiro para mandar os outros irem à merda e age como tal. Você não faria a mesma coisa?

Um exemplo é sua rixa com Mark Zuckerberg, fundador do Facebook. Eles vinham se desentendendo desde 2016, quando um foguete SpaceX de US$ 62 milhões, que transportava um satélite do Facebook de US$ 200 milhões, explodiu na plataforma de lançamento em Cabo Canaveral. Zuckerberg publicou no Facebook que estava "profundamente desapontado por saber que a falha de lançamento da SpaceX destruiu nosso satélite". Isso foi uma indireta.

Um ano depois, Zuckerberg disse em uma chamada do Facebook Live que as pessoas (como Musk) que sensacionalizam os perigos da IA "tentam criar cenários apocalípticos (...). É bastante negativo e, de alguns modos, considero também bastante irresponsável". Ao que Musk respondeu no Twitter: "Conversei com Mark sobre isso. Sua compreensão do assunto é limitada".

Em março de 2018, Musk tuitou "O que é o Facebook?" e excluiu as contas da Tesla e da SpaceX da plataforma enquanto a hashtag #DeleteFacebook estava em alta. Isso ocorreu em resposta a relatos de que uma empresa de dados chamada Cambridge Analytica havia explorado políticas de privacidade frouxas no Facebook para obter acesso aos arquivos de mais de 90 milhões de pessoas, que foram usados para criar publicidade política nas eleições de 2016, sem consentimento.

Musk estava em boa companhia. Brian Acton, cofundador do WhatsApp, ajudou a botar lenha na fogueira ao tuitar: "Chegou a hora. #deletefacebook". Essa atitude foi ousada, já que ele havia recebido US$ 3,1 bilhões quando o WhatsApp foi vendido ao Facebook por US$ 19 bilhões, em 2014. O cofundador da Apple, Steve Wozniak, cancelou sua conta no Facebook, dizendo: "Com o Facebook, você é o produto".

Em 2022, Musk tuitou: "O Facebook me dá arrepios". No início de 2023, ele disse que a plataforma Instagram, da Meta, deprime os usuários e que o WhatsApp "não é confiável".

Quando, em junho de 2023, foi divulgada a notícia de que a empresa controladora do Facebook, agora chamada Meta, estava se preparando para lançar um novo imitador do Twitter chamado Threads, Musk lamentou no Twitter que o mundo estava ficando "exclusivamente sob o controle de Zuck, sem outras opções". Um usuário citou o treinamento de jiu-jítsu de Zuckerberg, e Musk rebateu em 20 de junho de 2023: "Estou pronto para uma luta na jaula se ele estiver rs".

Na noite seguinte, Zuckerberg decidiu tomar coragem: "Diga um local", escreveu ele no Instagram. Musk dobrou a aposta: "Se estiver falando sério, vou fazer isso mesmo". Ele brincou no Twitter: "Eu tenho um movimento ótimo, que chamo de 'A Morsa', em que eu simplesmente me deito em cima do meu oponente e não faço nada".

Zuck mede 1,70 m e pesa setenta quilos; ele treinava havia dois anos e completara seu primeiro torneio de jiu-jítsu um mês antes. Musk mede 1,85 m, pesa pelo menos noventa quilos e brinca sobre seu amor por rosquinhas. E assim nasceu um meme.

Elon estava claramente brincando, mas Zuckerberg o levou a sério. Isso só deixou a piada mais engraçada.

O novo aplicativo Threads foi lançado em 5 de julho de 2023, atraindo a cobertura da mídia mundial e obtendo cem milhões de downloads em cinco dias. A mídia o chamou de "Assassino do Twitter". Horas depois, um advogado do Twitter enviou uma carta a Mark Zuckerberg acusando a Meta de contratar dezenas de ex-funcionários e de se envolver em "apropriação indevida sistemática, intencional e ilegal dos segredos comerciais e de outras propriedades intelectuais do Twitter".

Em 9 de julho, Musk tuitou "Zuck é um corno" e propôs "literalmente um concurso de tamanho de pênis", canalizando sua quinta série interior. Um dia depois, Musk criticou o Facebook: "A censura lhes paga bem".

Logo, Musk estava tuitando sobre o cenário da luta, treinando com o ex-campeão do UFC Georges St-Pierre e atualizando seu grupo, sendo que, em 6 de agosto, ele postou: "A luta entre Zuck e Musk será transmitida ao vivo no X. Todos os lucros serão destinados a instituições de caridade para veteranos de guerra". Zuckerberg: "Não deveríamos usar uma plataforma mais confiável, que possa realmente arrecadar dinheiro para caridade?". Ah, droga!

Essa foi uma referência sarcástica à infame queda, em maio do ano anterior, dos servidores do Twitter, quando milhões de usuários tentaram ouvir ao vivo na plataforma Twitter Spaces o anúncio do governador da Flórida, Ron DeSantis, sobre sua candidatura à indicação republicana para presidente.

Em 11 de agosto, Musk tuitou que a luta ocorreria em "um local épico", na Itália (o Coliseu), que seria transmitida ao vivo tanto no X quanto no Meta e que "tudo no enquadramento da câmera será da Roma antiga. Portanto, nada moderno". Dana White, presidente do UFC, disse ao TMZ que a luta quebraria todos os recordes de pay-per-view.

Dois dias depois, Musk entrou em contato por mensagem de texto pessoal com Mark Zuckerberg, oferecendo-se para fazer um "treino" em sua casa na semana seguinte. Zuck tem seu próprio ringue octogonal de luta.

Zuck respondeu de forma brusca: "Se você ainda quer fazer uma luta de MMA de verdade, então deve treinar por conta própria e me avisar quando estiver pronto para competir. Não quero ficar divulgando algo que nunca vai acontecer, então você deve decidir se vai fazer isso e fazê-lo logo, ou é melhor seguirmos em frente".

Elon: "Estarei em Palo Alto na segunda-feira. Vamos lutar em seu Octágono [*sic*]". E: "Não tenho praticado muito. (...) Embora ache muito improvável, dada a nossa diferença de tamanho, talvez você seja um Bruce Lee moderno e, de alguma forma, consiga vencer".

Quando a notícia dessa conversa vazou, surgiram memes engraçados no Twitter mostrando imagens editadas de Zuck se escondendo dentro de sua casa enquanto Musk batia na porta da frente.

Mais tarde, no mesmo dia, Zuckerberg encerrou essa dança: "Acho que todos podemos concordar que Elon não está falando sério e que é hora de seguir em frente. Se Elon algum dia marcar de verdade um dia e um evento oficial, ele sabe como entrar em contato comigo. Caso contrário, é hora de seguir em frente. Vou me concentrar em competir com pessoas que levam o esporte a sério". Então é isso!

Isso deu a Musk a oportunidade de torturar Zuck ainda mais. Musk respondeu com um tuíte, "Zuck amarelou", agora canalizando seu aluno interior da sétima série.

É divertido ver Elon atropelar as convenções de tantos membros de carteirinha do establishment chato, reprimido e mandão. Você fica maravilhado com a coragem e a ousadia do tamanho do mundo que esse homem tem, e com sua capacidade de encontrar humor em ataques que, de outra forma, seriam ameaçadores, e de devolver sempre na mesma moeda.

Assim, Musk pode ser uma inspiração para nós sobre como lidar com críticas e controvérsias, um guia de como podemos nos levantar e ser ouvidos. Mesmo que isso o torne impopular. Elon Musk pouco se importa em ser popular e claramente se diverte ao ser ouvido. Podemos agir da mesma forma, no trabalho e, talvez, em nossos relacionamentos mais difíceis e incômodos na vida, sejam eles quais forem.

Se alguém em sua vida gosta de discutir, você pode aprender a deixar que isso o divirta, à custa dessa pessoa. Você pode optar por ser quem irrita o outro lado em vez de ser quem fica magoado e ofendido. Esse "Efeito Elon" repercute em seus milhões de seguidores. Ele publica algo no X, e centenas de comentários são postados em resposta de pessoas menos importantes, ansiosas para se fazerem ver e acrescentar algo à conversa.

Por outro lado, para realizar grandes feitos e inventar um futuro melhor para o mundo, será que Musk realmente precisa ser assim? Será que ele precisa mesmo revidar com tanta força e dizer coisas ofensivas sem levar em conta seu impacto, e estar tão descaradamente disposto a ser um grande babaca para conseguir o que quer?

Tendo a crer que não, que a grandeza não exige o nível de obsessão, desprezo e brutalidade que vemos em Elon Musk, por mais agradável que seja assistir a ele sendo assim. Mas, então, levamos em consideração outros grandes empreendedores – Steve Jobs, Pablo Picasso, Bill Gates, Mark Zuckerberg, Michael Jordan, Tom Brady, o temperamental chef de TV Gordan Ramsay. Até mesmo Donald Trump. Cada um deles é um grande babaca. No entanto, todos eles são muito eficazes.

Elon reserva uma inimizade especial e ferrenha contra os vendedores a descoberto destrutivos e maliciosos que são seus inimigos mortais há uma década. Eles têm o objetivo de lucrar com uma queda acentuada no preço das ações de uma empresa-alvo – nesse caso, a Tesla – e alguns deles espalham mentiras e boatos para incentivar que isso aconteça.

A Tesla e, por extensão, o próprio Elon Musk atraíram a ira e o fogo de alguns dos maiores vilões que já venderam ações a descoberto. Entre eles, estão Michael Burry, o inteligente apostador que ficou famoso pelo livro e filme *A grande aposta* e que ganhou bilhões com o colapso dos preços das moradias na crise de 2008; David Einhorn, da Greenlight Capital; e James Chanos, da Kynikos Associates, que entrevistei pela primeira vez na década de 1980.

Os dois últimos são bilionários que moram na cidade de Nova York, e ambos foram muito além de apenas chamar a TSLA de ação supervalorizada. Eles jogaram sujo, acusando Elon Musk de fraude, mentiras e de sacrificar a segurança dos motoristas para inflar o preço das ações da Tesla.

No mundo dos investimentos, os vendedores a descoberto são uma raça odiosa, com uma nuvem negra pairando sobre suas cabeças. Eles apostam no fracasso, e não no sucesso. No entanto, o capitalismo é o otimismo monetizado (um ditado que cunhei como editor-chefe da revista *Forbes*). Optamos por investir em algo somente quando temos esperança de que ele possa crescer. E a esperança é uma decisão.

Os defensores da venda a descoberto dizem que ela serve como uma importante restrição à superexuberância dos mercados, expõe fraudes contábeis por meio de pesquisas rigorosas e proporciona liquidez aos mercados. Entretanto, na maioria das vezes, os vendedores a descoberto são um fardo e um entrave para as ações. Eles esmagam empresas pequenas e inovadoras que poderiam ter sido capazes de sobreviver e prosperar. Eles registram denúncias falsas na Comissão de Valores Mobiliários (SEC), depois sussurram para um repórter que a comissão está investigando a empresa e, em seguida, derrubam as ações da companhia quando isso vira notícia.

A preocupação do vendedor a descoberto com o infortúnio, a destruição e a negatividade viola totalmente o *ethos* de Elon. Musk prefere ser otimista, como disse a Joe Rogan em sua primeira entrevista em 2018 (veja a Lição 1).

Esse pode ser o motivo pelo qual Musk leva as coisas tão a sério nessa frente. A maioria dos CEOs e dos habitantes de Wall Street acha que a verdade e o mercado prevalecerão no longo prazo e, portanto, eles ignoram os vendedores a descoberto e se concentram nos negócios. Em vez disso, Elon Musk opta por entrar em guerra. Ele chamou os vendedores a descoberto de "idiotas que querem que morramos", "a escória da terra" e "destruidores de valor". Também disse: "Acho que os vendedores a descoberto deveriam ser obrigados a usar roupas de palhaço" e que eles estão "apostando contra os Estados Unidos". E, de fato, eles estão – e nunca se deve apostar contra os Estados Unidos.

Dessa forma, Musk estabeleceu um padrão para os CEOs de empresas-alvo ao forjar uma contraofensiva de terra arrasada para combater os vendedores a descoberto. Repreenda-os, faça da vida deles um inferno absoluto, ridicularize-os sem parar e comemore quando suas ações subirem e os vendedores a descoberto se ferrarem. Porque é isso que eles merecem.

O palco escolhido por Elon é o antigo Twitter, que ele transformou em seu púlpito de intimidação muito antes de adquiri-lo, em outubro de 2022. Elon envia tuítes com pensamentos espontâneos e frases de efeito, muitas vezes ofendendo seus adversários, e tudo isso diante de milhões de seguidores no X. A maior parte das hostilidades de Musk acontece para todos verem. Seus tuítes de trollagem atraem a ira de seus inimigos e geram centenas de comentários e contracomentários de seus fãs, mantendo, assim, seus alvos na mira do ridículo.

Musk prometeu: "Vou fazer com que os vendedores a descoberto paguem". E ele tem feito isso. Os vendedores a descoberto perderam mais de US$ 12 bilhões com a Tesla desde seu IPO (oferta pública inicial), em 2010, até 2018. Eles perderam outros cerca de US$ 3 bilhões em 2019 – e impressionantes US$ 40 bilhões, coletivamente, apostando contra a TSLA em 2020, quando as ações subiram 743%. As vendas a descoberto perderam outros US$ 10,3 bilhões combinados em 2021, quando as ações da Tesla subiram mais 50%.

Eles conseguiram recuperar US$ 16 bilhões em lucros para todo o ano de 2022 em uma aposta combinada de quase US$ 20 bilhões, mas, em meados de 2023, os vendedores a descoberto voltaram a perder outros US$ 13 bilhões.

O próprio Elon resumiu perfeitamente a missão dos vendedores a descoberto em fevereiro de 2023, em um e-mail para a CNBC: "Com muita frequência, fundos de cobertura sofisticados têm usado vendas a descoberto e derivativos complexos para tirar vantagem de pequenos investidores. Eles vendem a descoberto uma empresa, conduzem uma campanha de publicidade negativa para fazer o preço das ações cair temporariamente e sacam o dinheiro, depois fazem tudo de novo várias vezes. Isso, como vocês devem saber, é uma fraude financeira".

As vendas a descoberto "tiram vantagem dos pequenos investidores" ao reduzir o preço das ações que os pequenos investidores detêm. Eles geralmente vendem ações que tomam emprestadas de corretoras como a Fidelity e a Schwab, que detêm as ações para os pequenos investidores. Wall Street arrecada bilhões em taxas anuais dos fundos de cobertura por alugar as ações nas contas dos clientes, mesmo que os fundos de cobertura tenham a intenção de derrubar o preço dessas ações.

Isso é o que os vendedores a descoberto tentaram fazer com a Tesla durante anos. A mídia comercial sempre foi cúmplice em ajudar os vendedores a descoberto a atacar uma empresa-alvo, principalmente os jornalistas da CNBC e os redatores da *Barron's* e da coluna *Heard on the Street* do *Wall Street Journal*. Eles adoram um bom boato.

Em especial a partir de 2018, quando a Tesla começou a progredir de verdade, os vendedores a descoberto estavam fazendo tudo o que podiam para criar notícias ruins para as ações, fossem elas justas e precisas ou um monte de mentiras inventadas. Eles jogaram lenha na fogueira de qualquer coisa que pudesse ser um mau presságio: atrasos na produção, US$ 12 bilhões em perdas de 2010 a 2018 e qualquer publicidade negativa que pudessem encontrar sobre Elon Musk.

Em 2018, o ressentimento de Musk em relação aos vendedores a descoberto atingiu um novo pico de irritação, e sua intenção de acabar com eles o colocou em apuros com a SEC. A Tesla estava com dificuldades na época, enfrentando atrasos na produção e problemas de automação na tentativa de produzir seu novo Model 3, e acumulando bilhões em perdas. Enquanto isso, Musk estava prometendo demais nos planos para o Tesla Semi e divulgando cronogramas que geravam dúvidas em Wall Street.

Os apostadores contra as ações da TSLA investiram mais de US$ 10 bilhões para vender a descoberto mais de 20% das ações da Tesla negociadas publicamente. Isso é prejudicial para uma empresa de capital aberto. Cria volatilidade no preço das ações e mina a confiança nas perspectivas de uma empresa, além de poder preocupar os executivos da companhia e distraí-los da administração dos negócios. Além disso, as vendas a descoberto geram dúvidas sobre a empresa entre seus parceiros, fornecedores, clientes e funcionários.

No Dia da Mentira de 2018, um domingo, quando o mercado de ações está fechado, Elon Musk acessou sua plataforma favorita às 18h02, horário da costa leste dos EUA, para destilar um pouco de humor negro: "Tesla vai à falência", dizia a manchete, seguida pelo local e dia: Palo Alto, Califórnia, 1º de abril de 2018. Ou seja, Dia da Mentira. Em seguida, vinha o seguinte: "Apesar dos intensos esforços para arrecadar dinheiro, incluindo uma última venda em massa de ovos de Páscoa, é com tristeza que informamos que a Tesla faliu total e completamente. Tão falida que não dá para acreditar".

Essa é uma afirmação surpreendente e irresponsável para qualquer CEO de uma empresa de capital aberto, que está sujeita às normas federais relativas à divulgação pública de eventos relevantes. É surpreendente quando isso vem de uma empresa que está sendo atacada continuamente pelos vendedores a descoberto. De qualquer forma, Elon continuou, tuitando uma tirada irônica.

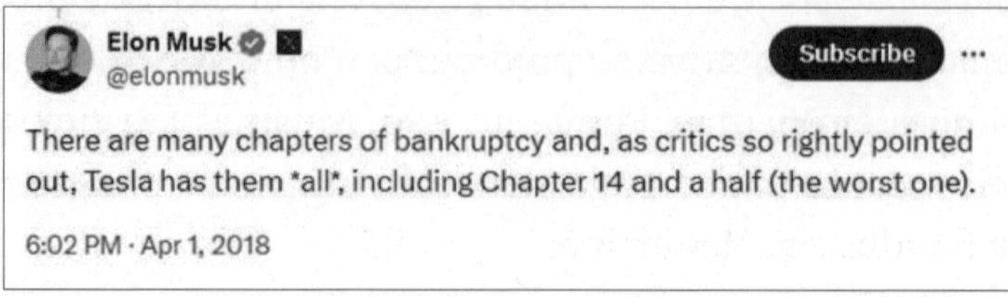
Elon Musk
@elonmusk
Subscribe
There are many chapters of bankruptcy and, as critics so rightly pointed out, Tesla has them *all*, including Chapter 14 and a half (the worst one).
6:02 PM · Apr 1, 2018

*"Há muitos capítulos da falência e, como os críticos tão bem destacaram, a Tesla tem *todos*, incluindo o capítulo 14 e meio (que é o pior)."*

Em seguida, ele tuitou uma foto de si mesmo, fingindo estar desmaiado. Uma placa de papelão em seu peito trazia a palavra *Bankwupt* rabiscada à mão, escrita como na linguagem de bebês. O tuíte dizia: "Elon foi encontrado desmaiado em um Tesla Model 3, cercado por garrafas de 'Teslaquilla', com os rastros de lágrimas secas ainda visíveis em suas bochechas. Esta não é uma declaração prospectiva, porque, obviamente, qual seria o objetivo? Feliz novo mês!".

Quando as negociações com as ações da Tesla começaram na manhã de segunda-feira, 2 de abril, elas despencaram e acabaram caindo 5% no dia. Elas voltaram a subir na sexta-feira. Então, em 10 de abril, o analista do Goldman Sachs que acompanhava a Tesla publicou um relatório reiterando sua classificação de "venda" para as ações. No Twitter, um acionista da Tesla disse: "Isso não faz eu me sentir bem", e Elon respondeu: "Façam suas apostas".

No dia seguinte, a CNBC publicou uma matéria citando a Tesla como a ação mais vendida a descoberto no mercado, observando que as apostas contra a Tesla haviam aumentado 28% no mês anterior, chegando a quase US$ 11 bilhões. O volume de ações da Tesla vendidas a descoberto agora ultrapassava surpreendentes 25% das ações da empresa.

Em 13 de abril, Gayle King, da *CBS Morning News*, visitou Elon, com uma equipe de filmagem a reboque, na fábrica do Model 3 em Fremont, na Califórnia. Elon havia passado noites dormindo na fábrica e trabalhando sem parar para consertar problemas na linha de produção. Ele disse a Gayle que estava em um "inferno de produção". "Estou com certeza estressado, então, se parecer que não estou estressado, vou ser claro: estou com certeza estressado." Ele explicou seu tuíte do Dia da Mentira da seguinte forma:

"Havia todos aqueles artigos na mídia dizendo que a Tesla estava falindo. Então, pensei: 'Bem, vou fazer uma piada de primeiro de abril dizendo que fomos à falência. Quer dizer, é o Dia da Mentira. As pessoas deveriam, tipo, relaxar um pouco. Tá bom?"

Relaxar: parte do *ethos* de Elon. E isso parece especialmente adequado aos tempos atuais.

Na mesma época (abril de 2018), Musk começou a se desentender publicamente com James Chanos, da Kynikos Associates. Jim é renomado por fazer ações descerem, e suas pesquisas profundas já levaram à descoberta de inúmeras empresas supervalorizadas e repletas de escândalos nas últimas quatro décadas. Ele foi chamado de LeBron James dos vendedores a descoberto e de "capitalista de catástrofes".

Ele ganhou fama no início da carreira, na década de 1980, ao encontrar problemas e falhas contábeis nos livros de um fabricante de pianos chamado Baldwin-United, que possuía uma subsidiária de seguros suspeita, por incrível que pareça. Naquela época, o *Wall Street Journal* publicou um perfil de Chanos na primeira página. Eu era repórter do *Journal* em Nova York, cobrindo a empresa de computadores Commodore. E a Commodore era outro alvo das vendas a descoberto. Então, encontrei-me com Jim e ele me ajudou a examinar o balanço patrimonial da Commodore, em busca de algo errado. Eu sempre agradecia o favor.

A partir dessa vitória inicial, Chanos passou a ser um dos primeiros a duvidar da Enron, que mais tarde entrou em colapso em um dos maiores escândalos contábeis de todos os tempos. Tratava-se de uma empresa de produção de energia que obteve lucros vorazes por meio de uma unidade de negociação automática "black-box" em ações de energia, que acabaram sendo negociadas basicamente com ela mesma. Ele também apostou alto contra a China quando ela parecia invencível, em 2010, admitindo posteriormente que o tiro saiu pela culatra.

Mas a Tesla viria a se tornar a Moby Dick de James "Ahab" Chanos. Em abril de 2018, ele já estava vendendo a Tesla a descoberto fazia vários anos, e Musk tuitou que Chanos era "provavelmente o vendedor a descoberto mais impreciso do mundo". Em 26 de abril de 2018, Chanos foi ao programa *Squawk Box* da CNBC para falar sobre seu próprio livro. Ele disse que Musk "pode estar enganando os investidores" e "acho que Elon Musk cruzou o Rubicão em termos de fazer declarações aos investidores das quais ele pode se arrepender mais tarde".

Chanos estava vendendo a TSLA em uma aposta de US$ 100 milhões, 5% do total de seus fundos de investidores. Ele estava vendendo a Tesla a descoberto desde o outono de 2015 – e perdendo dinheiro com isso havia anos. Em 2016, ele classificou a Tesla como "uma insolvência ambulante". Chanos estava passando por momentos difíceis em um mercado em alta implacável. Ele queria se vingar – e a Tesla era seu veículo para buscar isso.

Sua empresa, que chegou a ter US$ 6 bilhões em ativos sob gestão em 2008, havia diminuído para US$ 2 bilhões em dez anos. Seu fundo mais pessimista, o Ursus (que significa "urso" em grego), nessa época havia caído 70% desde 2009. Das treze empresas que Chanos havia escolhido como alvo para vendas a descoberto nos três anos anteriores, apenas cinco delas haviam tido quedas drásticas de valor e haviam sido lucrativas. E seus fundos de investimento estavam em queda de 10% a 20% até 2018.

Alguns meses antes, ele havia comparado a Tesla à Enron, que entrou em colapso em 2000 em um emaranhado de autonegociações fraudulentas. Ele disse a uma plateia: "Todo mercado em alta tem seus filhos-propaganda. A Tesla é um dos ruins".

No início de maio de 2018, Musk organizou uma desastrosa reunião ao vivo com analistas de Wall Street que acompanhavam as ações da Tesla e aconselhavam seus clientes se deveriam comprá-las ou não. Após o fechamento das negociações na quarta-feira, 2 de maio, a Tesla divulgou seus lucros do primeiro trimestre, uma surpresa positiva. Mas, em vez disso, o foco foi o comportamento de Elon Musk na reunião.

A maioria dos executivos seniores de empresas de capital aberto se esforça para ser educada com os analistas de Wall Street, vendo-os como vendedores das ações de suas empresas. Por que se arriscar a insultá-los? Elon Musk, por outro lado, enfrenta um adversário onde quer que o veja. Na reunião de analistas da Tesla, Elon começou com uma declaração de abertura improvisada que durou quase dez minutos e, em seguida, respondeu às perguntas dos analistas, avisando-os: "Vamos continuar enquanto houver boas perguntas para responder".

Os próximos cinco analistas consecutivos perguntaram sobre assuntos não muito claros, em vez de sobre o panorama geral. Em seguida, surgiu o sexto questionador. Toni Sacconaghi, da Sanford C. Bernstein, um convidado frequente da CNBC. No momento, ele tinha uma classificação "hold" para a TSLA, e, em Wall Street, uma classificação "hold" é uma forma educada de dizer "evite essa ação". Para Elon Musk, isso é o mesmo que colocar uma "venda" em suas ações. Isso significa que Toni Sacconaghi é seu inimigo. Sacconaghi começou a fazer perguntas mais dúbias, com uma inclinação negativa, e logo Elon o interrompeu. "Com licença. Próximo", diz Elon. "Perguntas chatas e idiotas não são legais. Próximo?"

Operador: "Obrigado. Nossa próxima pergunta é de Joseph Spak, da RBC Capital Markets".

Nervoso, Spak pegou o microfone: "Ah. Obrigado. Hum, a primeira pergunta é relacionada às reservas do Model 3", e logo houve um clique e uma pausa de doze segundos quando Elon ficou off-line e depois voltou ao ar: "Vamos para o YouTube. Desculpe, essas perguntas são tão sem graça. Elas estão me matando".

Com isso, Elon acabara de ignorar dois analistas importantes em sequência, para responder a uma pergunta de um acionista comum da Tesla com seguidores no YouTube. Pior ainda, ele permitiu que o youtuber fizesse uma dúzia de perguntas, e elas eram, de fato, muito mais interessantes. Essa violação grosseira do protocolo de Wall Street foi manchete na CNBC e em outros lugares. Foi considerada "bizarra", e a reação crítica fez com que as ações da Tesla caíssem 5% nas negociações após o expediente, no meio da chamada com os analistas. Talvez Elon estivesse escondendo más notícias.

Na manhã seguinte, as ações da Tesla estavam em queda de quase 10%. De acordo com algumas estimativas, essa falha reduziu em US$ 2 bilhões o valor total da fabricante de veículos elétricos. Cerca de US$ 700 milhões desse valor foram obtidos como lucro por vendedores a descoberto, informou a Reuters. Manchete da *Barron's*: "Ganhos da Tesla: Musk tem problemas com perguntas 'chatas', o mercado tem problemas com o CEO sarcástico". A reportagem cita um analista, classificando a situação como "uma das reuniões de lucros mais bizarras que já ouvimos".

Dois dias mais tarde, Elon Musk voltou atrás, mas evitou com fervor pedir desculpas. E disparou mais uma vez contra os vendedores a descoberto, dando uma primeira justificativa às 5h20, horário da costa leste dos EUA: "As perguntas 'chatas' não foram feitas por investidores, mas, sim, por dois analistas de vendas que estavam tentando justificar sua tese de venda da Tesla", explicou Musk. Já a pergunta do YouTube "representava investidores reais, então mudei para eles".

Duas horas depois, Musk foi ao Twitter:

7h12: "Por favor, ignore este fio, a menos que esteja interessado em uma discussão tediosa sobre as ações da Tesla."

7h35: "Em primeiro lugar, é importante saber que a Tesla é a ação mais vendida a descoberto (ou seja, contra a qual mais apostam) do mercado e tem sido assim há algum tempo. As duas perguntas que ignorei na chamada de primeiro trimestre eram de analistas de vendas que representavam uma tese de venda a descoberto, não de investidores."

7h55: "O motivo pelo qual a pergunta de Bernstein sobre CapEx foi estúpida", escreveu Musk, "é que a pergunta já foi respondida na carta ao investidor que foi enviada anteriormente."

8h04: Ele explicou mais um pouco o porquê de a pergunta do analista do RBC ser "absurda".

8h34: Elon fez uma pequena concessão. "Uma vez que eles estavam na chamada, eu deveria ter respondido suas perguntas ao vivo. Foi tolice da minha parte ignorá-los."

Meia hora depois, Musk lançou uma bomba de provocação no Twitter: "Ah, e a queimada do século contra os vendedores a descoberto está chegando. Os lança-chamas devem chegar bem a tempo". Doze horas depois, às nove horas da noite: "Parece que será mais cedo do que o esperado. A magnitude da carnificina a descoberto será irreal. Se você for um desses vendedores, sugiro ir na pontinha dos pés para a saída".

Queimada doentia. E totalmente verdadeira. Na verdade, Elon Musk tinha uma remessa de lança-chamas chegando no mês seguinte, cumprindo uma piada que havia feito no dezembro anterior. Naquela época, ele havia twittado que, se a Boring Company vendesse cinquenta mil bonés, ele começaria a vender o "lança-chamas da Boring Company". Só porque eles eram legais.

Poucos dias depois, em 7 de maio de 2018, Elon Musk comprou pessoalmente ações da Tesla no valor de US$ 9,85 milhões "para forçar o estouro da cobertura de posições vendidas a descoberto, o que fez com que o preço das ações da Tesla aumentasse de US$ 297,50 para US$ 302,77", conforme o parecer de um juiz federal descreveria em um processo posterior.

Enquanto isso, em 18 de maio, James Chanos fez uma entrevista em um podcast com o trader Barry Ritholtz e disse a ele: "Acho que a ação pode não valer nada com base em uma análise financeira pura (...) é uma ação de esperanças e sonhos que os investidores depositaram; na verdade, quaisquer que sejam suas expectativas em relação a um futuro – globalmente, um futuro verde –, eles depositaram nessa ação. E nesse CEO, que fez um trabalho muito bom ao promover essa visão".

Em meados de junho, as ações da TSLA haviam subido mais 20%. No Twitter, em 17 de junho de 2018, Elon Musk lançou ainda mais um desafio para as posições vendidas a descoberto: "Eles têm cerca de três semanas antes que sua posição vendida exploda".

No dia seguinte, Musk comprou pessoalmente um segundo lote de ações da Tesla no valor de outros US$ 9,85 milhões, para ajudar a compensar qualquer queda em resposta à notícia de que a Tesla estava cortando 45 mil funcionários (9% da folha de pagamento). No total, Musk investiu US$ 25 milhões de seu patrimônio pessoal na compra de 72.500 ações de sua empresa. Uma demonstração de fé.

Em 21 de junho de 2018, James Chanos partiu para o ataque novamente. Ele reativou uma conta pseudônima no Twitter que estava inativa havia seis meses: @WallStCynic, também conhecido como Diógenes. Um título pretensioso: Diógenes, nascido há 2.300 anos, foi o líder do movimento grego chamado de Cínicos, assim como Kynikos é a palavra grega para "cínico". Chanos começou a importunar a Tesla e Elon Musk quase que todos os dias. Sua abertura:

"Deixo vocês em paz por seis meses e vejam só o que acontece." Ele zombou da montadora e de seu CEO sensível. "Eu repito: por favor, não estacione seu Model 3 no sol ou na chuva, não ajuste as janelas ou limpadores, nem saia de seu carro depois de estacionar." Uma alusão aos vários problemas relatados com o novo modelo da Tesla.

No início de julho de 2018, Musk atacou em um tuíte fulminante a mídia e os vendedores a descoberto. Ele disse que Chanos era "um profissional de vendas a descoberto da Tesla" e "não era fã de inovação", e acusou um repórter da *Business Insider* de manipular os argumentos anti-Tesla de Chanos. Duas semanas depois, Chanos atacou novamente, indo ao *Fast Money Halftime Report*, da CNBC, para dizer: "O que me incomoda não são tanto as coisas e os ataques pessoais. Estou acostumado com isso". Muito corajoso da parte dele. "É a disposição de dizer coisas que eu acho que ele sabe que são exageradas, para dizer de forma educada."

Chanos não estava sendo nada educado. Enquanto isso, também em julho, Elon Musk entrou em conflito com um novo adversário que o havia insultado: Vernon Unsworth, um estranho para ele, que supervisionara o resgate de doze meninos e seu técnico de futebol de uma caverna subaquática onde ficaram presos por dez dias. Musk havia entregado um minissubmarino no local da caverna, em Tham Luang Nang Non, tentando ser útil.

Unsworth criticou isso em uma entrevista na CNN, chamando a ação de um golpe de relações públicas e dizendo que Musk deveria "enfiar seu submarino onde dói".

Dois dias depois, no Twitter, Musk disparou três retaliações, sem saber, disse ele mais tarde, do papel principal de Unsworth no resgate da caverna. "Desculpe, seu pedófilo, mas você estava pedindo", ele twittou. Quando um seguidor questionou isso, Musk respondeu: "Aposto um dólar assinado que é verdade".

Um dólar assinado: essa é uma aposta que fiz com meus repórteres dezenas de vezes quando estava na revista *Forbes*, enquanto discutíamos sobre fatos e informações. Uma vez, um dos meus dólares assinados apareceu na caixa registradora de um 7-Eleven em São Francisco. O que foi um pouco insultante, para ser honesto.

Quando um repórter do *BuzzFeed* entrou em contato com Elon Musk para comentar, ele respondeu por e-mail, observando que Unsworth havia morado na Tailândia, que em alguns lugares era famosa pela prostituição infantil. Isso levou o tabloide britânico *The Sun* a publicar uma história em 20 de julho de 2018: "Os tuítes bizarros de Elon Musk estão levantando bandeiras vermelhas em Wall Street, à medida que BILHÕES são eliminados das ações das empresas do inventor bilionário". A história dizia que um investidor de capital de risco, Gene Munster, havia escrito uma carta aberta reclamando que Musk estava "alimentando uma percepção inútil de [sua] liderança – melindrosa e temperamental".

Na verdade, foi um bom argumento. Depois de um tumulto no Twitter, Musk excluiu seus posts e pediu desculpas a Unsworth, dizendo: "As ações dele contra mim não justificam minhas ações contra ele". Posteriormente, Unsworth processou Musk por difamação em um tribunal federal em Los Angeles, buscando US$ 190 milhões em indenizações: um número ridículo à primeira vista. Em dezembro de 2019, após um julgamento de quatro dias, um júri levou apenas noventa minutos para exonerar Elon Musk. Musk testemunhou que achava que Unsworth era apenas "um cara esquisito e aleatório" que "não tinha relação com o resgate".

Ele acrescentou: "Presumo que [Unsworth] não quis literalmente me sodomizar com o submarino, assim como eu não quis literalmente dizer que ele era pedófilo", conforme relatou o *Sun* do Reino Unido.

Então, em 25 de julho de 2018, surgiram relatos de que um crítico particularmente tóxico da Tesla no Twitter, @MontanaSkeptic, havia encerrado sua conta pseudônima depois que Elon Musk entrou em contato pessoalmente com o chefe do autor. Isso provocou uma reação negativa e ajudou a desencadear todo o movimento TSLAQ, um grupo de vendedores a descoberto virulentamente anti-Tesla. TSLA é o símbolo das ações da empresa, e a letra Q é anexada a um símbolo de ação morta da Bolsa de Valores de Nova York e da Nasdaq depois que uma empresa vai à falência. Como os vendedores a descoberto querem que aconteça com a Tesla.

Musk, reconhecidamente, deu aos vendedores a descoberto muitos motivos para críticas. Ele emitiu previsões excessivamente confiantes sobre a produção e os resultados financeiros. Ele sempre ia longe demais, porque dessa forma chegava muito mais longe, mesmo que não atingisse as metas ousadas. Mas os vendedores a descoberto exageraram nos problemas: relatos isolados de incêndios em baterias, qualquer acidente de trânsito, um teste de estrada forjado de um Tesla atropelando um boneco do tamanho de uma criança no meio da rua, projeções de envio não cumpridas, investigações federais das alegações de marketing e atualizações de software da Tesla e os confrontos de Musk com políticos e a mídia.

Em 31 de julho de 2018, a Bloomberg informou que o famoso David Einhorn, da Greenlight Capital, estava desistindo de suas ações de aluguel da Tesla. Elon foi ao Twitter naquela madrugada, às 3h46, para ser sarcástico, dizendo: "Que trágico. Enviarei a Einhorn uma caixa de shorts curtinhos para confortá-lo neste momento difícil".* Em 10 de agosto, David Einhorn, depois de receber uma remessa de shorts de Musk, foi ao Twitter e tentou, de forma corajosa, discutir na plataforma escolhida por Musk, declarando: "Ele é um homem de palavra! Porém, os shorts vieram com alguns defeitos de fabricação". Isso foi uma brincadeira com os relatos de vendedores a descoberto sobre falhas de produção no novo Model 3.

Musk deu outro golpe em Einhorn, dizendo-lhe para vestir os shorts e "postar uma selfie". No mesmo mês, Elon voltou a mirar em James Chanos. Ele chamou Chanos de "pedófilo" – de novo com isso! Aparentemente, alegar esse tipo de perversão é uma das formas favoritas de rebaixamento no arsenal de insultos de Musk. Chanos ameaçou entrar com uma ação judicial contra Musk, mas nunca a apresentou.

E em 7 de agosto de 2018, outro tuíte de Elon criou outra polêmica – dessa vez, uma enorme. Farto dos vendedores a descoberto e os mais de US$ 12 bilhões deles em apostas pendentes contra as ações da Tesla, Elon fez um tuíte chocante:

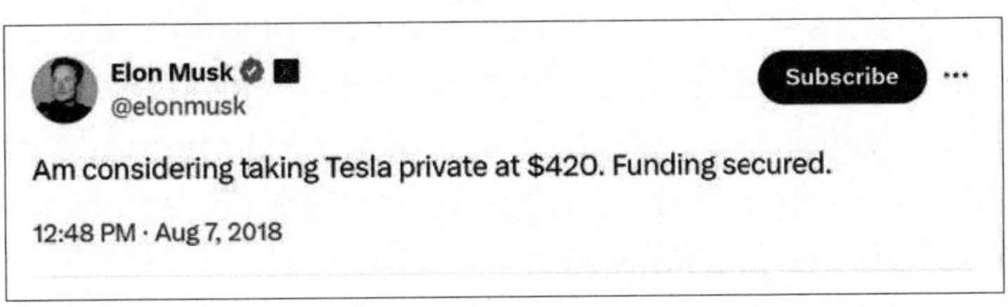

"Estou considerando fechar o capital da Tesla a US$ 420. Financiamento garantido."

* Em inglês, short é um termo que pode tanto se referir às peças de roupas, como as enviadas por Elon Musk, quanto a vendedores a descoberto. (N.T.)

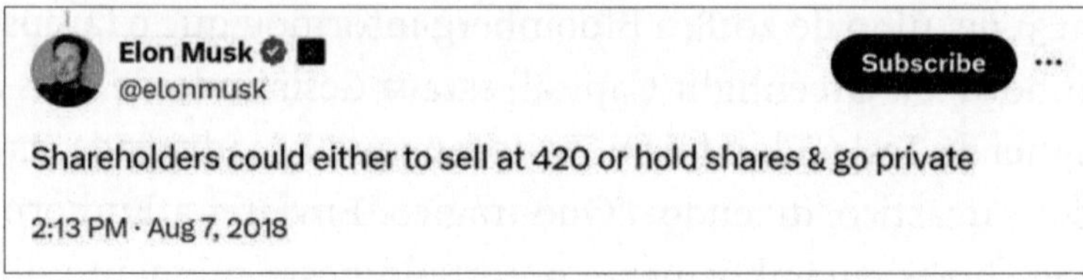

"Os acionistas podem vender a US$ 420 ou ficar com as ações e seguir com o capital privado"

"Financiamento garantido": essas duas palavras despertariam a ira e a repreensão da Comissão de Valores Mobiliários. Se Elon Musk tivesse, de fato, conseguido financiamento para uma oferta privada para a Tesla, ele teria que analisar a oferta com a diretoria e divulgá-la aos acionistas como um evento relevante.

As ações da Tesla dispararam com o tuíte de Musk, gerando mais perdas para as posições vendidas. As participações estavam no nível pré-divisão de US$ 340, e as ações saltaram 11%, para US$ 380, no final do dia. Jim Chanos estava em seu período sabático anual de verão na Grécia e, mesmo assim, conseguiu vender a descoberto um lote extra de ações da Tesla após os tuítes chocantes de Elon.

A princípio, parecia uma pegadinha: o preço de US$ 420 citado por Elon invocava uma referência popular de rua para fumar maconha, 420. Mais tarde, no mesmo dia, Musk enviou uma mensagem aos funcionários da Tesla dizendo que essa possibilidade de fechamento de capital era legítima. A nota dizia a eles que "assim como a ação mais vendida a descoberto na história do mercado de ações, ser pública significa que há um grande número de pessoas que têm o incentivo para atacar a empresa".

As ações da Tesla voltaram a cair, e os vendedores a descoberto tiraram o máximo proveito disso, obtendo um lucro de 1 bilhão de dólares em apenas duas semanas após o tuíte de Elon Musk de 7 de agosto de "financiamento garantido". Sua vitória seria passageira.

Em meados de setembro de 2018, a *Institutional Investor* publicou um longo perfil de Jim Chanos: *How Jim Chanos Uses Cynicism,*

Chutzpah-and a Secret Twitter Account-to Take on Markets (and Elon Musk) (Como Jim Chanos usa cinismo, chutzpah e uma conta secreta no Twitter para conquistar mercados [e desafiar Elon Musk]). Título secundário: "O LeBron James das vendas a descoberto fala de Esquemas Ponzi". No artigo, Chanos compara a Tesla à fraude Theranos e à obscura empresa farmacêutica Valeant.

Uma amostra: "Este é o primeiro caso em que acho que estamos vendo uma possível fraude se desenrolar em tempo real, com comentários nas mídias sociais". E: "Empresas malucas estão sendo negociadas com valorações muito malucas agora, além de seus negócios ruins. Isso é meio empolgante. A Tesla... digo, são valores monstruosos para uma empresa que pode estar falindo".

O valor "monstruoso" do mercado de ações da Tesla em setembro de 2018, quando o artigo foi publicado, era de pouco mais de US$ 40 bilhões. Três anos depois, em outubro de 2021, a TSLA ultrapassou *US$ 1 trilhão*: um aumento de 25 vezes em três anos. Quão mais errados poderiam estar Chanos e os vendedores a descoberto?

A SEC entrou com uma ação judicial contra Musk na quinta-feira 27 de setembro de 2018, alegando "uma série de declarações falsas e enganosas sobre a privatização da Tesla, uma empresa de capital aberto". Esse foi o caso número 18cv8865 no Distrito Sul de Nova York. Simultaneamente, o processo número 18cv8947 foi movido contra a própria Tesla. O processo alegava que a empresa não havia implementado controles para avaliar se seu CEO estava divulgando informações no Twitter que deveriam ter sido apresentadas primeiramente à SEC, de acordo com o antiquado Ato de 1934.

No dia seguinte à apresentação das duas ações judiciais pela SEC, as ações da Tesla caíram 14% em meio a temores de que a SEC poderia tentar remover Musk completamente da Tesla. Musk e a Tesla resolveram as duas reclamações dois dias depois, em um domingo, sem admitir ou negar culpa. Cada parte concordou em pagar à SEC US$ 20 milhões. Na época, o patrimônio líquido de Musk era de

US$ 25 bilhões, e a multa equivalia a oito décimos de milésimo de 1% de sua riqueza.

Elon também concordou em deixar o cargo de presidente por três anos e passar o título para um membro externo do conselho, adicionar dois membros independentes ao conselho e estabelecer um novo comitê de diretores externos para impor precauções e "supervisionar [suas] comunicações".

No dia seguinte, em uma segunda-feira, as ações da Tesla voltaram a subir 17% com o acordo. A SEC prometeu dar os US$ 40 milhões em multas aos "investidores prejudicados". Ou seja: vendedores a descoberto e advogados de defesa. Isso deve ter irritado muito Elon Musk, e, cinco dias depois, ele deixou isso claro. Às 16h16 do dia 4 de outubro de 2018, ele mordeu a mão que acabara de lhe dar um tapa, tuitando sobre a SEC:

"Só quero [dizer] que a *Shortseller Enrichment Commission** está fazendo um trabalho incrível. E a mudança de nome é muito oportuna!" E minutos depois: "Desculpe-me pelo erro de digitação. Isso foi imperdoável. Mas por que eles ficariam chateados com sua missão? É o que eles fazem".

Isso escandalizou a obediente mídia empresarial. Veja como a Bloomberg cobriu o fato: "Elon Musk insultou a Comissão de Valores Mobiliários dias depois de resolver um processo de fraude com a agência dos EUA, potencialmente colocando em risco um acordo que permite que ele permaneça como diretor executivo da Tesla Inc.". Observação: o acordo nunca esteve em risco.

A SEC exigiu que a Tesla adicionasse dois novos diretores externos, então Musk preencheu uma das vagas com um amigo próximo: o bilionário do software Oracle, Larry Ellison. Ellison havia investido US$ 1 bilhão em uma participação na Tesla e, quando os repórteres perguntaram o motivo, ele respondeu: "Por que eu deveria acreditar

---

* No inglês, SEC refere-se à *Securities and Exchange Commission*. *Shortseller Enrichment Commission*, em tradução livre, seria Comissão de Enriquecimento dos Vendedores a Descoberto. (N.T.)

em você, em vez de no meu amigo Elon? Estamos aqui vendo esse foguete pousar, o que eu acho muito legal, e você está lá na frente do seu Apple Macintosh digitando um artigo dizendo que Elon é um idiota. Esse cara está pousando foguetes. Ele está pousando foguetes em balsas de drones no oceano. E você está falando que ele não sabe o que está fazendo. Bem, quem mais está pousando foguetes? Você já pousou um foguete em um drone? Quem é você?". *Touché*.

O investimento de US$ 1 bilhão de Ellison na Tesla aumentou treze vezes, chegando a US$ 13 bilhões no ano seguinte, tudo isso às custas dos vendedores a descoberto.

Em abril de 2019, Musk entrou em um novo confronto com os vendedores a descoberto. David Einhorn publicou uma carta aos investidores dizendo: "As rodas estão caindo – literalmente".* Pronto! Ele alegou que a Tesla estava "à beira do abismo", que a demanda por seus carros estava diminuindo e que estava parecendo o Lehman Brothers no final de 2008, quando entrou em colapso e acabou sendo uma das maiores vendas a descoberto que Einhorn já fizera. Uma década depois, ele ainda estava pagando o jantar com o que ganhou com ela.

No mesmo mês, Musk revidou contra outro vendedor a descoberto, e sua agressão provocou um grande alvoroço no grupo TSLAQ. A Tesla entrou com uma ação judicial e um pedido de ordem de restrição contra um vendedor a descoberto chamado Randeep Hothi, que estava por trás da conta do Twitter @skabooshka.

Hothi avistou um novo Model 3 na rodovia que parecia estar passando por um teste do sistema de direção autônoma Autopilot. Ele o seguiu em seu carro e o filmou, quase colidindo com o Model 3, segundo o processo judicial da Tesla. A queixa também dizia que, dois meses antes, Hothi havia tido uma briga com funcionários da Tesla em um estacionamento da fábrica em Fremont, na Califórnia, e acelerou seu carro, quase atropelando um trabalhador.

---

* *The wheels are falling off* ("As rodas estão caindo") é uma expressão idiomática do inglês para dizer que algo falhou. No caso, Einhorn usou tanto o sentido figurado quanto o literal, por isso foi optado por deixar a tradução literal. (N.T.)

A tentativa de ordem de restrição indignou o grupo TSLAQ, e os membros arrecadaram US$ 100 mil para um fundo de defesa de Randeep Hothi. A iniciativa foi liderada por outro alvo de Musk: @MontanaSkeptic, também conhecido como Lawrence Fossi, que havia parado de atacar Musk em julho de 2018, depois que Elon ligou para o chefe do cara. Os inimigos que você faz permanecem por mais tempo do que você deseja.

A Tesla entrou com uma ação judicial buscando uma ordem de restrição contra Hothi e desistiu do caso quando Hothi exigiu evidências. Enquanto isso, Elon Musk enviou um e-mail para o empregador de Hothi, alegando que Hothi havia assediado e quase matado um funcionário da Tesla.

Então, Randeep Hothi processou Elon por difamação, em agosto de 2020. Um juiz se recusou a arquivar o caso, em janeiro de 2021, e os dois homens finalmente chegaram a um acordo em abril de 2023 – por um pagamento de apenas US$ 10 mil do bilionário para @skabooshka. Um décimo do que Hothi havia arrecadado para as taxas legais. Uma vitória de Pirro para os dois e uma vitória financeira para os advogados, como sempre.

Em julho de 2019, a Tesla anunciou ter alcançado um marco importante: sua meta prometida de produzir cinco mil novos Model 3 por semana. A empresa havia insistido que isso nunca aconteceria. Um mês depois, a fabricante de veículos elétricos divulgou seu primeiro lucro em dois anos. Em novembro de 2019, Elon Musk entrou em conflito mais uma vez com dois de seus inimigos mais formidáveis: Chanos e Einhorn. Musk tuitou sobre Chanos: "Muitos repórteres deram ouvidos a Chanos quando ele chamou a Tesla de fraude sem valor. Mas agora que foi provado que ele estava errado: silêncio".

Quanto a Einhorn, ele aumentou seus ataques a Musk. Em sua carta trimestral a seus investidores, Einhorn escreveu que "a TSLA parece continuar a fazer relações públicas positivas em detrimento da segurança e do tratamento justo de seus clientes". Ele disse que "Elon Musk orquestrou conscientemente uma fraude significativa ao organizar a aquisição de US$ 2,6 bilhões" da SolarCity, uma empresa administrada pelos primos de Musk (o que foi divulgado). "Por enquanto, a realidade aceita parece ser a de que Elon Musk está acima da lei."

Elon voltou a atacar nas primeiras horas do dia 8 de novembro de 2019, postando uma carta no Twitter às 2h24, horário do leste dos EUA. Ele acusou Einhorn de fazer "inúmeras alegações falsas contra a Tesla", dizendo: "É compreensível que você queira salvar seus investidores, dadas as perdas que você sofreu com o sucesso do terceiro trimestre da Tesla".

E concluiu: "Por fim, permita que enviemos a você um presentinho de shorts curtos para ajudá-lo neste momento difícil".

No final de 2019, a Tesla revelou que havia despachado 367.500 carros no ano, um recorde da empresa – e Elon atacou os vendedores a descoberto novamente. Em dezembro de 2019, um dos maiores fundos de pensão do mundo, o Fundo de Investimento em Pensão do Governo do Japão, no valor de US$ 370 bilhões, proibiu que suas ações fossem emprestadas a vendedores a descoberto. Musk aplaudiu a medida, tuitando às 3h33 da manhã de 3 de dezembro: "Bravo, essa é a coisa certa a fazer! A venda a descoberto deveria ser ilegal".

Em janeiro de 2020, as ações da TSLA subitamente aumentaram 80% em um único mês, esmagando os vendedores a descoberto. Isso gerou uma matéria no *Wall Street Journal* em 9 de fevereiro de 2020: "A agonia das quedas da Tesla: US$ 8,4 bilhões de perdas em cinco semanas". A matéria menciona outro tuíte de Elon Musk dos dias anteriores: "Na semana passada, ele tuitou três emojis de fogo enquanto o preço das ações da Tesla disparava, o que alguns especularam ser uma referência ao fato de que as posições vendidas a descoberto estavam sendo queimadas".

Esse forte aumento no preço das ações foi, em parte, resultado das apostas dos próprios vendedores a descoberto. À medida que o preço das ações subia e alguns vendedores a descoberto entravam em pânico e corriam para comprar ações da Tesla antes que elas pudessem subir ainda mais, sua nova demanda fez com que o preço subisse ainda mais. Um "short squeeze". Em 1º de julho de 2020, o preço das ações da TSLA havia triplicado, e as perdas dos vendedores a descoberto estavam aumentando em meio a mais pressões de venda. Um dia depois, Musk atacou novamente a SEC no Twitter, fazendo uma referência tácita a um convite profano, em linguagem de rua: "SEC, acrônimo de três letras, a palavra do meio é *Elon's*".

Para os mais inocentes: *S(uck) E(lon's)* C***.* Ross Gerber, consultor de riquezas e um investidor da Tesla, com mais de trezentos mil seguidores no Twitter, entrou em cena para fazer uma advertência ao CEO: "Perigoso". Elon respondeu: "Mas tããão satisfatório".

Quatro dias depois, Elon Musk foi ao Twitter para esfregar mais sal na ferida, oferecendo shorts de cetim vermelho brilhante para venda. Na parte de trás, havia a sigla "S3XY", que significa "sexy", e os quatro modelos da linha Tesla: o S, o Model 3 (o E invertido), o X e o Y. Ele ofereceu um link online para pedidos – e tantos seguidores clicaram nele no mesmo instante que o site da Tesla caiu.

No final de 2020, os vendedores a descoberto haviam perdido um enorme valor de US$ 40 bilhões no ano inteiro. É provável que seja uma das maiores perdas de todos os tempos de um vendedor a descoberto específico em um único ano. Era mais do que Jim Chanos poderia suportar. No final do ano, ele admitiu que havia reduzido sua exposição à Tesla, cobrindo uma grande parte de suas apostas e assumindo suas perdas. Como ele disse à Bloomberg: "Tem sido doloroso, claramente". Se ele fosse se encontrar com Elon Musk pessoalmente, ele diz que falaria: "Trabalho bem-feito, até agora". Isso foi o mais próximo que Chanos conseguiu chegar de admitir a derrota. Mas... ele voltaria.

No início de 2021, em 4 de fevereiro, Elon invocou o inventor da bomba nuclear, J. Robert Oppenheimer, que, ao ver a primeira bomba atômica explodir em um teste, pensou na escritura hindu: "Agora me

---

* Em tradução livre, "Chupar o p** de Elon". (N.T.)

tornei a Morte, a destruidora de mundos". No Twitter, Musk se gabou: "Eu me tornei um meme, o destruidor de vendedores a descoberto".

Mais de dois anos depois, com ainda mais sucessos acumulados pela Tesla, Elon ressuscitou o tuíte sobre Oppenheimer em 22 de julho de 2023. *Oppenheimer* era agora um filme de sucesso, competindo nas bilheterias com *Barbie*, que gerou uma amálgama como meme: *Barbenheimer*.

As posições vendidas perderam outros US$ 10,3 bilhões combinados em 2021, quando as ações da Tesla subiram mais 50% (de acordo com a CNN). Em 2022, as hostilidades entre Musk e os vendedores a descoberto – e a SEC – continuaram. Em fevereiro, as manchetes dos jornais diziam que o Departamento de Justiça estava investigando dois importantes vendedores a descoberto da Tesla. Elon enviou um e-mail a um repórter da CNBC sobre isso:

"Estou muito animado com o fato de o Departamento de Justiça estar investigando os vendedores a descoberto", escreveu ele. "Isso é algo que a SEC deveria ter feito, mas, curiosamente, não fez."

Duas semanas depois, Musk levou sua guerra contra a SEC para outro nível, acusando a agência de perseguição desde seu acordo sobre o tuíte "financiamento garantido", cinco anos antes. Ele fez um novo pedido ao juiz federal que supervisiona seu acordo com a agência. Um advogado de Musk escreveu que a SEC havia "quebrado suas promessas" e estava "usando o decreto de consentimento como arma para tentar amordaçar e assediar o Sr. Musk e a Tesla".

A queixa de Musk observou que a SEC, mais de quatro anos após o acordo inicial com Elon Musk, ainda não havia pagado os US$ 40 milhões em indenizações cobradas de Musk e da Tesla. O valor deveria ser destinado aos acionistas da Tesla que supostamente foram "prejudicados" pelo tuíte de Musk.

Dois dias depois, a SEC respondeu, dizendo que Musk e seus advogados nunca haviam levantado qualquer preocupação sobre o pagamento anteriormente e que um sistema de distribuição ainda estava sendo criado.

As vendas a descoberto conseguiram recuperar US$ 16 bilhões em lucros para todo o ano de 2022 em uma aposta combinada de quase US$ 20 bilhões. As ações da Tesla caíram 65% no ano, o índice de ações Nasdaq caiu 33% e o S&P 500 caiu 18%. Mas até o final de 2022, a Tesla havia fabricado quase 1,4 milhão de veículos elétricos: 1.369.611, para ser mais preciso. O que é algo que Elon faria.

Em janeiro de 2023, Elon Musk e a Tesla foram réus em uma ação judicial alegando fraude em títulos, movida por uma classe de acionistas no tribunal distrital federal em São Francisco. Esse processo estava relacionado às consequências do tuíte de Musk sobre "financiamento garantido" em agosto de 2018. Os advogados da Tesla tentaram, sem sucesso, transferir o julgamento para fora de São Francisco, onde Musk era odiado por milhares de liberais do Vale do Silício por ter comprado o Twitter e permitido que Donald Trump voltasse à plataforma.

O julgamento durou três semanas. O principal reclamante, Glen Littleton, disse que perdeu US$ 3,5 milhões quando vendeu todas as suas ações da Tesla após o tuíte de Musk. Quando Musk assumiu o banco das testemunhas, o advogado da parte contrária lhe perguntou sobre vendedores a descoberto e a Tesla, e Musk bancou o espertinho:

"Acho que a maioria das pessoas não sabe o que significa vendedor a descoberto. É uma espécie de vendedor sem teto? Seria ele igual aos vendedores com um telhado sobre a cabeça?", disse ele ao júri. Ele continuou, dizendo que vender a descoberto era "um meio para, na minha opinião, pessoas ruins em Wall Street roubarem dinheiro de pequenos investidores". Musk também disse ao júri: "O fato de eu ter tuitado algo não significa que as pessoas acreditem ou ajam de acordo". São palavras para levar para o resto da vida.

Na sexta-feira 3 de fevereiro de 2023, o júri federal inocentou Elon Musk das acusações. A Tesla caiu 20% em abril, encorajando as vendas a descoberto, mas no mês seguinte começou a disparar, ganhando 60% em meados de junho.

Com a ação subindo 110% no acumulado do ano, a essa altura, os vendedores a descoberto haviam acumulado mais US$ 13 bilhões em perdas no ano até o momento. Essa foi uma perda de 80% em relação ao ponto em que eles fizeram suas primeiras apostas. Eles perderam US$ 5 bilhões na primeira metade de junho e US$ 816 milhões em um único dia, quando o preço da TSLA subiu 3,5%, disse a empresa de pesquisa S3 Partners à MarketWatch.

As ações da TSLA, que haviam começado o ano a US$ 108 cada, atingiram quase US$ 300 por ação em julho, e ainda estavam acima da marca de US$ 230 em novembro. Em 17 de novembro de 2023, o *Wall Street Journal* publicou uma matéria de primeira página sobre James Chanos e o anúncio discreto de que ele estava parando de vez de fazer vendas a descoberto. O fundo de cobertura de Chanos tinha US$ 6 bilhões sob gestão em 2008, informou o *Journal*, e agora estava reduzido a US$ 200 milhões. Dois dias depois, Chanos desabafou em sua conta no X, @WallStCynic.

"Para aqueles que estão se perguntando por que não me dirijo diretamente a alguns dos meus críticos mais severos", escreveu ele, "por favor, entendam que eu evito aqueles com sinais claros de doença mental, e vocês também deveriam". Ele mencionou "membros de seitas" que acreditam que "a explosão de foguetes é um 'sucesso'" e disse: "Sua ignorância e ressentimento são cansativos".

Uma atitude bastante negativa de um mestre do universo em Wall Street. Uma semana depois, publiquei um artigo de opinião no *Newsmax*, *Betting on Doom Is a Losing Proposition* (Apostar na desgraça é pedir para perder). Segundo parágrafo: "Isso marca um fim ignominioso para um dos vendedores a descoberto mais espertos, mais arrogantes e mais hipócritas que já praticaram a arte sombria de apostar na destruição. Chanos, como parte do trabalho, vivia em meio a aspersões, rumores e, às vezes, afirmações de trapaça onde não havia nada".

Aparentemente, isso atingiu um ponto sensível. Jim Chanos reagiu com fúria na plataforma de Elon Musk, contestando minha ética, questionando minha inteligência e insistindo que ele realmente era um investidor em alta no mercado desde 1996. Até parece! Como se fosse uma garota malvada, Chanos enviou um tuíte para seus quase duzentos mil seguidores: "Uau, Dennis. Não tenho certeza do que é pior... sua incapacidade de entender conceitos financeiros básicos ou sua falta de integridade jornalística".

Ele argumentou que, desde 1996, "na prática, estava comprado no mercado e vendido em ações individuais". O nocaute: "E se você tivesse entrado em contato comigo antes de escrever uma coluna tão vergonhosa, eu teria explicado esse conceito lucrativo de uma forma que até você poderia ter entendido".

Condescendente e um pouco tolo: Jim Chanos fez carreira como um príncipe sombrio das vendas a descoberto, portanto, deveria admitir. Sinceramente, fiquei surpreso por ele ter se dignado a notar minha coluna, quanto mais responder a ela, mesmo que de forma depreciativa. Mas por que será que os homens mais ricos e poderosos também são os mais temperamentais? Incluindo James Chanos e Elon Musk.

Chanos abandonou o jogo, e Elon Musk e a Tesla são, sem dúvida, os principais fatores de sua saída. Mas os vendedores a descoberto, que se qualificam como o inimigo número um de Elon, talvez nunca parem de persegui-lo. Toda vez que as ações da Tesla tiverem um bom aumento, alguns detratores irão aparecer em uma tentativa de empurrar o preço de volta para baixo. É igualmente certo que Elon Musk irá contra-atacá-los a todo momento, zombando deles e expondo-os ao ridículo diante de seus milhões de seguidores.

É assim que deve ser. Os vendedores a descoberto apostam na escuridão e na desgraça, e isso é um anátema para a mística de Musk. Elon acende uma vela e segue pelo caminho da esperança. Todos os demais podem se sair melhor na vida se fizerem o mesmo.

LIÇÃO 5

A MAIORIA DAS PESSOAS É PREGUIÇOSA. TRABALHE MAIS DO QUE NUNCA

Enviando e-mails aos funcionários depois da meia-noite, dizendo-lhes para comparecerem às 14h com provas dos códigos

Elon Musk trabalha muito mais do que todos nós. Talvez seja por isso que seu patrimônio líquido tenha doze dígitos. Na verdade, não: trabalhar duro para caramba pode tê-lo levado aos primeiros dez dígitos (US$ 1 bilhão), o suficiente para viver de forma tão luxuosa, segura e protegida quanto qualquer pessoa poderia desejar. E ainda sustentar onze filhos e suas três mães diferentes. E doar a maior parte de sua riqueza para boas causas.

Trabalhar com tanto afinco mesmo depois de ultrapassar esse marco de dez dígitos mostra que Musk está buscando algo muito maior do que a própria riqueza.

É uma verdade inegável: Elon Musk trabalha doze horas por dia ou mais, sete dias por semana, em busca de coisas que possam tornar o mundo um lugar melhor. No início da carreira, ele tirou duas semanas de férias – em doze longos anos de trabalho. Ele tira férias apenas três ou quatro dias por ano e trabalha 120 horas por semana. Durante anos, dormia apenas três ou quatro horas por noite; mais recentemente, tenta dormir por seis horas, com a ajuda de Ambien, após uma intervenção da campeã do sono Ariana Huffington há alguns anos.

Elon destaca sua ética de trabalho como um elemento de liderança pelo exemplo. Ele sempre deu bastante importância ao fato de trabalhar muito, como forma de inspirar os funcionários das empresas que supervisiona. Ele quer que eles saibam que nunca lhes pedirá mais do que está disposto a dar para a causa corporativa comum. E como o próprio Musk trabalha de forma incrível e maníaca, isso permite que ele peça o mesmo às pessoas que trabalham para ele. Os preguiçosos não precisam se candidatar.

Em 2010, Elon, ainda com cara de bebê, deu uma entrevista a Bambi Francisco Roizen, da *Vator News*, e ela lhe pediu três dicas para empreendedores. Ele disse a ela que você deve se concentrar em algo que tenha certeza de que será de grande valor para os outros e ser "realmente rigoroso ao fazer essa avaliação", capaz de diferenciar entre acreditar em "novos ideais e se apegar a eles, em vez de perseguir um sonho irrealista que na verdade não tem mérito".

Seja "extremamente tenaz", aconselhou Musk, e "você só precisa se dedicar, sabe, umas oitenta horas, oitenta a cem horas, todas as semanas". Matemática simples: "Se outras pessoas estão trabalhando quarenta horas por semana e você está trabalhando cem horas por semana, mesmo que esteja fazendo a mesma coisa", disse ele, "você conseguirá em quatro meses o que eles levam um ano para conseguir".

Ao que Bambi respondeu com admiração: "Gosto de sua ética de trabalho".

No verão de 2018, quando a Tesla estava enfrentando vendedores a descoberto e lutando arduamente para cumprir a meta muito prometida por Musk de produzir cinco mil novos Model 3 por semana, Musk ficou famoso por ter passado noites na fábrica, durante três semanas seguidas, no momento de crise na fábrica da Tesla em Fremont, na Califórnia. Ele passou as 24 horas inteiras de seu 47º aniversário no local de trabalho, sem sair de lá nenhuma vez. Ele contou isso aos repórteres do *New York Times*, que, em 16 de agosto de 2018, publicaram uma história sobre uma "entrevista de fazer chorar" com ele, como a mídia a descreveu. Ele falou sobre as pressões e a turbulência na Tesla e sobre as muitas horas que estava trabalhando na fábrica de Fremont.

Arianna Huffington, socialite liberal, empresária e defensora do sono, leu o artigo do *Times* e o viu como um pedido de ajuda. Um dia depois, sem que ninguém pedisse, ela publicou uma carta aberta a Elon em seu site, *Thrive Global*.

Ela lhe disse: "Você se exauriu trabalhando 120 horas por semana às custas de ver seus filhos e seus amigos. Você teve dias inteiros em que se fechou dentro da fábrica da Tesla e nem viu o sol. Você não tira férias. Não há como se conectar com sua incrível visão e criatividade quando você não se dá tempo para se reconectar não apenas com aqueles que ama, mas também consigo mesmo e com sua sabedoria".

E o seguinte: "Trabalhar 120 horas por semana não tira proveito de suas qualidades exclusivas, mas as desperdiça. Você não pode simplesmente ir funcionando sem parar – não é assim que nosso corpo e nosso cérebro funcionam".

Huffington insistiu, tuitando para Elon publicamente em 17 de agosto de 2018, implorando: "Caro Elon, por favor, mude sua forma de trabalhar para que esteja mais alinhada com a ciência de como os seres humanos são mais eficazes. Você precisa disso, a Tesla precisa disso e o mundo precisa disso". Ela anexou um link online para sua carta aberta.

Quem perguntou a ela? Musk não teve muita paciência para esse conselho preguiçoso. Dois dias depois, às 5h32 da manhã, ou seja, às 2h32 de onde ele estava, na Costa Oeste, ele respondeu ao tuíte. "A Ford e a Tesla são as duas únicas empresas automobilísticas dos EUA que evitaram a falência. Acabei de chegar em casa da fábrica. Você acha que isso é uma opção. Não é." Elon foi direto ao ponto, embora de forma não tão encantadora. Na fábrica de Fremont, naquele momento, a última coisa de que ele precisava era um reexame do equilíbrio entre vida profissional e pessoal. O que ele queria era que todos na fábrica se sentassem, pegassem um remo e remassem.

Ele estava dormindo na fábrica para inspirar seus funcionários, e Arianna estava atrapalhando seu estilo. Cinco anos depois, em uma ligação com analistas de Wall Street em outubro de 2023 para discutir os resultados financeiros do terceiro trimestre da Tesla, Musk saiu do roteiro. Ele disse aos ouvintes que, naquela época, dormia no chão por causa de seus funcionários: "Sempre que eles sentiam dor, eu queria que a minha fosse pior".

Para ele, o trabalho extremamente árduo é o elemento X que determina o sucesso de uma pessoa em alcançar o que todo mundo vê como impossível. Ninguém chegará a lugar algum se todo mundo ficar de preguiça e rejeitar o trabalho árduo. Em vez disso, as pessoas permanecerão atoladas na mediocridade e no insucesso, e ficarão bem com isso. Foi assim que elas chegaram lá, em primeiro lugar. Elon Musk vê o mundo dos negócios como uma arena dedicada ao trabalho árduo. Por qual outra razão ele viria para os Estados Unidos, onde o empreendedorismo e o suor são recompensados com os frutos abundantes de seu trabalho?

Ele coloca sua ética de trabalho acima de quase tudo, menos de seus filhos, e até mesmo essa exceção pode ser discutível, como acontece com muitos executivos bem-sucedidos que também são pais. Vemos muitas imagens de Elon carregando no quadril a criança de cabeça baixa que ele chama de X, e a mídia adora isso – mas quando ele é visto com o resto de sua prole? Raramente, ou nunca.

A obsessão de Musk com o trabalho vai de encontro ao estilo americano dos últimos tempos. A visão popular atual do trabalho árduo pode ser resumida em uma palavra: "Otários!". Uma resistência cultural inata ao trabalho árduo vem se espalhando há décadas, como se, de alguma forma, estivéssemos sendo enganados ou explorados pelos donos do capital que foram tão demonizados por Karl Marx. Isso depois de dois séculos de trabalho *extremamente* árduo. Talvez essas duas coisas estejam relacionadas.

O trabalho árduo é uma arte perdida nos Estados Unidos – e os Estados Unidos já foram a nação mais trabalhadora da Terra, de verdade. Em nossos primeiros duzentos anos, exaltamos as virtudes do trabalho árduo e a ética puritana estadunidense. Admirávamos e celebrávamos o trabalho e o víamos como o caminho honroso e heroico para criar nossa própria riqueza e passá-la aos nossos herdeiros. E então... algo deu errado. Saiu de curso. Os Estados Unidos, que já foram a terra das oportunidades, começaram a se parecer mais com a terra da inveja.

Em vez de ver a riqueza de uma pessoa como um reflexo do trabalho árduo, os estadunidenses começaram a vê-la como uma injustiça inerente. "Os ricos não estão pagando sua parte", dizia o slogan. No entanto, em 2022, o 1% dos que mais lucram ganhou 22,2% da renda e pagou 42% de toda a receita do imposto de renda; os 50% dos que ganham menos acumularam 10,2% da renda e pagaram 2,3% da arrecadação de impostos. Apesar disso, os políticos pregam sobre os problemas da "desigualdade de riqueza" e criticam os que estão no topo da pirâmide por não pagarem sua "parcela" de impostos.

A acusação cai por terra quando aplicada a Elon Musk, que pagou uma enorme conta de impostos de US$ 12 bilhões aos Estados Unidos em 2021, o maior pagamento de impostos individuais na história do nosso país. Esse valor foi maior do que os impostos anuais pagos por todos os residentes de dois estados juntos: Vermont (US$ 4,5 bilhões em impostos federais arrecadados) e Wyoming (US$ 4,7 bilhões). Também foi mais do que a arrecadação total de impostos federais em cada um dos outros onze estados: Wyoming, Alasca, Montana, Dakota do Norte e do Sul, Virgínia Ocidental, Maine, Havaí, Novo México, Mississippi e Idaho.

As recompensas também são possíveis para nós, se estivermos dispostos a trabalhar duro e de forma eficiente. É por isso que cada um de nós, em nossos empregos e em nossas vidas, deve sempre se esforçar mais e ter o melhor desempenho possível na tentativa de obter sucesso e contatos. Devemos fazer isso se estivermos em uma posição de liderança porque, como Elon Musk, devemos liderar pelo exemplo e trabalhar mais do que nossos subordinados. Ou devemos fazer isso porque somos jogadores comuns que querem ser escolhidos para fazer parte da equipe de um bom líder.

Trabalhar mais é ainda mais importante à medida que a inteligência artificial se espalha como um vírus por toda a economia e se torna cada vez mais inteligente a cada mês e ano que passa. Atualmente, cerca de 30% do esforço envolvido em cada emprego pode ser feito por IA, sem envolvimento humano, e 30% de todos os empregos podem ser feitos por completo pela IA; e essa parcela aumentará.

Aqueles de nós que usarem esse tempo livre para invocar uma nova criatividade e conceber novas fontes de receita e crescimento terão mais chances de sobreviver à devastação no local de trabalho que a IA causará no mundo. Aqueles que relaxarem e jogarem videogame ficarão para trás. Evidências crescentes mostram que isso vem acontecendo nos últimos dez anos ou mais.

Muitos estadunidenses se esqueceram de como trabalhar duro ou desistiram de vez. Uma pesquisa da Gallup, realizada em setembro de 2022 e atualizada em maio de 2023, constatou que metade dos trabalhadores admite, em particular, que faz o chamado "quiet quitting", permanecendo em seus empregos, mas fazendo cada vez menos tarefas. Eles não têm coragem de simplesmente se levantar, pedir demissão e procurar um emprego melhor para fazer uma mudança positiva em suas vidas, preferindo definhar, sem inspiração ou produtividade. A triste verdade é que menos pessoas estão trabalhando agora do que nos últimos cinquenta anos, em porcentagem da população total. Aqueles que ainda estão trabalhando estão dedicando menos horas e pressionando por ainda menos horas e menos dias no escritório.

Em 1850, o trabalhador médio nos Estados Unidos dedicava até 3.650 horas por ano ao trabalho, uma semana média de setenta horas, 52 semanas por ano. Um século depois, em 1987, os trabalhadores dos EUA estavam trabalhando menos de duas mil horas no total, o que equivale a 37,5 horas por semana, 52 semanas por ano. Em 2022, estávamos com uma queda de 5%, para 1.892 horas por ano, cerca de 36 horas por semana.

Isso significa que trabalhamos quase seiscentas horas por ano a menos do que o trabalhador médio na Índia, o que equivale a 24% menos trabalho por ano. Ficamos atrás até mesmo da economia há muito adormecida e quase moribunda do Japão, onde a idade média da população é de quase 50 anos, enquanto a idade média nos Estados Unidos é de apenas 39 anos. Somos mais jovens, mas trabalhamos onze horas a menos por ano do que os japoneses.

Os homens são a maior parte desse problema de desistência. Nas últimas duas décadas, o maior acréscimo ao grupo dos que não trabalham veio de homens que deixaram a força de trabalho e pararam de procurar emprego. Em 1970, 80% dos homens em idade ativa nos Estados Unidos tinham empregos de tempo integral, gerando um PIB de US$ 1 trilhão por ano. Cinquenta anos depois, a economia dos EUA era vinte vezes maior, com um PIB de US$ 21 trilhões, mas a taxa de participação dos homens havia caído para apenas 69% em janeiro de 2020 e para apenas 66,2% em abril de 2020, em meio aos lockdowns da covid (de acordo com o *Richmond Fed*).

As mulheres, no mesmo período, passaram de uma taxa de participação na força de trabalho de 43,3% em 1970 para 57,8% em janeiro de 2020. Ela caiu quase três pontos em meio à crise da covid, para 54,6% em abril de 2020, de acordo com dados do *Federal Reserve Bank of St. Louis*.

Assim, a taxa de participação dos homens caiu 14% em geral, enquanto a taxa de participação das mulheres aumentou 26% no mesmo período de cinquenta anos. Além disso, esse declínio na participação masculina no mercado de trabalho é mais profundo do que apenas os homens mais velhos que se aposentam; a queda também está ocorrendo no grupo dos 25 a 54 anos. Nele, a taxa caiu de 92% em 2000 para 89% em 2019, e 87,6% durante o confinamento da covid. A indolência é pior entre os homens mais jovens, e isso é um mau presságio para o futuro do trabalho. Este é o quadro desolador pintado por relatórios governamentais e estudos acadêmicos:

Os homens jovens trabalham menos do que seus pais e avôs trabalhavam. Mais deles deixaram a força de trabalho recentemente do que em cinquenta anos. Duas vezes mais pessoas passam um ano inteiro sem trabalhar, em comparação com o ano 2000. Eles ficam em casa e não ajudam nas tarefas domésticas, jogando videogame quatro horas por dia, e um terço deles consome opioides ou tem antecedentes criminais.

Em 2015, os homens com idades entre 21 e 30 anos trabalharam 203 horas a menos no total de tempo remunerado do que essa faixa etária trabalhou em 2000, uma queda de 12% nesse período. Em 2016, 15% dos homens com idades entre 21 e 30 anos trabalharam *zero hora* no ano anterior, o que representa o dobro da porcentagem registrada no ano 2000. Segundo um estudo, que ainda disse pouco: "Não apenas as horas [trabalhadas] caíram, mas há um segmento grande e crescente dessa população que parece estar afastado do mercado de trabalho".

Esses homens ociosos são preguiçosos e postergadores, segundo dados do governo. Embora não tenham um emprego, eles gastam apenas 49 minutos a mais por dia em "atividades domésticas" do que os homens que trabalham em tempo integral. E esses homens que não trabalham passam menos tempo "cuidando dos membros da família".

Na verdade, a maior diferença no uso do tempo entre homens empregados e esses não participantes é "lazer e esportes", de acordo com a *American Time Use Survey* de 2019.

Os preguiçosos gastam quase quatro horas a mais em diversão *todos os dias* do que os homens que trabalham. Em especial, eles jogam videogames. E isto é quase que literal: esses folgados já estão se perdendo em simulações dentro da simulação.

Surpreendentemente, o grande aprimoramento dos gráficos e de jogos realistas nos últimos vinte anos é citado como responsável por 75% da queda vertiginosa no total de horas de trabalho para homens de 21 a 30 anos. Isso segundo um estudo publicado em fevereiro de

2021 no *Journal of Political Economy*. A redução de mais de 200 horas, ou 12% do tempo de trabalho, de 2000 a 2015, é muito mais acentuada do que o declínio de 8% (163 horas) para homens de 31 a 55 anos no mesmo período.

Enquanto isso, o tempo que esses jovens passaram em videogames e outras atividades recreativas online aumentou em impressionantes e perturbadores 60% de 2004 a 2017. O estudo da revista cita que os jogos e o lazer online contribuíram para um declínio de 2,2% nas horas de trabalho entre os homens jovens, sendo responsáveis por três quartos da redução nas horas de trabalho de toda essa coorte.

Elon Musk também joga videogame, mas ele ainda trabalha dez, catorze ou dezoito horas por dia.

O estudo também discute outros fatores. Uma pesquisa de 2014 estimou que um terço dos homens que não trabalham tem antecedentes criminais. Quase metade dos homens que não trabalham relatou tomar remédios para dor diariamente, e um terço de todos os homens que não trabalham toma analgésicos prescritos, como opioides, diz um artigo de 2017 de Alan Krueger, da Universidade de Princeton.

* * *

Atualmente, entre todos os estadunidenses em idade ativa e aptos a trabalhar, quase 40% estão ociosos e em casa, no sofá. Em janeiro de 1970, quando menos da metade das mulheres tinha um emprego, a taxa nacional de participação na força de trabalho era de 60% de todos os estadunidenses em idade ativa e aptos a trabalhar. A taxa atingiu o pico de 67% cerca de trinta anos depois, em 2000, e em janeiro de 2020 caiu para 63%. Em seguida, caiu para apenas 60% no período de baixa da covid em abril de 2022, um nível visto pela última vez em 1970; subiu para 62,8% no final de 2023.

Isso significa que 37,2% de nós somos fisicamente aptos, temos menos de 65 anos e estamos sentados em casa em um momento em que a mídia e nossos líderes insistem em dizer que há uma "escassez de mão de obra" nos Estados Unidos, e que somente milhões de novos imigrantes podem resolver isso. Por que isso está acontecendo? Se trabalhássemos mais como povo, se mais de nós nos dignássemos a conseguir um emprego quando, claramente, há milhões de empregos não preenchidos disponíveis, não haveria escassez de mão de obra. Dois corolários para isso: se mais empregadores fossem mais generosos em sua abordagem de remuneração, aumentos e planos de ações para funcionários, mais estadunidenses voltariam a trabalhar; e se o governo oferecesse melhores incentivos fiscais para retreinamento e contratação dos ociosos, mais empresas investiriam nessa meta.

A erosão cínica de nossa ética de trabalho nos anos mais recentes se acelerou desde a crise da covid, que abalou o mundo de 2020 a 2022. O governo dos EUA distribuiu US$ 2 trilhões para empresas e indivíduos em apenas um ano. Isso produziu um teste ao vivo em todo o país de dois argumentos econômicos conservadores: o de que a inflação resulta da expansão da oferta de dólares pelo governo em busca de uma oferta inalterada de bens; e o de que dar às pessoas muito dinheiro de graça as incentiva a trabalhar menos. Ambos se mostraram dolorosamente verdadeiros.

O governo dos EUA pagou um total de mais de US$ 800 bilhões às famílias de março de 2020 a março de 2021, em três parcelas. Para uma família com dois declarantes de impostos e dois filhos, isso representou um acréscimo de US$ 11.400. Esse foi um grande aumento, considerando que a poupança média das famílias era de apenas US$ 5.300, e que mais de um terço dos estadunidenses tinha muito pouco dinheiro para lidar com uma emergência de US$ 400, segundo um estudo do Federal Reserve.

Além dessa generosidade, a Small Business Administration distribuiu outros US$ 1,2 trilhão em concessões e empréstimos a empresas no mesmo período, com a intenção de perdoar os empréstimos para auxiliar as empresas em lockdown. Um total de US$ 200 bilhões provavelmente foi destinado a beneficiários fraudulentos, segundo um relatório do Escritório do Inspetor Geral da SBA em junho de 2023.

Após esse ganho inesperado, em troca da redução da produtividade ou do aumento zero na produção, os empregadores agora têm dificuldade de fazer com que suas equipes compareçam ao escritório. Ninguém comparece. No outono de 2023, a Amazon autorizou seus milhares de gerentes a começar a demitir pessoas que se recusassem a comparecer apenas três dias por semana. Uns fracotes. Um ano depois, em setembro de 2024, a Amazon aumentou a aposta: os "funcionários corporativos" – cerca de 300 mil pessoas – deveriam voltar a comparecer pessoalmente ao escritório cinco dias por semana até janeiro de 2025. Isso deve ser muito difícil para eles.

Elon Musk não tem paciência para tantas formalidades. Em uma ligação com analistas de Wall Street para analisar os resultados financeiros da Tesla para o terceiro trimestre de 2023, Musk desviou do assunto para dizer que os defensores do trabalho remoto têm "jeito de Maria Antonieta". Trabalhadores de fábricas, garçons e entregadores precisam estar fisicamente no trabalho, disse ele aos ouvintes, acrescentando:

"Até que ponto a galera do trabalho remoto não tem noção da realidade? Eles se aproveitam daqueles que não podem trabalhar de casa."

Durante quase duzentos anos, nossa nação valorizou a meta de igualdade e deu a cada indivíduo uma oportunidade igual de sucesso, e o resto dependia de nós. Atualmente, os políticos pregam a "equidade" em vez de igualdade, dividindo porções idênticas dos frutos do trabalho e distribuindo-as de forma igual a todos, independentemente de quantas horas tenham contribuído ou se sequer contribuíram.

Esse foco político e da mídia na "equidade" contribui ainda mais para a antipatia contra o trabalho árduo. Se todos têm o direito de receber uma parte igual da vantagem, mesmo os que não contribuíram com quase nada para a produção, por que se preocupar em trabalhar mais do que qualquer outra pessoa? Aprendemos isso na escola primária quando nos ensinaram a lenda de Jamestown e do Capitão John Smith no início do século 17. Lembra?

O termo "sonho americano" foi cunhado por James Truslow Adams em 1931, no livro *The Epic of America* (O Épico da América), que dizia que a base de tal sonho seria o trabalho árduo. Quarenta anos depois, a palavra *workaholic* entrou em voga como um rótulo de advertência. Na década de 1980, o "equilíbrio entre vida pessoal e profissional" tornou-se moda e, em 1990, os Boomers haviam cedido lugar à Geração X, ou a "geração preguiçosa", nascida entre 1965 e 1980. Uma década depois, esse grupo foi suplantado por uma geração muito maior, os Millennials, nascidos entre 1981 e 1996.

Os Millennials buscavam um propósito maior em suas atividades no trabalho e se concentravam mais no equilíbrio entre vida pessoal e profissional. De modo simplificado: menos trabalho, mais vida. Criados com base na tecnologia, eles aproveitaram o trabalho remoto e os horários flexíveis para servir a si mesmos, e não aos seus empregadores. Agora, anseiam pela "integração" entre vida pessoal e profissional, o que basicamente significa que querem fazer de seu estilo de vida a prioridade número um e encontrar um trabalho que se adapte a isso – o que parece estar fora de equilíbrio.

A Geração Z (nascida entre 1997 e 2012) está começando agora a entrar no mercado de trabalho. A tecnologia é intrínseca a suas vidas, e eles nunca viveram sem ela. Inclusão, diversidade e "justiça social" são um idioma comum entre eles. Isso é bom para eles. Porém, essa preocupação com o "equilíbrio" entre trabalho e vida pessoal, com um estilo de vida descontraído, entre as três gerações mais jovens que sucederam aos baby boomers pode não ter muito peso na ambição, na criação de riqueza e no trabalho extra para comprar, por exemplo, uma casa nova.

Essa é a mentalidade com a qual Elon Musk se deparou no final de outubro de 2022, quando assumiu o controle do Twitter. E é por isso que os funcionários do Twitter estavam prestes a receber um choque. Ao todo, o Twitter havia acumulado quase US$ 4 bilhões em prejuízos líquidos em oito dos dez anos anteriores (2012 a 2021). Isso apesar de ter registrado mais de US$ 20 bilhões em vendas nesse período.

Teve dois anos lucrativos (2018 e 2019), mas voltou ao vermelho nos três anos seguintes consecutivos, incluindo um prejuízo de US$ 300 milhões em 2022, quando Musk entrou em cena.

Apesar desse desempenho lamentável, a equipe do Twitter, composta por oito mil pessoas, era bem remunerada, mimada e satisfeita consigo mesma. A mediana da remuneração de todos os funcionários era de impressionantes US$ 236 mil por ano. Isso significa que metade deles ganhava *mais* do que essa quantia. Suas opções de ações custavam US$ 900 milhões por ano.

Na quarta-feira 26 de outubro de 2022, dois dias antes do prazo imposto pelo tribunal para que Musk fechasse o acordo com o Twitter, ele entrou na sede no centro de São Francisco carregando uma grande pia de porcelana branca. Ele postou um vídeo de si mesmo entrando no saguão do Twitter, cuja legenda trazia o trocadilho: "Entrando na sede do Twitter – deixe essa ficha cair!".* Elon também mudou seu nome no Twitter para "Chief Twit" por um tempo.

No dia seguinte, antes mesmo de fechar o negócio, Elon demitiu uma série de executivos seniores, incluindo o CEO, Parag Agrawal, o CFO, Ned Segal, o chefe jurídico e de políticas, Vijaya Gadde, e o conselheiro-geral, Sean Edgett. E na sexta-feira, dia 28, a aquisição foi formalmente concretizada.

Na quinta-feira seguinte, 3 de novembro, um e-mail foi enviado aos funcionários do Twitter informando que, às nove horas da manhã seguinte, eles receberiam um e-mail com o assunto "Sua função no Twitter". No dia seguinte, em um único golpe certeiro, metade das pessoas na folha de pagamento recebeu e-mails dizendo: "Hoje é seu último dia de trabalho na empresa".

No final, seis mil pessoas foram demitidas, um corte de 80%, bem como 4.400 dos 5.500 funcionários do antigo Twitter – outro corte de 80%. Como Musk explicou em uma conferência do *Wall Street Journal*

---

* No original, "Entering Twitter HQ – let that sink in!". "Sink in" é uma expressão idiomática, significando "cair a ficha" ou "assimilar algo". Contudo, em um sentido literal, "let that sink in" pode ser entendido como "Deixe essa pia entrar". (N.T.)

em Londres, em maio de 2023, "Havia muitas pessoas que não pareciam ter muito valor. Acho que isso acontece em muitas empresas do Vale do Silício", nas quais "cortes significativos" poderiam ser feitos, os quais "aumentariam de fato sua produtividade".

Ele explicou: "O Twitter estava em uma situação em que, em uma reunião com dez pessoas, uma estaria com o pé no acelerador e nove nos freios".

Qualquer pessoa que tenha gerenciado funcionários conhece a regra 80/20: apenas 20% da equipe trabalha com afinco e produz 80% do valor de todo o grupo. Eles fazem isso trabalhando, digamos, duas vezes mais do que os preguiçosos para produzir quatro vezes mais valor. E esses 20% são os que você continua chamando para trabalhar ainda mais, porque eles conseguem fazer o que é preciso, em vez de criar obstáculos e problemas.

Musk importou várias dezenas de gerentes da Tesla e da SpaceX, em uma ação que traria mais uma investigação federal. Os chefes começaram a aconselhar as pessoas a trabalhar doze horas por dia, e os principais engenheiros da Tesla analisaram os engenheiros do Twitter para escolher os melhores. As reduções, rápidas e sem remorso, iriam reinar no Vale do Silício: como Musk poderia demitir 80% da equipe e manter a plataforma funcionando sem impedimentos? No ano seguinte, o número de usuários mensais do Twitter dobrou para 550 milhões de pessoas em todo o mundo, com apenas uma fração da antiga equipe.

Na segunda semana do mandato de Musk no Twitter, às 2h39, horário do leste dos EUA, na quarta-feira 10 de novembro, Elon enviou seu primeiro e-mail aos funcionários recém-contratados. Em 276 palavras, ele se desculpou por sua primeira mensagem ter sido tão direta e avisou que "o cenário econômico à frente é terrível". No quinto de sete parágrafos, ele solta a maior das bombas, dizendo: "O caminho à frente é árduo e exigirá um trabalho intenso para o sucesso. Também estamos mudando a política do Twitter para que o trabalho remoto não seja mais permitido, a menos que você tenha uma exceção específica", que deveria ser aprovada por Elon. "A partir de amanhã (quinta-feira), todos deverão estar no escritório por um mínimo de 40 horas por semana." Ele termina dizendo: "Estou ansioso para trabalhar com vocês para levar o Twitter a um nível totalmente novo. O potencial é realmente incrível!".

Elon lidera todas as suas empresas desta forma: ele pinta um quadro terrível para unir suas equipes e incentivá-las a serem valentes e trabalharem ainda mais sob essa ameaça existencial de fazer ou morrer.

No dia seguinte, quinta-feira, dia 11, Elon avisou a equipe da sede do Twitter com vinte minutos de antecedência e, às 14h, realizou sua primeira reunião pública com os funcionários desde a aquisição. A sessão intensa e peculiar durou quase uma hora, e uma transcrição vazou para o *Verge*. Ele começa enfatizando o "imenso" potencial do Twitter como "um serviço incrivelmente valioso para o mundo (...) onde você tem um campo de batalha de ideias, as quais podem, com sorte, tomar o lugar da violência em muitos casos. Assim, as pessoas podem apenas conversar em vez de brigar fisicamente".

Isso chega a parecer engraçado agora, depois que Musk desafiou o muito menor Mark Zuckerberg para uma luta de UFC.

"Acho que podemos realmente ser uma força de paz, o que seria incrível", disse Musk à plateia. Para isso, seria necessário atingir 1 bilhão de pessoas, criar mais diálogo entre diferentes países, expandir-se como uma plataforma multimídia com mais vídeos, desafiar o YouTube em termos de influenciadores e adicionar pagamentos à plataforma.

"E os pagamentos, na realidade, são apenas troca de informações", diz Musk a seus novos recrutas. Um moderador lê a pergunta de um funcionário, e Musk fala sobre a verificação de contas como forma de impedir que milhões de bots invadam o site, depois fala sobre um vídeo curto e, em seguida, sobre o tempo que ele normalmente leva para responder a um e-mail deles. Ele acrescenta:

"E eu também sou do tipo: 'Ei, vamos nos divertir e nos aventurar aqui'. Vamos tentar algumas coisas malucas. E se não funcionar, vamos parar. E se funcionar, vamos fazer mais. Mas acho que isso é muito divertido e empolgante."

Seu público, como ficou claro, tinha opinião contrária. Uma pessoa fez uma pergunta sobre personalidades do YouTube, e Musk imediatamente disse que o Twitter deveria oferecer a elas uma remuneração 10% maior e ver como seria. "Vamos fazer isso. Ok, ótimo. Então, você vai fazer isso?" Troca de palavras inaudível. Musk: "Ok, coletivamente, vocês farão isso. Ótimo. Por favor, façam isso. Vamos agir. Acredito muito em ter um senso de urgência maníaco. Portanto, se der para fazer isso depois desta reunião, seria melhor. É só um senso maníaco de urgência. Por exemplo, se quiser fazer algo, tenha um senso de urgência maníaco. Basta fazer 'aah'! Radical!".

Momentos depois, ele menciona que "assinantes" pode ser um rótulo melhor do que "seguidores" no Twitter, pois "seguidores" parece "mais como se você tivesse um culto ou algo assim. E eu acho que até *tenho* um quê de culto, mas nem todo mundo quer ser membro de um culto, sabe?".

Uma mensagem subliminar extra para seu público: junte-se ao culto ou siga em frente.

Em seguida, os funcionários fazem algumas perguntas sobre trabalhar remotamente em vez de ir ao escritório, e Musk não mede palavras e diz a eles: "Nosso padrão precisa ser estar no escritório, e por um período de tempo razoável. Não se trata de um número absurdo de horas. Eu faço horas loucas no escritório, mas não estou pedindo que todos os outros o façam também". Liderando pelo exemplo e usando um qualificador: menos do que horas loucas *no escritório*, o que deixa bastante tempo para trabalhar em casa.

Um funcionário pergunta qual é "a grande visão". Musk responde: "Bem, quero dizer, eu não sei. Não tenho uma boa resposta para isso. Mas posso lhe dizer, filosoficamente, que o que funciona na SpaceX e na Tesla é o fato de as pessoas estarem no escritório e serem duronas, e um pequeno número de pessoas pode fazer muita coisa nessa situação".

Sua equipe no sistema Autopilot da Tesla é composta por 150 engenheiros, que superam equipes rivais de três mil pessoas, diz ele, acrescentando: "Acredito muito que um pequeno número de pessoas excepcionais pode ser altamente motivado e fazer as coisas melhor do que um grande número de pessoas que são muito boas e moderadamente motivadas. Essa é a minha filosofia. O Twitter é um bom lugar para aqueles que se dedicam ao máximo e jogam para vencer. E aqueles que não são assim, entendo perfeitamente. Mas, nesse caso, o Twitter não é para você".

Uau. Musk se dirigia a eles como adultos, e eles não estavam preparados para isso. Em seguida, um funcionário irritado perguntou a ele: "Por que nossa liderança está tentando aumentar o atrito se já estamos com falta de pessoal e mal conseguimos manter as coisas funcionando?". Chorão. Cheio de negatividade.

Musk: "Não estou tentando aumentar o atrito, mas acho que não estamos com falta de pessoal. Acho que estamos com excesso de pessoal. Essa é a minha opinião, da qual você pode discordar".

Outro funcionário retorna mais uma vez à questão do trabalho remoto: "Você está pedindo que voltemos ao escritório apenas para receber ligações de outros escritórios? (...) Por que está pedindo isso?".

Elon perde a paciência: "Vou ser bem claro. Se as pessoas não retornarem ao escritório apesar de serem capazes de retornar ao escritório, elas não poderão permanecer na empresa. Fim da história".

Já deu para entender? Não. O funcionário responde: "Não foi isso que perguntei. Mesmo que as pessoas retornem ao escritório, os escritórios são separados. Não estaremos cara a cara, de qualquer forma". Impertinente, na melhor das hipóteses.

Musk, mais uma vez: "Sim, mas você ainda pode maximizar a quantidade de atividades presenciais. A Tesla também não é um lugar único. Basicamente, se você puder aparecer em um escritório e não aparecer, sua demissão será aceita. Fim da história". Novamente com o fim da história.

Isso fez com que uma funcionária do Twitter chamada Yao Yue dissesse a seus colegas no Twitter: "Não se demitam, deixem que ele os demita". Dessa forma, eles poderiam receber uma indenização. Por isso, Yue foi demitida dias depois. Em outubro de 2023, um diretor regional do Conselho Nacional de Relações Trabalhistas (NLRB) apresentou uma reclamação alegando que o X, antigo Twitter, havia violado a lei federal que proíbe os empregadores de punir os trabalhadores por se comunicarem com seus colegas sobre suas condições de trabalho.

Isso parece uma reação exagerada à demissão de uma funcionária bancando a espertinha, mas Elon Musk é o prego que se destaca.

Em uma audiência posterior do NLRB, o Twitter defendeu seu direito de demitir Yao Yue com base em insubordinação e disse que ela era uma supervisora que não estava amparada pela lei. Em 9 de julho de 2024, um juiz de direito administrativo rejeitou a queixa da NLRB, concordando com o argumento do Twitter de que Yue não estava amparada pelas regras que o conselho havia mencionado.

Uma semana depois de sua primeira reunião presencial com a equipe, Elon enviou um e-mail após a meia-noite de 16 de novembro, lançando um novo desafio às suas tropas em estado de choque: elas deveriam se comprometer com uma nova cultura "hardcore" no Twitter, que exigiria muito sacrifício e trabalho duro. A empresa estava mudando para um negócio voltado aos engenheiros que "precisaria ser extremamente hardcore".

Os que saíssem receberiam três meses de salário. Para os que ficassem, "isso significaria trabalhar muitas horas em alta intensidade. Somente um desempenho excepcional constituiria uma nota de aprovação". Eles deveriam decidir dentro de 24 horas e votar clicando em um ícone no e-mail de Elon.

No dia seguinte, Elon recebeu sua resposta. Centenas de outros membros da velha guarda do Twitter pediram demissão. Eles anunciaram suas nobres saídas no Twitter com emojis de saudação e #LoveWhereYouWorked.

Horas depois, a rede Rádio Pública Nacional (NPR), que é liberal e apoiada pelo governo, publicou uma matéria com o título *Twitter Employees Quit in Droves After Elon Musk's Ultimatum Passes* (Funcionários do Twitter saem em massa depois que o ultimato de Elon Musk foi aprovado), escrevendo que "o Twitter foi tomado pelo caos. (...) A nova onda de demissões está se somando aos medos de que o Twitter está perdendo mentes críticas (...) para lidar com os conteúdos tóxicos e ilegais". Conteúdo ilegal? Quase não existe tal coisa, a não ser pornografia infantil e segredos de Estado que colocariam em risco as Forças Armadas dos EUA.

No entanto, um grupo de democratas no Senado dos EUA enviou uma carta aberta à Comissão Federal de Comércio (FTC) exigindo uma investigação do Twitter e dizendo que Musk havia "tomado medidas alarmantes que prejudicaram a integridade e a segurança da plataforma". Um julgamento precipitado.

Um consultor de mídia disse à NPR: "A nova crença de Musk de que os funcionários devem adotar uma abordagem '*hardcore*' ao trabalho provavelmente vai piorar as coisas". Ele falou de "tantas pesquisas que dizem que o excesso de trabalho literalmente mata as pessoas", e acrescentou: "E agora ele está se virando contra os funcionários restantes, muitos dos quais tenho certeza de que têm uma terrível culpa do sobrevivente, e eles têm de ficar lá sentados, trabalhando essas quantidades obscenas de horas (...). Estamos diante de uma das piores transações financeiras da história e, possivelmente, de um dos piores executivos da história".

Realidade: essas pessoas tinham empregos confortáveis e improdutivos em uma empresa moderna e aceitaram de bom grado o pagamento de três meses para se demitirem, mas a mídia as considerou como prisioneiras em um gulag.

Um dia depois, após a meia-noite, horário em que Musk estava na Costa Oeste, Elon enviou um e-mail de apelo aos programadores:

"Qualquer pessoa que realmente saiba escrever software, por favor, apresente-se no 10º andar às 14h de hoje. Antes de fazer isso, envie por e-mail um resumo do que seus comandos de código alcançaram nos últimos seis meses, juntamente com até dez capturas de tela das linhas de código mais importantes. Obrigado, Elon". Muito intenso.

Em seguida, ele enviou mais dois e-mails, dizendo a seus programadores que eles deveriam comparecer a menos que tivessem uma emergência familiar, e dizendo àqueles que residiam em outro lugar: "Se possível, eu agradeceria se pudessem voar para São Francisco e estar presente pessoalmente. Estarei na sede do Twitter até a meia-noite e de novo amanhã de manhã". Dando o exemplo, mais uma vez.

Ninguém estava trabalhando mais arduamente do que Musk, que, nas primeiras semanas de sua aquisição, mais uma vez passou a residir em um local da empresa para trabalhar a noite toda e passar a noite em claro, seja em uma fábrica ou em um escritório vazio. Embora mais tarde ele revelasse que estava dormindo em um sofá de uma biblioteca não utilizada, como disse ao entrevistador da BBC seis meses depois.

Tarde da noite, algumas semanas depois, Musk mais uma vez brincou com seus funcionários, enfatizando seu compromisso de trabalhar por longas horas para fazer o que fosse necessário para que o Twitter funcionasse: "Estive na sede do Twitter em São Francisco a noite toda. Estarei trabalhando e dormindo aqui até que a organização seja consertada", ele tuitou. Mais tarde, ele excluiu a mensagem, provavelmente por questões legais.

De forma notável e ridícula, esse tuíte ajudaria a desencadear uma investigação da cidade sobre a empresa. No início de dezembro, os inspetores da cidade de São Francisco começaram a investigar se Elon havia violado as normas de zoneamento ao instalar um hotel ilegal nos escritórios do Twitter. Tudo porque ele havia instalado camas para que seu pessoal pudesse trabalhar mais horas e dormir no local.

Essa investigação ocorria em resposta a uma reclamação apresentada por meia dúzia de ex-funcionários insatisfeitos que Musk acabara de demitir. São Francisco estava lutando contra uma imagem desgastada pela falta de moradia desenfreada, alta criminalidade e assassinatos aleatórios e macabros que eram manchete no mundo todo, mas a cidade dedicou inspetores para resolver o problema *de verdade*: Elon e seus subordinados dormindo em sofás durante a noite no escritório.

Poucas semanas antes, um bebê de dez meses que engatinhava em um playground público havia entrado em contato com fentanil perdido e teve uma overdose. Elon tuitou: "Então a cidade de São Francisco ataca as empresas que fornecem camas para funcionários cansados em vez de garantir que as crianças estejam a salvo do fentanil. Quais são as suas prioridades?!". Pergunta justa.

Para Elon Musk, a compra do Twitter foi insensata, ineficiente e impulsiva, além de ser um convite permanente ao incômodo e ao assédio – dos órgãos reguladores, dos políticos, da mídia, dos funcionários demitidos e dos resistentes que ficaram. E tudo isso para quê? E por quê? As respostas estão no próximo capítulo e na próxima lição, que vem logo a seguir.

LIÇÃO 6

A LIBERDADE DE EXPRESSÃO É TUDO. LEVANTE-SE E SEJA OUVIDO

Os arquivos do Twitter e o momento Montoya de Musk na CNBC

Um ano depois de Elon Musk ter comprado o Twitter, parecia uma aposta perdida, talvez a pior que ele já havia feito. Mesmo para um homem com um patrimônio líquido de mais de US$ 200 bilhões na época, isso deve ter doído: foi um golpe de vários bilhões de dólares em um ego enorme.

Depois que Musk pagou US$ 44 bilhões para comprar seu parque de diversões digital favorito em 27 de outubro de 2022, os anunciantes nervosos fugiram da plataforma, em prol de esperar para ver o que Elon faria com ela. A receita de anúncios – o carro-chefe do Twitter – despencou 60% no ano seguinte. Em outubro de 2023, o valor de mercado do Twitter, agora rebatizado como X, havia despencado quase 60%, para apenas US$ 19 bilhões.

Isso representou uma perda, no papel, de US$ 25 bilhões, e Elon Musk arcou pessoalmente com quase US$ 20 bilhões dessa tinta vermelha. A queda acentuada foi ainda mais dolorosa em termos de onde esses mesmos US$ 44 bilhões poderiam ter sido investidos. Se Elon Musk tivesse investido US$ 44 bilhões em ações do Facebook, elas teriam subido para US$ 125 bilhões um ano depois. Que merda!

Mas não se preocupe: o X, também conhecido como Twitter, continua sendo a plataforma de mídia mais importante do mundo. É uma plataforma em que são postados vídeos civis sobre a guerra urbana entre Israel e Hamas; declarações oficiais e de última hora de autoridades governamentais e de políticos; e tópicos investigativos que impressionam por sua profundidade e conhecimento. O X faz dos novatos políticos desconhecidos, como Vivek Ramaswamy, estrelas.

No X, Tucker Carlson, demitido pela Fox News, iniciou um novo programa e obteve 120 milhões de visualizações em seu primeiro episódio, e 60 milhões e mais de 100 milhões de visualizações em seu segundo e terceiro programas, respectivamente, e continuou a atrair dezenas de milhões de pessoas, sem a necessidade de uma rede a cabo.

E no X, em 10 de dezembro de 2023, uma chamada ao vivo do Spaces contou com a participação do apresentador de talk-show conservador Alex Jones, que Elon Musk acabara de permitir que voltasse à plataforma após uma proibição imposta pelo antigo regime cinco anos antes. Jones foi acompanhado, inesperadamente, por Musk, Ramaswamy, o general Mike Flynn e o polêmico lutador de MMA Andrew Tate, símbolo da masculinidade tóxica. O X pode criar alianças esquisitas.

Isso foi apenas um aquecimento para o que se seguiu em 24 de agosto de 2024: a chamada ao vivo de duas horas de Elon Musk sobre a SpaceX com Donald Trump, que atraiu mais de 27 milhões de ouvintes (quase o triplo da audiência de um dos dez principais programas do horário nobre) e 1 bilhão de interações.

Musk insiste que o que ele chama de "X (anteriormente Twitter)" valerá, no final das contas, US$ 250 bilhões, no nível das valorações atuais da Coca-Cola e da Toyota. A compra do Twitter acelerou um sonho que Elon acalenta há mais de vinte anos: o X como "o aplicativo de tudo", um centro de comando digital para centenas de milhões de pessoas que gerenciam suas próprias vidas.

O público o usará para fazer transações bancárias e pagar contas, cobrar contas a receber, comprar e vender ações e ETFs, fazer compras online, comprar ingressos para shows e eventos esportivos, ouvir podcasts e músicas, assistir a programas de TV e filmes e fazer tudo o que fazem online atualmente em dezenas de sites diferentes. E, durante todo esse tempo, o X vai se limitar a uma pequena parte das bolsas financeiras. Isso liberaria a plataforma de depender das vendas de publicidade, que fornecem mais de 90% da receita do Google, do Facebook e da maioria das plataformas de mídia social.

Tudo isso, no entanto, não é o verdadeiro objetivo. Para Elon Musk, comprar o Twitter foi algo mais importante do que dinheiro, mais importante do que extrair o valor intrínseco de uma empresa com problemas. Na verdade, esse negócio sempre teve a ver com liberdade de expressão: libertá-la, restaurá-la e homenageá-la. E dar uma lição de civismo à mídia, aos políticos e a milhões de pessoas que perderam de vista a Primeira Emenda e sua centralidade no modo de vida dos EUA.

O próprio Musk deixou isso claro, de forma famosa e profana, em 30 de novembro de 2023, em uma entrevista ao vivo no palco com Andrew Ross Sorkin, editor do *New York Times* e âncora da CNBC. Foi o tiro que se ouviu no mundo da publicidade: "Vão se foder".

Elon esteve no centro de outra tempestade na mídia nas últimas semanas, por causa de um único tuíte supostamente antissemita de um usuário aleatório do X, que ele havia endossado. O grupo de censura liberal *Media Matters for America* (MMFA) capitalizou esse fato pressionando os anunciantes a abandonarem a plataforma X.

De acordo com uma ação judicial por difamação movida pelo X no Tribunal Distrital dos EUA no Texas, a MMFA inventou uma história tendenciosa alegando que o X veiculava anúncios de grandes marcas ao lado de conteúdo pró-nazista. Isso fez com que a Disney, a Apple, a Comcast (proprietária da CNBC) e algumas outras grandes marcas interrompessem os anúncios no X. No entanto, na verdade, como os advogados do X expuseram mais tarde em um processo movido contra a MMFA no Tribunal Distrital dos EUA para o distrito norte do Texas, a ONG liberal manipulou os resultados de pesquisa para forçar a ocorrência dessas raras combinações de anúncios. Ela usou uma conta falsa que seguia apenas trinta feeds, todos eles pró-nazistas, e então um repórter clicou tanto nos feeds que quinze vezes mais anúncios apareceram por hora do que normalmente ocorre no X. Isso produziu cinquenta dessas combinações ruins de anúncios entre 5,5 bilhões de impressões no X naquele dia. Um anúncio foi visto por apenas dois usuários – e o repórter da MMFA na história era um deles.

A MMFA negou essas alegações, afirmando que o processo tinha a intenção de intimidar os críticos do X até que se calassem. Em agosto de 2024, o juiz distrital dos EUA Reed O'Connor rejeitou uma solicitação da MMFA que o levaria a se recusar a participar do caso, que continua pendente.

Em meio a essas acusações de antissemitismo feitas a Elon Musk, ele havia acabado de retornar de uma viagem previamente planejada a Israel para se reunir com o primeiro-ministro Benjamin Netanyahu. Enquanto estava lá, Musk assistiu a vídeos horríveis de terroristas do Hamas chacinando civis israelenses no massacre de 7 de outubro. Ele usava uma plaqueta de identificação que havia recebido em nome dos reféns mantidos pelo Hamas. Nela estava escrito: "Traga-os para casa".

Na entrevista com Sorkin no DealBook Summit do *New York Times*, Musk sentou-se à sua frente no palco do Frederick P. Rose Hall do Lincoln Center, em Nova York, pegou a plaqueta e disse: "Eu disse que a usaria enquanto houvesse reféns para contar a história. E é o que tenho feito".

Em seguida, Sorkin lhe pergunta: "Como foi essa viagem? (...) Há uma percepção pública de que foi parte de uma turnê de desculpas, por assim dizer. (...) Houve todas as críticas, houve a saída de anunciantes. Conversamos com [o CEO da Disney] Bob Iger hoje".

Elon: Espero que eles parem. Que não façam propaganda.

Sorkin: Você não quer que eles façam propaganda?

Musk: Não.

Sorkin: Como assim?

Musk: Se alguém tentar me chantagear com publicidade, me chantagear com dinheiro, que vão se foder.

Sorkin: Mas...

Musk: Vão. Se. Foder. [*Atônita, a plateia titubeia nervosamente*] Está claro? Espero que sim. Ei, Bob, se você estiver na plateia. É assim que eu me sinto. Não faça propaganda.

Considere os nervos de aço que Elon deve ter tido para dizer isso, publicamente, em um evento patrocinado pelo *New York Times* e coberto pela CNBC, sendo que a receita da publicidade é a principal fonte de renda do X. Considere o que ele deve ter sentido no momento: a descarga de adrenalina em seu plexo solar, o som de um zumbido quando o sangue bombeava por seus ouvidos, a animação nervosa em seu intestino por ter chocado o público dentro do salão.

Sorkin, então, pergunta a ele sobre o modelo de negócios do X e sobre o afastamento da receita com anúncios, e Elon interrompe: "VSF". Ele continua, dizendo: "Então, na verdade, o que esse boicote à publicidade vai fazer é matar a empresa. E o mundo inteiro saberá que esses anunciantes mataram a empresa, e nós documentaremos isso em detalhes". E quando os anunciantes protestarem, ele lhes dirá: "Digam isso à Terra".

Vão. Se. Foder. Por mais de duzentos anos, o negócio da mídia tem sido impulsionado pela receita de publicidade. E em dois séculos, Elon Musk pode ser o único magnata da mídia a fazer publicamente esse convite a anunciantes intrusivos que tentam infringir a liberdade de expressão.

Se fosse qualquer outra pessoa que se recusasse a ser chantageada pelo dinheiro das empresas, ele teria sido elogiado pela mídia estadunidense – eles teriam usado frases bajuladoras como "salvar a democracia". Mas, na realidade, eles se preocupam com a liberdade de expressão apenas para si mesmos, não para você. E a antipatia deles por Elon Musk é profunda.

Musk preza a liberdade, distintamente estadunidense e garantida pela Constituição, de dizer o que quiser, sobre o que quiser, sem ser amordaçado pelo governo. Nem, em seu caso específico, por regras sociais de protocolo e pelo politicamente correto. Ele se autodenomina um absolutista da liberdade de expressão, e isso significa que quase tudo pode ser dito sem a intervenção do governo. Até mesmo discurso de ódio e as temidas mentiras e desinformações.

Essa postura enfática faz parte de seu sistema de crenças há pelo menos vinte anos. Ela vai além do direito à liberdade de expressão. Musk acredita que somente com o exercício da liberdade de expressão podemos permitir que as ideias concorram no mercado intelectual, na mídia, na política e nos negócios. O CEO que sufoca a discordância e desencoraja o debate acaba cortando a inovação e sufocando ideias potencialmente excelentes. O executivo que acolhe pontos de vista concorrentes antes de tomar a decisão final inspira mais confiança e desperta mais criatividade naqueles que lidera.

O presidente Trump sempre adotou essa abordagem de acolher pontos de vista divergentes e deixar as ideias competirem, tanto como presidente do país quanto em sua carreira empresarial. No campo das relações públicas, um dos fundadores, Gershon Kekst, deixava seus executivos sênior discutirem na mesa de conferência enquanto ele ficava sentado sem dizer nada, falando apenas no final para tomar uma decisão conclusiva. Para Musk, as ideias rivais são bem-vindas, mas devem ser expressas em um tom positivo, oferecendo soluções alternativas em vez de apenas apontar uma falha. Ele não tem paciência para os "ai-de-mim" que expressam dúvidas sem apresentar uma solução positiva.

Nunca vá até seu chefe com um problema: vá até ele com uma solução.

No X e em qualquer outro lugar, Elon Musk prefere discutir na frente de todos, sem restrições e com todos os insultos e palavrões permitidos, em vez de baixar a cabeça aos censores do governo. A busca por soluções e pontos em comum vale o risco de ferir os sentimentos de alguém. Na opinião dele, isso pode substituir a guerra.

Isso é um anátema e um escândalo para as almas frágeis que agora dominam as conversas na MSNBC, na CNN e em outros meios de comunicação progressistas, nos corredores do Congresso, nos *campi* universitários e entre a geração Y e a geração Z no local de trabalho.

E alguns membros dessa multidão estão fazendo tudo o que podem para derrubar Elon Musk e silenciar a liberdade de expressão na plataforma que ele controla.

Eles se preocupam com o "conteúdo nocivo" e pedem restrições ao X, em particular. "Nocivo": como se as palavras na tela de um smartphone pudessem saltar e nos dar um tapa na cara. Isso é um exagero, até mesmo um pouco covarde. E se isso faz com que algumas pessoas queiram fugir para um "espaço seguro", então elas têm vivido muito longe das dificuldades que proporcionam perspectiva.

A ladainha de autoridades públicas que pedem restrições inconstitucionais à liberdade de expressão é longa e perturbadora. Em 2019, Kamala Harris, que mais tarde tomaria o lugar do presidente Biden como candidata democrata na eleição de 2024, defendeu a proibição da conta do Twitter do então presidente Trump e disse:

> Ela deve ser tirada do ar. E o ponto principal é que não se pode dizer que existe uma regra para o Facebook e outra para o Twitter. A mesma regra deve ser aplicada, ou seja, deve haver uma responsabilidade nesses sites de mídia social para que entendam seu poder. Eles estão falando diretamente com milhões e milhões de pessoas sem nenhum nível de supervisão ou regulamentação. Isso tem que acabar.

Para uma advogada que já foi procuradora-geral do estado da Califórnia, isso mostra um nível chocante de ignorância sobre as proteções da Primeira Emenda. O governo não tem autoridade para supervisionar ou interferir no conteúdo das mídias sociais, seja ele preciso ou enganoso. Da mesma forma, o companheiro de chapa de Harris, o governador de Minnesota Tim Walz, declarou em 2020 que a desinformação e o discurso de ódio não são protegidos pela Primeira Emenda – o que é evidentemente falso.

O ex-secretário de Estado John Kerry também desrespeitou a Primeira Emenda em setembro de 2024 nas Reuniões de Impacto no Desenvolvimento Sustentável do Fórum Econômico Mundial em Nova

York. Kerry, que viaja em um jato particular enquanto prega sobre a suposta crise da mudança climática, lamentou publicamente que "a aversão e a angústia em relação à mídia social estão crescendo cada vez mais, tornando-se parte do nosso problema – especialmente nas democracias –, em termos de construção de consenso em torno de qualquer questão; é realmente difícil governar hoje".

Ele acrescentou: "Nossa Primeira Emenda é um grande obstáculo à capacidade de simplesmente acabar com [uma fonte tendenciosa de desinformação]. Portanto, o que você precisa, o que nós precisamos é (...) conquistar o direito de governar, com a esperança de conquistar votos suficientes para que você seja livre para implementar mudanças". Sua conclusão arrepiante: "E, para mim, isso faz parte do que é essa corrida, essa eleição. Será que vamos acabar com a febre nos Estados Unidos?". Esse desejo dos democratas de controlar certos tipos de discurso já foi longe demais. Em setembro de 2024, na Califórnia, o governador Gavin Newsome sancionou três projetos de lei relacionados a "deep fakes" de IA. Um deles, o AB2655, entrou em vigor imediatamente para ser aplicado à eleição presidencial e às eleições estaduais e municipais.

A AB2655 impôs uma proibição de paródias políticas geradas por IA que imitem a voz e a imagem de um candidato, começando quatro meses antes do dia da eleição e estendendo-se por dois meses depois. Ela exige que as plataformas restrinjam, rotulem ou removam essas paródias sob pena de multas e ações judiciais movidas pelo estado ou por particulares. Essa é uma clara violação da Primeira Emenda. Simplesmente o é.

Várias ações judiciais que contestam as novas leis foram apresentadas instantaneamente, incluindo uma do *Babylon Bee*, um site satírico que se baseia muito em paródias, e outra de Christopher Kohls, também conhecido como "Sr. Reagan", que produz conteúdo político. Em 2 de outubro, um juiz federal em Sacramento concedeu um pedido de liminar temporária no caso de Kohls. Isso impediu que a nova lei afetasse a eleição seguinte. Felizmente.

No entanto, essa ameaça de fato à nossa república constitucional está se espalhando pelo Congresso. Também em setembro de 2024, um vídeo apareceu no X mostrando a congressista Alexandria Ocasio-Cortez, membro do "esquadrão" liberal em constante declínio, dizendo o seguinte:

> Sabe, acho que vários membros do Congresso, em algumas de minhas discussões, mencionaram a alfabetização midiática, porque isso é parte do que aconteceu aqui, e teremos que descobrir como controlar nosso ambiente de mídia para que não se possa simplesmente espalhar desinformação e informação errada. Uma coisa é ter opiniões diferentes, mas outra é dizer coisas falsas, e isso é algo que estamos analisando.

Na verdade, Ocasio-Cortez, dizer coisas que são falsas é totalmente protegido por nosso direito à liberdade de expressão. Aceite isso. Não é de se admirar que Elon Musk seja tão fervorosamente dedicado à Primeira Emenda: ela está sendo atacada como nunca antes.

Em nossa vida pessoal, podemos nos inspirar em Elon Musk e seguir o exemplo de seu comportamento. Muitos de nós consideramos nossos direitos da Primeira Emenda como garantidos e deixamos de exercê-los. À medida que os participantes mais radicais de nossa sociedade montam uma campanha unida para derrubar e reescrever nosso modo de vida, mais membros da maioria silenciosa que há muito sofre devem se levantar, falar e se fazer ouvir.

Exerça seu direito à liberdade de expressão previsto na Primeira Emenda e faça isso todos os dias. Assim como Elon o faz.

Em sua reverência pela Primeira Emenda, Musk é movido pelo zelo de um convertido. Nascido em 1971 na África do Sul, ele imigrou para o Canadá em 1990 e mudou-se para os Estados Unidos em 1992 para estudar na Universidade da Pensilvânia. Uma década depois, aos 31 anos, tornou-se cidadão dos EUA. Dessa forma, ele aprecia a Primeira Emenda mais do que a maioria dos cidadãos. Ela tem apenas 45 palavras e abrange os quatro pilares que nos tornam estadunidenses:

liberdade de religião, de expressão, de imprensa e de protesto pacífico. Ela diz:

"O Congresso não fará lei relativa ao estabelecimento de religião ou proibindo o livre exercício desta, ou restringindo a liberdade de palavra ou de imprensa, ou o direito do povo de reunir-se pacificamente e dirigir petições ao governo para a reparação de seus agravos."

Apenas 60% dos estadunidenses entendem que até mesmo o discurso de ódio é protegido pela Primeira Emenda. Mais de um terço não sabe que ela também protege filmes, obras de arte, músicas, livros e comentários online. De forma alarmante, 36% dos cidadãos dizem que é mais importante evitar o discurso de ódio do que *preservar* a liberdade de expressão. Um quarto das pessoas diz que o discurso de ódio deveria ser totalmente proibido – uma opinião preocupante. Outros 37% das pessoas são neutras em relação a essa ideia. Essas opiniões contrárias à liberdade de expressão são ainda mais fortes entre os jovens.

Quase 60% das pessoas acreditam que o politicamente correto prejudica a liberdade de expressão, mas menos pessoas estão se manifestando. Cerca de 40% dos entrevistados disseram que não expressaram uma opinião por temerem represálias. Metade nunca compartilhou uma opinião política nas mídias sociais. Essas estatísticas são da pesquisa por amostragem aleatória da Freedom Forum Foundation, com três mil estadunidenses, sobre suas crenças na Primeira Emenda, realizada anualmente nos últimos 25 anos.

* * *

O Twitter estreou em 2006, e demorou quatro anos para Musk publicar seu primeiro tuíte, em junho de 2010. Desde então, a plataforma tem sido seu meio favorito para exercer sua própria forma de expressão sem restrições. Seus tuítes espontâneos já o colocaram em apuros, muito antes de ele comprar o Twitter e apesar de suas repetidas promessas de que iria parar com isso.

O insulto de "pedófilo" que ele lançou contra um herói de resgate em cavernas em julho de 2018 fez com que ele fosse processado, embora tenha ganhado o caso devido à... liberdade de expressão! Um mês depois, Musk publicou o tuíte "financiamento garantido" que custou a ele e à Tesla uma multa de US$ 20 milhões paga à SEC.

O tópico de sua presença arrogante no Twitter voltou à tona quando Musk se sentou para seu bate-papo recorde no podcast com Joe Rogan. Ao final de mais de duas horas e meia de conversa, bebendo uísque e fumando um "cigarro" cheio de maconha que provocou manchetes em todo o mundo, Musk disse que estava fora da mídia social. Exceto pelo Twitter, "porque eu meio que preciso de algum meio de transmitir uma mensagem", disse ele, como mostra a transcrição.

Rogan: "Bem, o que é interessante em você é que, ocasionalmente, você interage com as pessoas no Twitter. Que porcentagem disso é uma boa ideia? Provavelmente 10%, certo?".

Musk: "Acho que, no geral, é mais bom do que ruim, mas definitivamente há uma parte ruim. (...) Há muitos comentários negativos e, portanto, eu simplesmente ignoro a grande maioria deles. De vez em quando a gente se deixa levar, mas isso não é bom. Cometemos erros assim".

Joe Rogan o conforta: "Somos todos humanos, podemos cometer erros".

* * *

Em quase todos os aspectos, foi um erro Elon Musk ter comprado o Twitter. O meio de comunicação social teve finanças fracas durante anos antes de Elon se interessar por ele. Com o desenrolar de 2022, o Twitter estava a caminho de perder US$ 3 bilhões no ano seguinte.

Apesar disso, as ações do Twitter em 2022 estavam cotadas a 88 vezes sua receita por ação, em comparação com 5 vezes a receita por ação do Facebook. O Twitter foi negociado a 180 vezes seus ganhos por ação, em comparação com 16 vezes os ganhos do Facebook.

Portanto, as ações do Twitter, centavo a centavo, eram mais de dez vezes mais caras do que as ações do Facebook.

De qualquer forma, Elon começou a comprar ações do Twitter, atraído em parte por ser um usuário entusiasmado. Quando anunciou sua oferta de US$ 54 por ação da empresa, em 4 de abril de 2022, ele deixou claro em uma carta que escreveu para a diretoria do Twitter que a liberdade de expressão era fundamental:

> *Bret Taylor*
> *Presidente do Conselho,*
>
> Investi no Twitter porque acredito em seu potencial de ser a plataforma para a liberdade de expressão em todo o mundo, e acredito que a liberdade de expressão seja um imperativo social para uma democracia funcional.
>
> Entretanto, desde que fiz meu investimento, percebo agora que a empresa não prosperará nem atenderá a esse imperativo social em sua forma atual. O Twitter precisa ser transformado em uma empresa privada.
>
> Como resultado, estou oferecendo a compra de 100% do Twitter por US$ 54,20 por ação em dinheiro, um prêmio de 54% em relação ao dia anterior ao início do meu investimento no Twitter e um prêmio de 38% em relação ao dia anterior ao anúncio público do meu investimento. Esta é minha melhor e última oferta e, se não for aceita, precisarei reconsiderar minha posição como acionista.
>
> O Twitter tem um potencial extraordinário. Eu vou desbloqueá-lo.

Esse foi um estilo de liderança arrogante característico de um homem em ascensão. Um dia depois, a diretoria do Twitter reagiu adotando uma "pílula de veneno" que inundaria o mercado com novas ações se Musk ou qualquer outra pessoa adquirisse uma participação superior a 15%. Isso diluiria e reduziria enormemente o valor das ações que o pretendente indesejado acabara de adquirir.

Em 14 de abril, Musk se sentou para uma entrevista na gigafábrica da Tesla em Austin, no Texas, com o proprietário do TED Talks, Chris Anderson. No bate-papo gravado, Elon disse a ele:

> O Twitter se tornou uma espécie de praça da cidade. Ele é importante para o funcionamento da democracia. É importante para a função dos Estados Unidos como um país livre e para muitos outros países e para ajudar a liberdade no mundo.

Musk também disse: "Esta não é uma maneira de ganhar dinheiro. Meu forte senso intuitivo é que ter uma plataforma pública que seja de máxima confiança e amplamente inclusiva é extremamente importante para o futuro da civilização. Não me importo nem um pouco com a questão econômica".

E essa beleza: "Se eu adquirir o Twitter e algo der errado, a culpa será minha, 100%. Acho que haverá algumas flechadas".

Profético da parte dele. E exagerou em um ponto importante: o Twitter só é tão vital para a democracia quanto as pessoas, seus líderes e a mídia decidem torná-lo. Nos Estados Unidos, apenas 40 milhões de pessoas estão no X todos os dias, o que significa que 300 milhões de cidadãos estão em outro lugar. Os usuários são inconstantes. O X ainda pode ser deixado para trás, tornar-se o próximo MySpace e praticamente desaparecer. A democracia sobreviverá, de alguma forma.

Dez dias depois, em 24 de abril, os diretores do Twitter reverteram repentinamente o curso e aceitaram a oferta. Cuidado com o que você deseja, Elon Musk.

Isso ocorreu quando o mercado de ações estava chegando ao fundo do poço. O índice Nasdaq de alta tecnologia havia atingido o pico de 15.860 em novembro de 2021 e, em meados de junho de 2022, estava em 10.600, uma queda de 33%. Assim, Musk tentou desistir do negócio em julho, citando contas de bots falsos e a falta de transparência da administração do Twitter em relação a elas. As ações do Twitter, próximas a US$ 50 em abril de 2022, caíram para menos de US$ 40, uma queda de 23% nesse período.

O Twitter, apesar de ter primeiramente rejeitado a oferta de Musk por considerá-la inadequada e uma estratégia ruim, processou-o no Tribunal de Chancelaria de Delaware em 12 de julho para forçá-lo a fechar o negócio. Uma vitória de Pirro, na melhor das hipóteses: por que se impor a um pretendente que não o deseja mais?

Mas, sendo esse o caso, se o casamento é inevitável e você é quem está sendo forçado a levá-lo adiante, por que não sair na frente e agir como se a ideia fosse sua? Assim, depois que o juiz de Delaware se recusou a arquivar o processo e marcou a data do julgamento para outubro de 2022, Musk concordou em 4 de outubro.

Ele fechou o negócio em 27 de outubro, com uma rapidez surpreendente, mesmo para um casamento de última hora. Às 9h10, horário do leste dos EUA, naquela manhã, ele acessou o Twitter para fazer seu primeiro anúncio como o novo proprietário da plataforma. Ele começou assim:

> Prezados anunciantes do Twitter
>
> Gostaria de entrar em contato pessoalmente para compartilhar minha motivação ao adquirir o Twitter. Tem havido muita especulação sobre por que comprei o Twitter e o que penso sobre publicidade. A maior parte delas está errada.
>
> Adquiri o Twitter porque é importante para o futuro da civilização ter uma praça digital comum, onde uma ampla gama de crenças possa ser debatida de maneira saudável, sem recorrer à violência. Atualmente, há um grande perigo de que a mídia social se divida em câmaras de eco da extrema direita e da extrema esquerda, que geram mais ódio e dividem nossa sociedade.
>
> Na busca incessante por cliques, grande parte da mídia tradicional tem alimentado e atendido a esses extremos polarizados, pois acreditam que é isso que gera dinheiro, mas, ao fazer isso, perde-se a oportunidade de diálogo.
>
> Foi por isso que comprei o Twitter. Não porque seria fácil. Não para ganhar mais dinheiro. Mas, sim, para tentar ajudar a humanidade, que eu amo.

Após mais dois parágrafos, ele concluiu:

> Fundamentalmente, o Twitter aspira a ser a plataforma de publicidade mais respeitada do mundo, que fortalece sua marca e faz sua empresa crescer. A todos que fizeram parceria conosco, eu agradeço. Vamos construir algo extraordinário juntos.

Essa abertura esperançosa logo foi desprezada com gosto de vingança pela grande mídia, pelo setor de publicidade, pelas ONGs inimigas, pela academia liberal e pelo Partido Democrata. Eles se apressaram em julgar e lançaram uma enxurrada de críticas e desaprovações.

Normalmente, o interesse da mídia desaparece quando uma empresa se torna privada e suas ações não são mais negociadas e não são mais propriedade de milhares de fundos de pensão e milhões de planos de aposentadoria. Veja o caso da Dell, depois que Michael Dell a tornou privada, em 2013. No entanto, ao cobrir a aquisição de Musk, a mídia agiu como se estivesse relatando o declínio desastroso da empresa de mídia mais importante do mundo. Muitos membros da mídia eram sedentos por atenção no Twitter, vangloriando-se na plataforma para estender seu alcance muito além do que suas próprias publicações poderiam atrair.

A mídia cobriu os cortes de pessoal de Musk como cruéis e draconianos quando, na verdade, eram necessários: ele sentiu que estava correndo para salvar a empresa de um desastre. Era a liderança por meio de uma crise iminente criada por ele mesmo para despertar as tropas e eliminar os infiéis.

A mídia e os democratas ficaram ainda mais indignados com o fato de Elon, logo de cara, ter reaberto a conta banida para sempre do ex-presidente Trump (@realDonaldTrump) e restaurado as contas de milhares de conservadores banidos pela antiga administração. Instantaneamente, a imprensa juntou dois e dois para formar cinco: a restauração de contas conservadoras levaria a um aumento do discurso de ódio e dos supremacistas brancos no Twitter, e o corte de pessoal significava que havia muito poucos humanos para impedir que esse flagelo se espalhasse. Por mais que, para impedir isso, fossem necessários algoritmos melhores, em vez de mais humanos.

Isso é bastante triste e revela muito sobre a mídia atual. Eles poderiam ter comemorado as restaurações das contas como uma vitória da liberdade de expressão, em vez de retratá-las como uma ameaça à consciência nacional. Ou à segurança nacional.

Dois dias após a oferta de Elon aos anunciantes, a Montclair State University, em Nova Jersey, publicou um comunicado à imprensa sobre um novo "estudo" que dizia que o discurso de ódio havia aumentado horas após Musk fechar o acordo. O estudo afirma que, antes do acordo com Musk, a média de sete dias de tuítes com termos de ódio nunca foi superior a 84 vezes por hora. Mas nas primeiras doze horas da posse de Musk, da meia-noite de 28 de outubro ao meio-dia, termos de discurso de ódio foram tuitados 4.778 vezes no total, com um alcance potencial de 3 milhões de visualizações.

A promessa de Musk de reduzir as restrições ao conteúdo "representa um perigo óbvio para os jovens que usam a plataforma", afirma o comunicado à imprensa da Montclair. Isso antes que Elon tivesse imposto qualquer mudança na política ou nos algoritmos. Além disso, doze horas é um tempo ridiculamente curto para realizar um estudo. Os pesquisadores chegaram a conclusões que geraram manchetes e, ao mesmo tempo, minimizaram como "especulativa" a possibilidade clara de que aqueles gaiatos estivessem provocando Musk postando lixo, testando a plataforma e postando epítetos apenas para provocar seus inimigos.

Esse "estudo" era uma bobagem. Em primeiro lugar, os tuítes que usam termos de ódio não representam nenhum "perigo" para ninguém: ignore-os. Bloqueie-os. Além disso, a citação do estudo de 4.778 tuítes com discurso de ódio em doze horas corresponde a 398 tuítes ruins por hora. Uma ninharia: são publicadas no X mais de seis mil mensagens *a cada segundo* de cada minuto de cada hora, 24 horas por dia, sete dias por semana.

Além disso, esse aumento do discurso de ódio nas primeiras doze horas pós-Elon foi alimentado, em parte, por brincalhões do 4chan, um "site de imagens" subversivo popular entre jovens hackers. Eles pediram aos seguidores que enchessem o Twitter com uma cascata de palavrões e nomes ofensivos para fazer o discurso de ódio disparar. Apenas para confundir as pessoas. Esse ângulo quase não foi mencionado em centenas de notícias geradas pelo relatório da Montclair. A mídia foi à loucura com uma suposição que já considerava verdadeira.

Bloomberg: "O Twitter de Musk fervilha com discursos de ódio enquanto os trolls testam novos limites". "Fervilha"? Histórias semelhantes foram publicadas na Reuters, ABC News, CBS News, NBC News, CNBC, CBC News, *Axios*, *Forbes*, *USA Today*, *Los Angeles Times*, *Wired*, *Adweek* e em outros lugares. Além disso, em 28 de outubro, o *New York Times* informou que a Liga Antidifamação havia encontrado mais de 1.200 tuítes e retuítes com palavras antissemitas.

Em 2 de dezembro, o *Times* declarou: "O aumento do discurso de ódio no Twitter não tem precedentes, segundo os pesquisadores". As calúnias contra as pessoas negras saltaram de uma média de 1.282 por dia antes de Musk para 3.876 por dia após a aquisição. O que faltou em tudo isso foi contexto e perspectiva: quatro mil tuítes racistas em uma plataforma de mídia social que publica mais de cinco bilhões de mensagens todos os dias não chega a ser considerado preocupante, muito menos digno de notícia.

No entanto, a mídia cobriu o fato com entusiasmo, o que assustou ainda mais os anunciantes. Metade dos cem maiores patrocinadores do Twitter interrompeu todos os gastos com a plataforma. Eles foram aconselhados a fazer isso por empresas de publicidade que, por sua vez, foram pressionadas por ONGs liberais com seus próprios planos. Esse ângulo também foi deixado de lado.

Entre essas organizações estava o Center for Countering Digital Hate (Centro de Combate ao Ódio Digital), a fonte da matéria do *Times* de 2 de dezembro sobre um aumento "sem precedentes" do discurso de ódio no Twitter. Esse grupo foi um crítico proeminente da aquisição de Musk, e o Comitê Judiciário da Câmara está investigando se o CCDH ajudou nos esforços generalizados do governo para censurar o discurso conservador.

Outros provocadores: *Media Matters for America*, Liga Antidifamação, *Mediaite* e *Meidas Touch*. Seus líderes serviram uma enxurrada de críticas a Elon. Muitos desses grupos receberam financiamento da Open Society Foundations, do bilionário liberal George Soros, um dos principais alvos das críticas de Elon Musk. Musk disse que Soros faz parte de um "culto da morte" que apoia políticas de isenção de fiança.

Esse possível conflito de interesses em relação à briga entre Musk e Soros também foi deixado de fora da cobertura da mídia sobre o drama que se desenrolava.

* * *

Elon gosta de dizer que o resultado mais irônico da vida costuma ser o mais provável. O Twitter se encaixa nessa estrutura. Ele viu no Twitter um enorme potencial como um porto seguro onde milhões ou até bilhões de pessoas poderiam se comunicar online e trocar ideias e percepções de forma aberta e franca, sem recriminações.

No entanto, ao comprar o controle do Twitter, ele descobriu exatamente o oposto. Em dezembro de 2022, a denúncia Documentos do Twitter estreou na plataforma. Ela revelou que o Twitter era um ator central e cúmplice na violação mais flagrante e desenfreada dos direitos da Primeira Emenda na história dos Estados Unidos da América.

E, sem Elon Musk, talvez nunca soubéssemos disso.

As autoridades governamentais pressionaram o Twitter, o Facebook e outros meios de comunicação a banir, silenciar, restringir e amordaçar as contas de milhares de estadunidenses, a maioria deles conservadores. Isso violou os direitos da Primeira Emenda de milhares de pessoas que queriam ser ouvidas online – e de milhões de pessoas online que tinham o direito de ouvir essas opiniões.

No Vale do Silício, onde 95% das contribuições políticas dos funcionários vão para os democratas, os radicais de cabelo rosa da equipe ficaram felizes em cooperar. Especialmente no antigo Twitter.

Com a ajuda dos jornalistas independentes Matt Taibbi, Michael Shellenberger e Bari Weiss, Musk divulgou milhares de documentos internos detalhando as comunicações entre a equipe submissa e obediente do Twitter e os exigentes e repreensivos senhores do governo no FBI, CIA, Agência de Segurança Nacional, Departamento de Estado, Segurança Interna e outras agências.

Esses censores do governo ocultaram alguns de seus esforços em uma organização sem fins lucrativos afiliada à Universidade de Stanford chamada, sem ironia, Election Integrity Partnership (Parceria para Integridade Eleitoral). O Comitê Judiciário da Câmara dos Representantes alegou que a organização agiu como um canal de interferência eleitoral, tendo como alvo as contas de algumas das vozes conservadoras mais famosas e mais fervorosas dos Estados Unidos: o presidente Trump, o âncora da Fox News Sean Hannity, o ex-presidente da Câmara dos Deputados Newt Gingrich, o ex-governador do Arkansas Mike Huckabee, o senador estadunidense Thom Tillis, a congressista da Geórgia Marjorie Taylor Greene, o presidente da Judicial Watch, Tom Fitton, a editora-chefe do *Federalist*, Mollie Hemingway. Além do *Newsmax*, onde sou convidado frequente. E o *Babylon Bee*, cujo banimento revela uma total falta de senso de humor.

Os espiões do governo fizeram com que o Twitter e o Facebook censurassem a exposição do *New York Post* sobre o escândalo do laptop de Hunter Biden pouco antes da eleição de 2020, o que beira a interferência eleitoral. E com que silenciassem a Declaração de Great Barrington, uma carta aberta divulgada em outubro de 2020 e assinada por três epidemiologistas de renome mundial, liderados pelo Dr. Jay Bhattacharya. A carta levantou dúvidas justas (e prescientes) sobre a pandemia de covid-19 e a eficácia questionável do uso de novas vacinas e da imposição de lockdowns para todos, em vez de se concentrar apenas na população mais velha, que estava em maior risco.

O Twitter também silenciou comentários que poderiam ter minado a confiança nas novas vacinas contra a covid-19, e até censurou piadas feitas às custas do czar da covid, Anthony Fauci. O FBI pressionou a plataforma para reprimir até mesmo pequenas contas que alcançavam apenas centenas de seguidores, e fez com que o Twitter amplificasse as mensagens de que o FBI gostava.

Em meus mais de trinta anos como jornalista, nunca vi nada que se aproximasse da abrangência e da escala dessa ampla campanha do governo para suprimir a liberdade de expressão. É impressionante e histórico, e essa grande ameaça às nossas liberdades continua até hoje em todas as plataformas de mídia social – exceto o X, antigo Twitter, de Elon Musk.

Estranhamente, porém, a grande mídia ignorou amplamente a denúncia do Documentos do Twitter. Eles tentaram ignorar essa história ou enterrá-la. Ao escrever para vários veículos, acabei produzindo mais histórias sobre as revelações do Documentos do Twitter do que toda a equipe do *New York Times* e do *Washington Post*. Juntas.

A falta de indignação com o ataque flagrante e descarado do governo à Primeira Emenda talvez se deva ao fato de que as vozes conservadoras, e não as liberais, estavam sendo silenciadas pelo governo. Elon Musk diria mais tarde que o antigo Twitter suprimia dez contas conservadoras para cada conta liberal. O problema com a atitude *blasé* da mídia em relação ao silenciamento da direita é que, um dia, os conservadores podem chegar ao poder da maioria esmagadora no governo e podem acabar fazendo a mesma coisa com os liberais. E com a mídia.

* * *

Elon Musk deve estar se sentindo um herói de livro de histórias por sua posição quixotesca em favor da liberdade de expressão. Isso ficou evidente em seu inspirador momento de Montoya na CNBC em 16 de maio de 2023.

Musk participou de uma entrevista ao vivo de uma hora com David Faber, da CNBC, na gigafábrica da Tesla, em Austin, após uma reunião de acionistas no início do mesmo dia. Musk atrasou o início de uma reunião da diretoria para dar a entrevista. Horas antes, Musk havia tuitado um comentário depreciativo sobre o bilionário liberal George Soros.

Foi uma coisa juvenil: Musk disse que George Soros o lembrava Magneto, um supervilão dos quadrinhos dos X-Men. Magneto, um sobrevivente do holocausto como Soros, está disposto a sacrificar vidas humanas para garantir que os mutantes dos X-Men sobrevivam, assim como Elon suspeita que Soros oprimiria a humanidade para impor suas opiniões superliberais. Para a mídia, qualquer crítica a Soros é antissemita... porque a mídia só vê uma coisa quando olha para ele: um judeu. Faber pergunta a Musk como ele decide quando deve tuitar e quando deve se conter.

Faber: Em termos de quando você vai se envolver. Quero dizer, por exemplo, ainda hoje, Elon, você tuitou aquilo sobre George Soros...

Musk: Eu disse que ele me lembra o Magneto. Isso é tipo, sabe, relaxa, gente. Não vamos criar um caso metafórico com isso.

Faber: Você também disse que ele quer arruinar a própria estrutura da civilização e que Soros odeia a humanidade. Tipo, quando você faz algo assim, o...

Musk: Sim, acho que isso é verdade. Essa é a minha opinião.

A essa altura, Elon está ficando irritado, decidido, pronto para a briga. Sua mandíbula se contrai. Faber continua, dizendo-lhe: "Tudo bem, mas por que postar isso?".

Musk: Digo, existe a liberdade de expressão. Tenho permissão para dizer o que quiser.

Faber: Com certeza, mas estou tentando entender por que você faz isso, pois você deve saber que isso o coloca no meio da divisão partidária do país. Isso o torna um para-raios de críticas. Quer dizer, você gosta disso?

Foi então que Elon Musk finalmente se cansou dessa conversa. Ele faz uma pausa, claramente pensando no que queria dizer em rede nacional, e diz a Faber: "Sabe, estou me lembrando de uma cena em *A Princesa Prometida*. Ótimo filme".

"Ótimo filme", concorda Faber, e Elon continua, invocando o espadachim Inigo Montoya, interpretado por Mandy Patinkin.

Musk: Aquela cena em que ele confronta a pessoa que matou seu pai. E ele diz: "Ofereça-me dinheiro. Ofereça-me poder. Não me importa".

Faber: Então, você simplesmente não se importa. Quer compartilhar o que tem a dizer?

Musk: Vou dizer o que quero dizer, e se a consequência disso for perder dinheiro, que assim seja. Acertou em cheio.

Com o passar do ano de 2023, a mídia, como se agisse em conjunto, começou a escrever obituários prematuros para o Twitter. Em fevereiro, uma matéria no site da *CBC News* do Canadá observou: "Alguns previram a morte iminente do Twitter. Ele ainda está aqui. Será que Elon Musk conseguirá mantê-lo vivo?". Em março, o *Financial Times* disse que a plataforma estava "morrendo de forma lenta e tediosa" e zombou: "O Twitter é mais parecido com algum tipo horrível de noite de microfone aberto do que com uma 'praça digital'". O *TechCrunch* proclamou: "O Twitter está morrendo".

E havia isto do *Business Insider* em 12 de julho de 2023: "Bem-vindo ao 'Twitter Zumbi' (...). Elon Musk estava fadado a destruir o Twitter. A verdadeira surpresa é a rapidez com que ele conseguiu destruí-lo". Esse ataque veio de uma velha inimiga: Linette Lopez, a quem Musk acusou de pagar um informante da Tesla em 2018.

Dois dias depois, veio uma notícia da Bloomberg: "O Twitter está morrendo". Depois, da CNN (25 de julho): "Elon Musk matou oficialmente o Twitter. A plataforma zumbi continua viva como X, uma casca desfigurada de seu antigo eu". E o *Los Angeles Times* (7 de agosto), por meio de um colunista de tecnologia: "Alguns dias de doença deixaram claro – o Twitter está morrendo, assim como a mídia social como a conhecemos". Mark Twain deve ter gostado desse excesso de luto prematuro e alegre.

Finalmente, um juiz federal, em julho de 2023, declarou o que a mídia se recusou a dizer: os Documentos do Twitter expuseram a pior violação dos direitos da Primeira Emenda na história do nosso país.

A decisão foi tomada no caso *Missouri vs. Biden*, uma ação movida em maio de 2022 pelos procuradores-gerais dos estados de Missouri e Louisiana contra 54 réus. Entre eles: o presidente Biden, a secretária de imprensa da Casa Branca, Karine Jean-Pierre, e treze agências federais, incluindo o FBI, o Departamento de Estado, a Segurança Interna, o CDC, a FDA, o Departamento do Censo e o Departamento de Saúde e Serviços Humanos.

Quando os argumentos orais foram ouvidos, em 26 de maio de 2023, os Documentos do Twitter haviam exposto a extensão chocante da vigilância e censura do governo nas mídias sociais. O juiz que presidiu o caso, que era o juiz do Tribunal Distrital dos EUA Terry Doughty, em Louisiana, emitiu uma decisão contundente contra o governo e a programou para causar o máximo impacto: Dia da Independência, 2023. Ela se estendeu por 155 páginas e 721 notas de rodapé. Ele começou com uma citação famosa:

> *Posso desaprovar o que você diz, mas defenderia até a morte o seu direito de dizê-lo.*
>
> — EVELYN BEATRICE HILL, 1906, *THE FRIENDS OF VOLTAIRE* (OS AMIGOS DE VOLTAIRE)

Sua declaração inicial: "Este caso é sobre a Cláusula de Liberdade de Expressão da Primeira Emenda da Constituição dos Estados Unidos. A expansão das plataformas de mídia social resultou em questões exclusivas de liberdade de expressão – isso é especialmente verdadeiro à luz da pandemia da covid-19. Se as alegações feitas pelos autores forem verdadeiras, o presente caso envolve, sem dúvida, o ataque mais massivo contra a liberdade de expressão na história dos Estados Unidos".

O juiz nomeado por Trump, então, soltou algumas pérolas incríveis.

"Se há um princípio fundamental subjacente à Primeira Emenda, é o de que o governo não pode proibir a expressão de uma ideia simplesmente porque a sociedade considera a ideia em si ofensiva ou desagradável."

"Embora a censura alegada neste caso tenha como alvo quase que exclusivamente o discurso conservador, as questões aqui levantadas vão além das linhas partidárias. O direito à liberdade de expressão não é membro de nenhum partido político e não defende nenhuma ideologia política."

"A ação do governo, que visa à supressão de pontos de vista específicos sobre um assunto que discrimina com base no ponto de vista, é presumivelmente inconstitucional."

Ele encerrou com outra citação, esta do presidente Harry S. Truman: "Quando um governo se compromete com o princípio de silenciar a voz da oposição, ele só tem um caminho a seguir, que é o das medidas cada vez mais repressivas, até se tornar uma fonte de terror para todos os seus cidadãos e criar um país onde todos vivam com medo".

O juiz emitiu uma liminar proibindo meia dúzia de agências federais, incluindo o FBI, a Segurança Interna, o Departamento de Saúde e Serviços Humanos, os Centros de Controle e Prevenção de Doenças e o Instituto Nacional de Alergia e Doenças Infecciosas, bem como o cirurgião-geral dos EUA e o secretário de imprensa da Casa Branca, de entrarem em contato com plataformas de mídia social.

Além disso, o juiz Doughty proibiu expressamente dez atividades e outros contatos com o Twitter; o Facebook, o WhatsApp e o Instagram, da Meta; o Google e o YouTube; o WeChat; o TikTok e outros.

O governo Biden recorreu imediatamente da decisão, citando a aproximação da eleição presidencial de 2024 e a necessidade de garantir que a "desinformação" eleitoral não saísse do controle. O Quinto Tribunal de Apelações em Nova Orleans (um dos nove tribunais de apelações) ponderou sobre o recurso de Biden em 9 de setembro de 2023, restringindo a liminar para abranger a Casa Branca, o FBI, o

CDC e o cirurgião-geral dos EUA. A partir daí, o governo Biden recorreu à Suprema Corte dos EUA, que suspendeu a liminar do Quinto Tribunal e emitiu uma decisão sobre o caso em meados de 2024.

Em 26 de junho, o tribunal superior decidiu por 6 a 3 contra os autores da Primeira Emenda que processaram o governo e ganharam a liminar original. O caso, agora conhecido como *Murthy v. Missouri*, foi devolvido ao Quinto Tribunal por falta de legitimidade para processar – sem decidir sobre a Primeira Emenda no cerne da questão. Esse fato gerou uma dura dissidência do juiz Samuel Alito, que escreveu: "A decisão da Suprema Corte de que os autores não têm legitimidade para contestar esse esquema é, a meu ver, claramente errada e muito infeliz". Ele chamou o caso de "um dos mais importantes casos de liberdade de expressão em muitos anos". Isso ainda é dizer pouco.

À medida que a plataforma X se aproximava da marca de um ano do mandato de Musk, a mídia produziu dezenas de histórias com design semelhante sobre o aniversário e o quanto o antigo Twitter havia se deteriorado sob o comando de Musk. Esse pântano de cobertura negativa de tantos jornais rivais compartilhava uma semelhança impressionante.

A *Rolling Stone* foi uma das primeiras a atacar. Em 4 de outubro de 2023, ela publicou um comentário intitulado *Twitter Is at Death's Door, One Year After Elon Musk's Takeover* (O Twitter está à beira da morte, um ano após a aquisição por Elon Musk), acrescentando: "Ele fez tudo o que pôde para acabar com o Twitter".

Isso fez com que um aliado de Musk, @cb_doge, dissesse que o X agora tinha cem bilhões de impressões por dia, meio bilhão de novas publicações diárias e 1,5 milhão de novas inscrições por dia (um aumento de 4% em relação ao ano anterior), além de um aumento de 14% no tempo gasto na plataforma e outro de 20% na visualização de vídeos. Na verdade, o Twitter agora tinha quase 200 milhões de usuários mensais entre a Geração Z, e era o aplicativo de notícias número um em vários países e o quinto site mais visto no mundo, com quase oito bilhões de visitas no mês anterior.

A mídia deixou de fora a outra metade da história. No mês de junho de 2024, o X recebeu 13,14 bilhões de visualizações, mais do que o Facebook (12,44 bilhões) ou o Instagram (5,8 bilhões), e teve mais de três bilhões de visitantes únicos naquele mês, o triplo do tráfego do Facebook. Isso de acordo com as estatísticas da *Similarweb*, que o próprio Elon Musk publicou em 31 de julho de 2024.

Além desses números, e contrariando os membros invejosos e críticos da mídia, o X se tornou a plataforma de notícias mais importante do mundo, onde quase tudo é divulgado primeiro. Quando o presidente Joe Biden desistiu de concorrer à reeleição, ele anunciou sua decisão em uma carta no X, em vez de em um discurso televisionado ao vivo para a nação.

Além disso, o X, sob o comando de Elon, surgiu como a plataforma de mídia mais livre e destemida, enfrentando sozinha a censura governamental. O X é proibido na China, Irã, Rússia, Coreia do Norte, Mianmar, Uzbequistão e Turcomenistão. À medida que o ano de 2024 avançava, Musk enfrentou publicamente um juiz no Brasil (o que levou o X a fechar seu escritório local no país), um oficial da polícia do Reino Unido e membros da Comissão Europeia.

Em julho de 2024, Margrethe Vestager, comissária da Comissão Europeia para a concorrência, publicou uma advertência sobre o X, acusando-o de violar uma nova Lei de Serviços Digitais "nas principais áreas de transparência. Ele engana os usuários, não fornece um repositório de anúncios adequado e bloqueia o acesso de pesquisadores aos dados". Musk retribuiu denunciando a comissão: "A Comissão Europeia ofereceu ao X um acordo secreto ilegal: se nós censurássemos discretamente o discurso sem contar a ninguém, eles não nos multariam. As outras plataformas aceitaram esse acordo. O X não aceitou".

Na segunda-feira, 12 de agosto, às 12h25, cerca de oito horas antes de Elon entrevistar o ex-presidente Trump no X, o comissário europeu Thierry Breton publicou uma carta de uma página para Musk, provocando-o com o seguinte: "Com um grande público, vem uma grande responsabilidade. #DSA Como há um risco de amplificação de conteúdo potencialmente prejudicial em relação a eventos com grande audiência em todo o mundo, envio esta carta para @elonmusk".

Às 15h16, Musk repostou o comentário de Breton e o complementou com um meme emprestado da participação especial de Tom Cruise no filme *Trovão Tropical*. Elon escreveu: "Para ser honesto, eu queria muito responder com esse meme do Trovão Tropical, mas eu NUNCA faria algo tão rude e irresponsável!". Isso acima de uma foto de Cruise no personagem e a legenda:

> *Dê uma agachadinha*
> *E ENFIE A SUA CARA DE PAU NO SEU RABO!*

À medida que o primeiro ano da administração de Musk se desenrolava na empresa, a mídia deixou de lado tudo o que o X, antigo Twitter, estava fazendo para reprimir o discurso de ódio. Em julho de 2023, o discurso de ódio na plataforma havia caído um terço em relação a antes da aquisição de Musk, informou o X, com base em dados do serviço de rastreamento Sprinklr. Como porcentagem de todo o conteúdo no X, as "impressões" de discurso de ódio caíram para um "alcance médio diário (...) de 0,003% entre janeiro e maio de 2023", informou a empresa. Em outras palavras, muito menos de 1% do conteúdo do X é discurso de ódio.

Como Linda Yaccarino, executiva-chefe do X, tuitou em 19 de julho de 2023: "Mais de 99% do conteúdo que os usuários e anunciantes veem no Twitter é saudável".

De acordo com uma política denominada "Free Speech Not Reach" (liberdade de expressão, não de alcance), os tuítes considerados inapropriados foram intencionalmente suprimidos para obter 80% menos alcance do que as mensagens "saudáveis". Além disso, sob o comando de Elon Musk, a plataforma impôs a suspensão de cinco vezes mais contas por exploração sexual infantil em comparação com o antigo Twitter. Além disso, 95% dessas suspensões ocorreram antes que alguém apresentasse uma reclamação, em comparação com 75% antes de ele assumir o controle.

A mídia deu ao X e a Elon Musk basicamente zero crédito por tudo isso. No sábado, 28 de outubro de 2023, um ano e um dia depois que Elon Musk fechou a aquisição do Twitter, o *New York Times* dedicou toda a primeira página da seção de negócios e duas páginas completas, sem anúncios, a um ataque cruel à sua gestão.

Manchete: *A Year of Musk: From Twitter's Town Square to a Spammy, Shrinking X* (Um ano de Musk: da praça do Twitter ao X diminuído e cheio de spam). Os dois terços superiores da primeira página da seção foram cobertos por uma ilustração do novo logotipo do X empalando o logotipo do pássaro azul parcialmente destruído do antigo Twitter. Pobre passarinho azul da infelicidade. Três matérias traziam ataques, afirmações não comprovadas, análises anedóticas e dados questionáveis de uma série de fontes tendenciosas. O artigo principal, *Swirl of Vitriol and False Posts* (Um redemoinho de acidez e posts falsos), escrito por três repórteres, começava assim:

"Agora rebatizado como X, o site sofreu um aumento de discursos racistas, antissemitas e outros discursos de ódio." Estatisticamente, isso é falso, diz a empresa, e o *Times* praticamente deixou essa parte de fora. O *Times* falou sobre "o quanto a plataforma [havia] se transformado em um 'inferno livre para todos' que [Musk] prometeu aos anunciantes que queria evitar".

O *Times* deixou de fora o contraponto: os dados do X mostram que os anúncios aparecem ao lado de "conteúdo saudável" mais de 99% das vezes devido às medidas tomadas pelo regime de Musk.

O *Times* apresentou treze exemplos importantes de discurso de ódio citados por uma série de organizações. No entanto, todos esses grupos são membros do que se tornou conhecido como Complexo Industrial da Censura: ONGs de esquerda, financiadas por doadores bilionários liberais e contratadas por agências governamentais para ajudar a silenciar a suposta "desinformação" que, na maioria das vezes, acaba sendo um discurso conservador.

O *Times* se baseou na Liga Antidifamação, que pressionou os anunciantes a deixarem o Twitter depois que Musk o comprou, levando Musk a ameaçá-la com uma ação judicial, e o jornal deixou de fora esses detalhes do conflito entre Musk e a Liga. Outra fonte do *Times*, a *NewsGuard*, é financiada pelo Departamento de Estado, pela Bill & Melinda Gates Foundation e pela Open Society Foundations, de George Soros.

A *NewsGuard* está trabalhando com os governos europeus em regras de censura que lhes dariam o poder de desmascarar contas anônimas e penalizar as plataformas pelas postagens que publicam e não removem por exigência do governo. Menos de duas semanas antes da publicação das matérias do *Times*, Musk tuitou: "Que golpe! O '*NewsGuard*' deve ser dissolvido imediatamente". O *Times* também deixou isso de fora.

O Center for Countering Digital Hate (Centro de Combate ao Ódio Digital), outra fonte do *Times*, foi processado por Musk e pelo X em agosto de 2023 no Tribunal Distrital dos Estados Unidos para o Distrito Norte da Califórnia. O processo acusa o CCDH de custar à plataforma milhões de dólares em receita de anúncios com suas alegações sobre discurso de ódio no Twitter. Isso também não foi revelado no artigo do *Times*.

(Em março de 2024, o juiz distrital dos EUA Charles Breyer, nomeado por Clinton, rejeitou o processo de Musk e disse que seu único objetivo era punir a liberdade de expressão, declarando: "Às vezes, não fica claro o que está motivando um litígio, e somente lendo as entrelinhas de uma reclamação é que se pode tentar supor o verdadeiro objetivo do reclamante. Outras vezes, uma reclamação é tão descarada e veemente sobre uma coisa que não há como confundir esse propósito. Este caso representa esta última circunstância. Este caso trata de punir os réus por seu discurso".)

O *Times* também citou outra fonte, o Institute for Strategic Dialogue (Instituto para Diálogo Estratégico), que tem subsídios do Departamento de Segurança Interna e do Departamento de Estado, propensos à censura, bem como das Nações Unidas e da União Europeia, informa o *Influence Watch*. Isso também não foi mencionado pelo *Times*.

Em vez de defender Elon Musk como um super-herói que luta pela liberdade de expressão, o *Times* e a maior parte da mídia o retratam como um vilão que promove conteúdo supostamente "perigoso". Assim, o *Times* ficou ofendido quando o X entrou com um processo federal antitruste contra outro grupo de censura, a Global Alliance for Responsible Media (GARM), em agosto de 2024.

O X processou a GARM e sua supervisora, a Federação Mundial de Anunciantes (WFA), e os principais patrocinadores, incluindo CVS Health, Mars Candy e Unilever, no Tribunal Distrital dos EUA para o Distrito Norte do Texas. Ela acusou os réus de desviar bilhões de dólares em pedidos de anúncios do X. Dezoito membros da GARM pararam de anunciar no X, e dezenas de outros reduziram seus gastos em 70% ou mais, afirma o processo.

A empresa baseou seu caso em um relatório do Comitê Judiciário da Câmara que encontrou "evidências de um boicote ilegal contra muitas empresas, incluindo o X", como disse a CEO do X, Linda Yaccarino, em uma publicação em agosto de 2024. Conforme observado no relatório, "as evidências obtidas pelo Comitê mostram que a GARM e seus membros organizaram boicotes diretamente e usaram outras táticas indiretas para atingir plataformas, criadores de conteúdo e organizações de notícias desfavorecidas em um esforço para desmonetizar e, na verdade, limitar certas opções para os consumidores". O próprio Musk repostou a nota de Yaccarino e acrescentou: "Tentamos a paz por dois anos, agora é guerra".

O X entrou com a ação em 6 de agosto de 2024. Apenas dois dias depois, a GARM fechou as portas, em vez de lutar. Conforme relatado pelo *New York Times*, a Federação Mundial de Anunciantes (WFA) negou as acusações de Musk, mas disse que a GARM, uma organização sem fins lucrativos, não tinha fundos para continuar operando enquanto lutava contra o X no tribunal. O processo contra a WFA e os grandes anunciantes continuava.

Ao cobrir essa briga, o *Times* disse que Musk "declarou guerra aos anunciantes", enquanto outras plataformas de mídia social "responderam às suas preocupações sobre conteúdo online ofensivo", acrescentando que "Musk também usou os tribunais para impedir seus concorrentes". O jornal lamentou que "os efeitos em cascata das ações judiciais do X contra organizações sem fins lucrativos contribuíram para os problemas dos pesquisadores que investigam o extremismo, a desinformação e outros conteúdos maliciosos online" e "ajudaram a ampliar uma campanha coordenada da direita para pintar o trabalho deles como uma conspiração do estado para censurar a liberdade de expressão".

O jornal estava, portanto, do lado daqueles que queriam calar algumas falas, em vez daqueles que querem mais liberdade de expressão.

O que aconteceu com esse jornal que um dia já foi excelente?

Poucos dias após o primeiro aniversário da aquisição do Twitter por Elon Musk, ele visitou Joe Rogan na noite de Halloween para mais um bate-papo em um podcast regado a uísque. Foi a quarta vez que eles conversaram, já que Rogan havia feito história no podcast com aquela primeira entrevista de 2018. Em vez de se encontrarem em Los Angeles, eles se encontraram em Austin, no Texas, para onde ambos haviam se mudado alguns anos antes. Eles se reuniram no estúdio de Rogan, em sua casa de US$ 14 milhões. Dessa vez, não houve nenhum baseado multibilionário, pelo menos não na frente das câmeras; embora tenha havido a entrega de uma pizza pedida por Rogan, com anchovas e abacaxi, tarde da noite. Que nojo.

Enquanto estavam sentados no estúdio de Rogan, tarde da noite, Elon usava seu uniforme preto habitual. Joe vestia uma camisa de beisebol com a inscrição "Puerto Rico" e usava uma peruca loira de dar medo sobre sua cabeça careca. Vinte e cinco minutos depois do início da entrevista, Rogan pergunta a Elon: "Como tem sido ser dono do X há um ano? Você já acordou no meio da noite e sonhou que não tinha feito isso? E que sua vida era infinitamente mais fácil?".

"Bem", Elon começa, "é certamente uma receita para problemas, suponho, ou para contenção".

Rogan pergunta: "O que foi, afinal, que o levou a tomar a decisão de fazer isso?".

Elon faz uma pausa, dá um suspiro cansado e diz: "Digo, isso vai soar um tanto melodramático, mas eu estava preocupado que isso estivesse tendo um efeito corrosivo na civilização. Que estivesse causando um impacto ruim. E acho que parte disso se deve ao local onde ele estava localizado, que é, você sabe, centro de São Francisco. (...) Quero dizer, é difícil. (...) É uma loucura".

Elon diz que o Twitter se tornou "uma arma de tecnologia da informação para propagar o que é, essencialmente, um vírus mental para o resto da Terra. (...) É o fim da civilização".

Joe Rogan concorda: "E não se trata apenas de propagar o vírus mental, mas de *suprimir* qualquer ponto de vista oposto".

Elon: "Sim. Bem, para que o vírus se propague, ele precisa suprimir os pontos de vista opostos". Mais tarde, ele acrescenta: "A Primeira Emenda só é relevante se você permitir que as pessoas de quem você não gosta digam coisas de que você não gosta. Porque se você gosta, não precisa da Primeira Emenda. Portanto, o ponto principal da liberdade de expressão é que, francamente, mesmo as pessoas que você odeia [podem] dizer coisas que você odeia, porque se as pessoas que você odeia podem dizer coisas que você odeia, isso significa que elas não podem impedi-lo de dizer o que você quiser. O que é muito, muito importante".

Isso permite que as melhores ideias sejam ouvidas e disputem a atenção e a preferência. Isso é especialmente importante para Elon Musk, embora ele considere suas ideias como sendo as melhores. Seu público no X mais do que dobrou desde que ele comprou a plataforma: em setembro de 2024, ele tinha pouco menos de 200 milhões de seguidores. Antes de ser proprietário da empresa, Musk raramente tuitava mais de 250 vezes por mês. Depois, sua produção aumentou para mil ou mais mensagens por mês em oito dos primeiros onze meses. Ele também fez com que os engenheiros do X criassem uma maneira de aumentar suas impressões.

Rogan pergunta se a espionagem nas plataformas de mídia social é onipresente, e Elon responde sem hesitar: "São absolutamente todas as empresas de mídia social. Na verdade, neste momento, o X, antigo Twitter, é o único que não está se curvando ao governo. É o único. Não há nenhuma outra... todas as outras fazem exatamente o que o governo quer".

Rogan: Isso é loucura. O que eu queria dizer é: você acha que isso acontece em todos os lugares?

Ele menciona a CNN, o *Times* e o *Washington Post*.

Musk: Digo, é estranho, o grau em que a mídia está em sintonia. Por que a mídia está em sintonia? E por que a mídia não questiona o governo? Eles costumavam fazer isso. (...) É esquisito. Algo não está cheirando bem.

Se houver uma resposta específica para esse dilema, ela tem pouca ou nenhuma chance de ser exposta pela própria mídia. Em vez disso, a resposta aparecerá no X, oferecida por jornalistas, cidadãos e especialistas aprofundados, apoiados pela ajuda do *crowdsourcing* entre milhares de espectadores motivados. Graças a Elon Musk.

LIÇÃO 7

SOBRE A MÍDIA: PARA O INFERNO COM ELES. ELES SÃO UNS IMPOSTORES SEM VERGONHA

A queda da BBC. Por que seu departamento de relações públicas é uma perda de tempo

Em abril de 2023, seis meses após Elon Musk ter concluído sua relutante aquisição do Twitter, ele participou de uma entrevista gravada em vídeo com um repórter da BBC. Em um espaço de escritório aberto na sede do Twitter em São Francisco, Musk sentou-se de perfil em uma cadeira dobrável no lado esquerdo da tela, sem anotações, comitiva ou assessores de imprensa. Ele estava vestido com seu habitual jeans preto e camiseta preta, evitando a gola alta preta que era marca registrada de Steve Jobs.

Em frente a ele, do lado direito da tela de vídeo e sentado em uma segunda cadeira dobrável, estava o entrevistador de Musk: James Clayton, correspondente de tecnologia da BBC, britânico, com barba de Hollywood, vestindo calça escura e um blazer de tweed sob medida. Para Clayton, esse encontro foi totalmente inesperado.

Ele disse isso no início da conversa, contando a Musk que tudo isso "surgiu por meio de um e-mail muito especulativo, que eu achei que nem seria respondido. E você disse: 'Não, vamos fazer isso hoje à noite'".

"Claro", responde Musk.

Clayton: De qualquer forma. Tudo bem. Na verdade, estamos filmando. Só para que todos saibam, estamos filmando para a BBC. Portanto, temos três câmeras e muitas luzes. Mas isso também está sendo ouvido em todo o mundo.

Musk: Sim. É uma experiência única.

Clayton: Aberto e transparente. Vamos lá.

Sem o conhecimento prévio de Clayton e de sua equipe de filmagem, Musk havia providenciado para que essa câmara de estrelas fosse transmitida ao vivo para todo o mundo pelo Twitter Spaces, em uma chamada online em tempo real que 3 milhões de usuários ouviriam ao vivo, além de outros milhões mais tarde. Ele não avisou Clayton sobre isso até apenas vinte minutos antes do início da entrevista. Ela seria transmitida ao vivo, sem que a BBC pudesse editá-la e deixar algo de fora; a rede pública de televisão publicaria sua versão mais curta e cuidadosamente editada horas depois.

O que se seguiu foi uma das mais devastadoras derrubadas da mídia que qualquer CEO já realizou. Elon Musk é virulentamente antimídia e praticamente deu uma machadada na BBC, uma empresa britânica muito séria, financiada pelo governo, com seu cenho permanentemente franzido. Milhões de pessoas em todo o mundo assistiram ao vivo no Twitter, além de outros milhões de pessoas que assistiram depois. Esse confronto foi tão impressionante, tão completo, que inúmeros meios de comunicação cobriram a derrota de seu colega.

O repórter da BBC começa dizendo que as pessoas envolvidas na "moderação" do Twitter argumentam que "não há pessoas suficientes para policiar essas coisas, especialmente em relação ao discurso de ódio, na empresa". Elon pergunta a que discurso de ódio ele está se referindo e se o repórter, pessoalmente, tem visto um aumento no discurso de ódio na plataforma. O repórter responde que sim, e Elon parte para o ataque.

"Conteúdo de que você não gosta ou discurso de ódio? Descreva uma coisa que seja discurso de ódio", ele pede, e o entrevistador da BBC menciona "algo que seja ligeiramente racista ou machista. Esses tipos de coisas".

Elon: "Então você acha que, se algo é ligeiramente machista, deve ser banido?".

Clayton: "Não, não estou dizendo nada. Estou dizendo...". E agora Elon está em ação. Ele questiona o repórter repetidamente sobre exemplos específicos de discurso de ódio na plataforma, e o repórter não consegue citar um único. E Elon declara: "Então eu digo, senhor, que o senhor não sabe do que está falando".

Atônito, o repórter pergunta: "Sério mesmo?". Isso abre caminho para outro ataque de Elon. "Sim. Porque você não pode me dar um único exemplo de conteúdo de ódio. Nem mesmo um tuíte. E ainda assim você afirmou que o conteúdo de ódio era alto. Isso é falso." O repórter da BBC começa a se opor e é interrompido. Musk: "Você acabou de mentir".

Eles dão voltas e voltas nesse ponto, o repórter não consegue atender aos repetidos pedidos de exemplos de discurso de ódio que ele viu e, finalmente, ele diz a Elon: "Esta não é uma entrevista sobre a BBC", e Elon retruca: "Ah, você achou que não era? Estou entrevistando você também. Você não estava esperando por isso". Xeque-Musk.

* * *

Foi um ótimo programa de televisão; um drama fascinante da vida real. No entanto, a BBC deixou o fato relatado totalmente de fora quando levou ao ar uma versão truncada da entrevista horas depois. Por mais que os produtores da BBC soubessem que o resto do mundo já tinha ouvido tudo ao vivo no Twitter Spaces. Uma arrogância sem igual.

Embora o termo *momento decisivo* seja usado em excesso, a vitória de Musk contra a BBC foi isso e muito mais. Ela ilustra bem a abordagem de Elon para a mídia, de quem não se deixa aprisionar; eles que se fodam e encham o bucho de restos. Esse é um velho ditado que ouvi há 35 anos de um eloquente repórter cajun que se tornou meu amigo para toda a vida. Ele se aplica especialmente bem aqui.

A postura ríspida e pugilística de Musk em relação ao seu interlocutor da BBC oferece instruções para qualquer CEO, empresário ou qualquer pessoa que tenha que enfrentar os meios de comunicação tagarelas, astutos e nada objetivos de hoje em dia. A mensagem de

Elon sobre a mídia é: ignore-os o máximo que puder; recuse-se a responder às perguntas deles se você for Elon Musk (embora eu deseje que ele responda às minhas). É por isso que Musk considera um departamento de Relações Públicas uma perda de tempo: em vez de tentar lidar com a mídia, ele cria conteúdo sem depender dela.

A imprensa vive em seu próprio mundinho fechado e se ressente de Musk e de sua plataforma por suplantá-la. Os repórteres contarão as histórias que quiserem contar, então por que perder tempo com eles? Quando tiver que se envolver, avance primeiro e se antecipe à imprensa, em vez de esperar que essa matilha de cães de caça sedentos de sangue venha atrás de você. Prepare-se com antecedência e revide com força, em vez de oferecer polidez para obter favores que, de qualquer forma, não lhe serão concedidos. Entreviste seu entrevistador. E grave a conversa, para garantir honestidade.

Durante algum tempo, depois de assumir o controle do Twitter e demitir o departamento de relações públicas, Musk enviou uma resposta automática a qualquer pessoa que escrevesse ao Twitter para pedir um comentário. Era um único "emoji de cocô", como o *New York Times*, o *Washington Post* e o *Wall Street Journal*, entre outros, insistiam em dizer aos seus leitores. Eles esperavam que isso constrangesse Musk a deixar de lado essa grosseria, mas estavam errados. Por fim, eles pararam de mencionar o fato.

Mesmo para aqueles de nós que são poupados do fardo de ter que lidar com a mídia, a antipatia de Musk oferece um bom conselho para os consumidores de notícias: pare de acreditar cegamente no que a mídia está relatando, comece a confiar nela ainda menos do que você confia agora e sempre questione o que ela está deixando de fora. E procure os pontos de vista opostos que a mídia nunca quer que você ouça.

De muitas maneiras, a mídia conquistou o ressentimento de Musk, fazendo com que ele condene os profissionais da área. Ela desempenha um papel crucial na disseminação de rumores que os vendedores a descoberto usam para criticar as ações da Tesla. Ela pega acidentes isolados envolvendo veículos elétricos da Tesla e os transforma em grandes eventos noticiosos. Quando um foguete da SpaceX explode em um voo de teste, alguns jornalistas zombam.

Além disso, Musk diz que, como as três grandes fabricantes de carros a gasolina, GM, Ford e Stellantis (a antiga Chrysler), gastam mais de US$ 6 bilhões por ano em publicidade, enquanto a Tesla não gastou nada durante a maior parte de sua existência, a mídia é ainda mais tendenciosa contra ele.

Ele ignora o velho ditado sobre evitar comprar briga com quem compra tinta por barril, um apócrifo de Mark Twain. Elon Musk tem vivacidade para mexer com a mídia. Ele já criticou o *New York Times*, a Reuters, o *Guardian* e a CNN, entre outros. "O que eu acho mais surpreendente é que a CNN ainda exista", ele tuitou em abril de 2020.

Musk apresenta um caso plausível para substituir esses veículos pelo jornalismo civil no X. Não é de se admirar que ele tenha total desprezo pela maior parte da mídia. Fico angustiado ao dizer isso porque, por 25 gloriosos anos, fui um orgulhoso infeliz manchado de tinta. Primeiro no *Wall Street Journal*, e depois na revista *Forbes*. Depois, tornei-me âncora da CNBC e da Fox Business, onde fiquei por mais de seis anos.

Não consigo reconhecer a mídia hoje. O que diabos aconteceu com eles?

Acabou-se qualquer obrigação antiga e ultrapassada de realizar uma análise completa da verdade e contar uma história justa e equilibrada que tente conciliar versões conflitantes dos eventos. Foi-se o interesse em divulgar pontos de vista impopulares ou não convencionais. Os meios de comunicação, tanto de esquerda quanto de direita, são culpados por isso, pois buscam cliques online e lutam arduamente para chamar a atenção para si mesmos.

Os Quatro Cavaleiros da mídia liberal – o *New York Times*, o *Washington Post*, a CNN e a MSNBC – e seus aliados nas redes de transmissão, ABC, CBS e NBC, definem o caminho para o restante do grupo. Eles marcham em sintonia, e a maioria deles ecoa as mesmas mensagens em vez de procurar falar com uma voz própria.

Em 1983, cerca de cinquenta empresas de mídia competiam entre si, e, desde 2011, apenas meia dúzia de gigantes detêm 90% dos meios de comunicação e notícias nos Estados Unidos. A Comcast, a Disney, a Paramount Global (antiga Viacom), a Warner Bros., Discovery, a Fox News e a News Corp são as maiores. Meta e Google dominam o espaço da mídia social.

Um dos primeiros confrontos de Elon Musk com os titãs da mídia ocorreu no início de 2013, quando o *New York Times* publicou uma avaliação sarcástica e maldosa de John M. Broder, um repórter que hoje faz parte do conselho editorial do *Times*. Broder, um cético em relação aos veículos elétricos, fez um test-drive em um Tesla Model S de US$ 101 mil, indo de Washington a Boston. Ele utilizou duas novas estações de recarga da Tesla ao longo da I-95, em Newark, Delaware, e Milford, Connecticut. Elas ficam a 320 quilômetros de distância uma da outra.

Ele fez a viagem em um frio extremo, e a bateria do Tesla se esgotou mais rapidamente do que o esperado. Por fim, segundo Broder, seu Model S ficou sem energia e teve que ser colocado em um guincho e levado para ser recarregado. O *Times* e Broder foram impiedosos com relação a isso:

"Presos na estrada elétrica da Tesla"

Essa manchete foi publicada sobre uma foto do Tesla vermelho-maçã sendo descarregado de um caminhão-plataforma na estação de recarga da Tesla em Milford. Broder escreveu: "O Model S ganhou vários prêmios de carro do ano e é, conforme muitas avaliações querem que você acredite, o carro mais legal do planeta. Que divertido, não? Bem, não".

Ele contou que se preocupou com a possibilidade de ficar sem energia e que teve de desligar o aquecimento em um clima muito frio e dirigir a apenas 86 quilômetros por hora, para usar menos carga. "Se essa é a visão da Tesla para viagens de longa distância no futuro dos Estados Unidos, eu pensei... ela precisa trabalhar mais um pouco nisso", disse Broder.

Elon Musk rebateu com fúria e vingança.

> **Elon Musk** @elonmusk
>
> NYTimes article about Tesla range in cold is fake. Vehicle logs tell true story that he didn't actually charge to max & took a long detour.
>
> 2:26 PM · Feb 11, 2013

"O artigo do* New York Times *sobre o alcance do Tesla no frio é falso. Os registros do carro contam a história verdadeira: a de que o veículo não recebeu carga máxima e de que houve um longo desvio no caminho."

"Falso." Musk usou esse termo para descrever a mídia antes mesmo de o presidente Trump começar a usá-lo como uma bomba em sua primeira campanha presidencial, em 2015. Musk citou "fake news" antes mesmo do editor do *BuzzFeed*, que afirma ter cunhado a expressão no outono de 2014. E o fato é que, quando se critica a história de um repórter sobre um veículo, o restante da mídia também se sente atacado. Assim, John Schwartz, que já trabalhou para o *Times* e o *Washington Post*, saiu em defesa de Broder:

> **John Schwartz** @jswatz · Feb 11, 2013
>
> Having been on the receiving end of @elonmusk's ire, not surprised to see him declare @jbrodernyt's story "a fake."
>
> > **Elon Musk** @elonmusk · Feb 11, 2013
> >
> > NYTimes article about Tesla range in cold is fake. Vehicle logs tell true story that he didn't actually charge to max & took a long detour.

"Como já fui alvo da ira de @elonmusk, não estou surpreso de vê-lo declarar que a história do @jbrodernyl é 'falsa'."

Observe as aspas. Um dia depois, a jornalista de tecnologia Kara Swisher tuitou que "seria bom ver" os registros de dados da Tesla sobre o desempenho real do carro de Broder. Cada Tesla pode rastrear e informar a velocidade, as configurações de registro de carga e todos os outros aspectos operacionais. Para os clientes, os carros só fazem isso se tiverem permissão expressa dos proprietários para tal. No entanto, Musk insistiu em ativar esse recurso em todos os test-drives da mídia, incluindo o de Broder.

Isso se deve ao fato de que, alguns anos antes, funcionários do programa de TV da revista *Top Gear* foram acusados de fingir que o Tesla que estavam testando tinha ficado sem carga e precisou ser empurrado para casa. O registro do veículo mostrava que o carro ainda tinha oitenta quilômetros de energia. Musk, sempre litigioso, fez com que a Tesla entrasse com uma ação judicial contra a *Top Gear* no Reino Unido, que foi indeferida com o argumento de que o programa era de entretenimento, e não de informação.

Isso daria a Musk motivo para vingança. Às 16h30 do dia 11 de fevereiro, Musk deu uma entrevista por telefone a Maria Bartiromo na CNBC. Claramente chateado com a reação à matéria do *Times* publicada no dia anterior, ele se propôs a comunicar uma defesa factual e impugnar o repórter sem desafiar a instituição. Separar o repórter da publicação: uma técnica clássica de relações públicas. Isso foi usado pela primeira vez comigo quando eu era um jovem repórter do *Journal* em 1984.

Musk disse a Maria: "Achamos que o artigo é uma espécie de armadilha. É bastante irracional. Não quero pintar todo o *New York Times* como sendo problemático, mas acho que esse escritor e esse artigo em particular são realmente enganosos". Bartiromo pede detalhes, e Musk cita os registros do veículo que mostram que o repórter do *Times* não conseguiu carregar totalmente o carro, fez "um desvio extenso por Manhattan" antes de dirigir até o próximo local de recarga e dirigiu 16 quilômetros por hora acima do limite de velocidade, o que faria com que a bateria se esgotasse ainda mais.

"E nós o avisamos explicitamente que não se pode fazer essas coisas", disse Musk a ela.

Em seguida, o âncora Bill Griffith, um querido veterano da CNBC e uma das pessoas mais gentis da emissora quando trabalhei ao lado dele, disse a Musk: "Estou intrigado com a palavra 'armadilha' que você usou em sua primeira resposta. (...) Isso é uma fabricação deliberada, em sua opinião, de como isso foi retratado?".

Elon: "Nunca se sabe ao certo sobre essas coisas, mas eu diria que é o mais provável. Dissemos explicitamente que, para fazer essa viagem, ele precisa ter certeza de que o carro está totalmente carregado ao dar a partida, que não poderia fazer desvios e que deveria dirigir em uma velocidade razoável". Ele acrescentou: "Então, se alguém recebe o pedido explícito para tomar medidas razoáveis em um test-drive e, em seguida, descaradamente não as segue, a que conclusão devemos chegar?".

É provável que Elon estivesse trabalhando para acalmar dois públicos ao mesmo tempo: os investidores da Tesla e seus funcionários. Quando sua empresa está passando por dificuldades, seus funcionários precisam ver liderança; eles querem que lhes digam e mostrem que tudo ficará bem.

No dia seguinte, Musk revelou tudo, fazendo um post de 1.218 palavras no site da Tesla que desmascarou completamente o ataque original de 1.800 palavras do *Times*. O post foi detalhado, documentado e devastador para o *Times*. Isto é fundamental para a estratégia "foda-se a mídia" de Elon: em vez de reclamar que a mídia é tendenciosa, construa seu caso, mostre-o em fatos e estatísticas e apresente-o fora dos canais da própria mídia. Nesse caso, no blog da Tesla, que depois se espalhou pelo Twitter.

Em seu blog, Elon publicou cinco gráficos que mostram os movimentos "bizarros" e "irregulares" de Broder. Ele mostrou que o controle de velocidade de cruzeiro do carro nunca foi ajustado para apenas 86 quilômetros por hora, como Broder alegou. "Na verdade, Broder dirigiu em velocidades de 105 a 130 quilômetros por hora durante a maior parte da viagem e com uma temperatura média da cabine de 22 °C. No momento em que ele afirma ter baixado a temperatura, ele na verdade a aumentou para 23 °C."

Embora o repórter tenha afirmado que ele carregou o carro por 58 minutos completos, conforme citado em um gráfico do *Times*, na verdade o tempo de carga registrado foi de apenas 47 minutos. Se ele tivesse carregado os 58 minutos completos, "teria sido praticamente impossível ficar sem energia durante o restante de sua viagem".

Broder também fez um desvio para o centro de Manhattan. Quando o mostrador do Tesla indicava "zero quilômetros restantes", Musk escreveu, "em vez de carregar o carro, ele dirigiu em círculos por mais de oitocentos metros em um estacionamento minúsculo com cem vagas. Quando o Model S se recusou bravamente a morrer, ele acabou conectando-o à tomada. Nas etapas posteriores, ficou claro que Broder estava determinado a não se frustrar mais uma vez".

Na verdade, a bateria do Model S "não ficou sem energia em nenhum momento, inclusive quando Broder chamou o guincho", informou Musk. O repórter parou de carregar seu carro quando chegou aos 50 quilômetros de autonomia, por mais que soubesse que teria que dirigir quase cem. No último trecho, Broder "passou direto por uma estação de recarga pública enquanto o carro o avisava repetidamente de que estava com a autonomia muito baixa".

Uma humilhação devastadora para Broder e o *Times*. Em um floreio final, Musk astutamente fez com que o ataque do *Times* não tivesse tanto a ver com ele mesmo e mais com o fato de prejudicar a causa do combate à mudança climática com carros elétricos (por mais duvidosa que seja essa proposta). "Fomos feitos de bobos e, como resultado, decepcionamos a causa dos veículos elétricos. Por isso, lamento profundamente."

Noblesse oblige. Genial. O ataque contundente de Musk foi notícia em todos os lugares, e o ângulo da história mudou para sua resposta, "deixando a internet agitada com uma enxurrada de publicações em blogs, mensagens no Twitter e trocas de e-mails", conforme relatou o *Times*. O próprio Broder escreveu uma continuação, negando muitas das contra-acusações de Musk, e outra em seguida. Em 18 de fevereiro, uma das editoras do *Times* publicou um artigo extraordinário, praticamente se posicionando contra o jornal e o autor do artigo.

Ela escreveu que, embora não acreditasse que o repórter do *Times* tivesse esperado que a viagem terminasse mal, ele havia exercido um julgamento questionável e se exposto a "críticas válidas ao fazer anotações casuais e imprecisas durante a viagem, sem saber que cada movimento seu estava sendo monitorado. Um caderninho vermelho no banco da frente não é páreo para os registros de direção gravados digitalmente, que o Sr. Musk usou das maneiras mais prejudiciais (e, por vezes, bastante enganosas) possíveis ao defender a reputação de seu veículo". Mais uma vez, Xeque-Musk.

Elon se tornaria mais ousado em suas discussões com seus adversários na mídia. E mais engraçado. Cinco anos depois, em maio de 2018, a cobertura da mídia nacional se concentrou em um único acidente com um Tesla que resultou em um tornozelo quebrado. Perto de Salt Lake City, Utah, uma mulher de 28 anos que dirigia seu Tesla Model S a 100 quilômetros por hora, no modo Autopilot, estava olhando para a tela do celular quando o carro bateu em um veículo do corpo de bombeiros parado em um sinal vermelho.

Ela quebrou o tornozelo, e o acidente foi culpa dela: a Tesla exige que os motoristas mantenham o foco e as mãos no volante no modo de direção autônoma. Ao mesmo tempo, ela pode ter acreditado nas muitas vezes em que o próprio Elon afirmou que o Autopilot era mais seguro do que os motoristas humanos e que um dia seria capaz de assumir totalmente o controle. De qualquer forma, seu acidente foi coberto por Associated Press, *Washington Post*, ABC News, *The Week* e outros veículos.

Em 14 de maio de 2018, Elon desabafou no Twitter, chamando de "muito zoado" o fato de um acidente que causou apenas um tornozelo quebrado ter sido notícia de primeira página, "e as cerca de quarenta mil pessoas que morreram em acidentes automobilísticos nos EUA só no ano passado quase não receberam atenção". Ele acrescentou que "o que é realmente incrível" é que geralmente um acidente a 100 quilômetros por hora "resulta em ferimentos graves ou morte".

Musk tem razão. Os carros da Tesla são extraordinariamente seguros e duráveis. Em janeiro de 2023, um homem louco e paranoico jogou seu Tesla de um penhasco de quase oitenta metros de altura, perto de Devil's Slide, trinta quilômetros ao sul de São Francisco, com sua esposa e dois filhos pequenos a bordo. Milagrosamente, todos eles sobreviveram, com ferimentos não críticos. "Ficamos muito chocados", disse um chefe de batalhão aos repórteres.

Na verdade, alguns meses antes do acidente com o tornozelo quebrado em maio de 2018, em outro acidente, um motorista de um Model S em Culver City, na Califórnia, supostamente não prestou atenção e deixou o carro bater em um caminhão de bombeiros estacionado, enquanto ia a 105 quilômetros por hora – e o motorista saiu ileso, por milagre. Até mesmo o Corpo de Bombeiros de Culver City ficou impressionado, publicando um tuíte: "Enquanto trabalhava em um acidente na rodovia esta manhã, o caminhão 42 foi atingido por um #Tesla viajando a 100 km/h. O motorista informou que o veículo estava no piloto automático. Por incrível que pareça, não houve feridos! Por favor, fique atento ao dirigir! #abc7eyewitness #ktla #CulverCity #distracteddriving".

Nove dias depois, às 14h25, horário do leste dos EUA, em 23 de maio, Musk desencadeou uma tempestade na mídia com uma série de tuítes. Claramente irritado, ele comentou sobre uma postagem da *Electrek.co*, uma mídia comercial, que sinalizou uma nova história dizendo que as ações da Tesla poderiam subir, "já que a negatividade da mídia é 'cada vez mais imaterial'". Musk respondeu: "A hipocrisia das grandes empresas de mídia que reivindicam a verdade, mas publicam apenas o suficiente para disfarçar a mentira, é o motivo pelo qual o público não as respeita mais".

A isso, Andrew J. Hawkins, repórter do *Verge* com menos de 15 mil seguidores em sua conta, @andyjayhawk, respondeu com escárnio transparente: "Musk continua sua lenta transformação em uma cópia de Trump, que ataca a mídia e grita irracionalmente sobre notícias falsas. Espero que dê certo para você, cara!".

Musk rebateu com força momentos depois: "Achei que você diria isso. Sempre que alguém critica a mídia, ela grita: 'Você é igual ao Trump!'. Por que você acha que ele foi eleito, em primeiro lugar? Porque ninguém acredita mais em vocês. Vocês perderam sua credibilidade há muito tempo". A isso, ele acrescentou: "O problema é que os jornalistas estão sob pressão constante para obter o máximo de cliques e ganhar dinheiro com publicidade, ou serão demitidos. Situação complicada, pois a Tesla não faz propaganda, mas as empresas de combustíveis fósseis e as empresas de carros a gasolina/diesel estão entre os maiores anunciantes do mundo".

Às 15h41 do mesmo dia, Musk tuitou sobre a criação de um novo site em que o público poderia avaliar a mídia, as publicações e os repórteres individuais quanto à precisão e à imparcialidade. A simples menção disso gerou milhares de histórias em resposta, como se ele tivesse proposto a prisão e o encarceramento da classe da mídia. Ele começou com uma pesquisa e depois provocou seus algozes, obtendo mais de meio milhão de votos a favor de sua ideia.

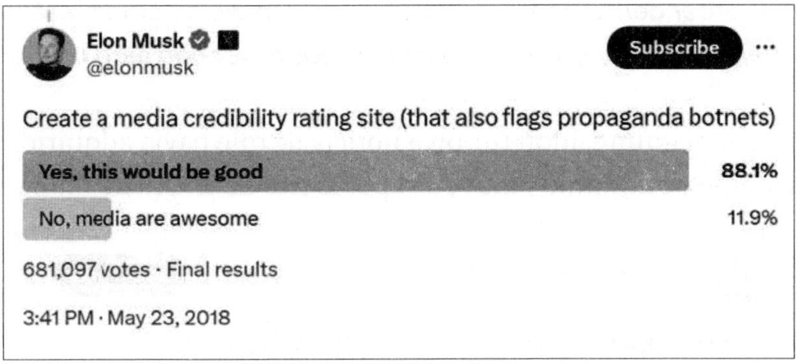

"Devemos criar um site de avaliação da credibilidade da mídia (que também sinaliza os bots de propaganda)?"
"Sim, isso seria bom."
"Não, a mídia é demais."

Cerca de treze horas depois, às 4h32 do dia 24 de maio, Musk tuitou novamente, incitando a mídia:

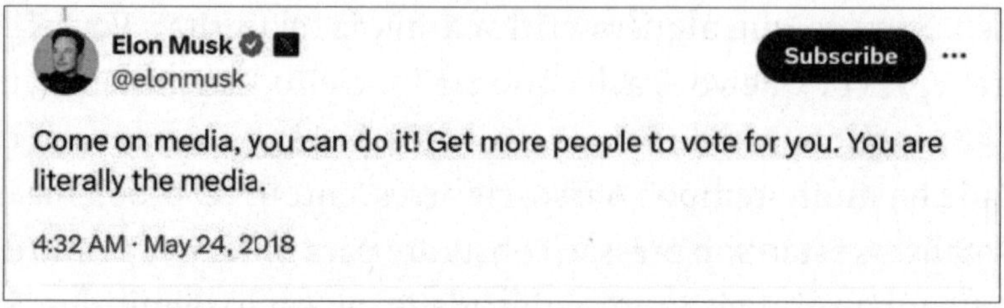
Elon Musk
@elonmusk
Subscribe
Come on media, you can do it! Get more people to vote for you. You are literally the media.
4:32 AM · May 24, 2018

"Vamos lá, mídia, você consegue! Façam mais pessoas votarem por vocês. Vocês são literalmente a mídia."

E novamente às 6h03 da manhã:

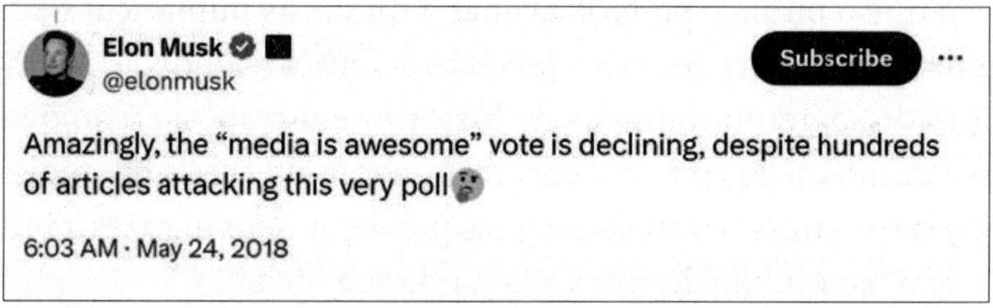
Elon Musk
@elonmusk
Subscribe
Amazingly, the "media is awesome" vote is declining, despite hundreds of articles attacking this very poll
6:03 AM · May 24, 2018

"Surpreendentemente, os votos para 'a mídia é demais' estão diminuindo, apesar de centenas de artigos atacando esta pesquisa."

No dia seguinte, Elon tuitou a notícia de que havia adquirido um novo nome de domínio para seu suposto site de crítica de mídia.

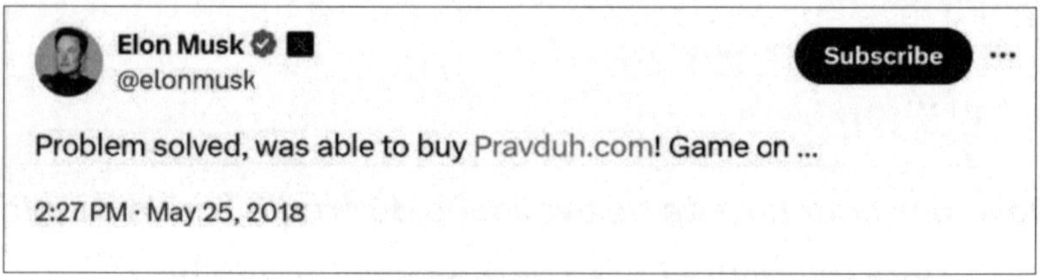
Elon Musk
@elonmusk
Subscribe
Problem solved, was able to buy Pravduh.com! Game on ...
2:27 PM · May 25, 2018

"Problema resolvido, consegui comprar o pravduh.com! Começou..."

Sua diatribe deu início a um milhão de conversas públicas sobre as implicações dessa nova agência de avaliação, como se ela já estivesse em andamento. Era apenas uma ideia. Uma ideia do tipo "não seria legal se?". No entanto, bastaram alguns tuítes simples e diretos para gerar ondas de revolta e dor fingida entre alguns dos meios de comunicação mais poderosos do planeta. Eles entraram em pânico total.

Um colunista do *Washington Post* escreveu: "Elon Musk quer consertar a desconfiança da mídia com um sistema de avaliação idiota. Há uma maneira melhor". A Reuters disse: "Musk, da Tesla, agride a mídia e propõe verificação de credibilidade", e a *The Atlantic* comentou: "A guerra boba de Elon Musk com a mídia". A *Time* disse que ele "vive falando da 'hipocrisia' da mídia", e usou aspas como se a hipocrisia fosse uma possibilidade remota. E o Repórteres Sem Fronteiras o chamou de "uma nova ameaça à imprensa estadunidense" e disse que seu "sistema de avaliação da verdade" iria "minar a confiança na mídia".

No entanto, até hoje, nenhum site está no ar; nenhum serviço de avaliação teve início. Elon estava falando por falar, e isso por si só foi suficiente para fazer com que a mídia se preocupasse ferozmente com o assunto. Eles dançam conforme sua música, mesmo quando o detestam.

Enquanto Musk incendiava a mídia com sua ideia do *Pravda*, um trabalhador insatisfeito da gigafábrica da Tesla em Nevada planejava traí-lo. Os vendedores a descoberto estavam apostando contra a luta monumental da Tesla para aumentar a produção para cinco mil veículos Model 3 por semana. Esse foi um marco e uma expectativa irrealisticamente alta estabelecida pelo próprio Elon Musk. Esta é uma parte de seu regime de liderança: estabelecer metas que estão além de qualquer expectativa legítima de realmente alcançá-las e encontrar uma maneira de chegar lá. Mesmo que não consiga, você acaba muito mais longe do que se tivesse sido razoável em suas expectativas.

Musk passava as noites dormindo na gigafábrica, em parte para mostrar liderança e provar a seus funcionários que estava disposto a fazer de tudo para ajudá-los a atingir a marca de 5 mil por semana. Em três meses, ele havia se ausentado apenas um dia. Como ele disse à Bloomberg em uma entrevista semanas depois: "Eu usei as mesmas roupas por cinco dias. Sim, foi muito intenso. E todos os outros também trabalhavam com muito ardor".

Nesse contexto, o funcionário descontente da gigafábrica enviou e-mails a alguns repórteres, oferecendo segredos internos que mostravam grandes problemas de produção na fábrica. A notícia desse fato encorajaria os vendedores a descoberto a apostar ainda mais contra as ações da Tesla. Linette Lopez, colunista da *Business Insider*, aceitou a oferta, baseando-se em documentos secretos e roubados que o trabalhador lhe havia fornecido. Em 4 de junho de 2018, ela publicou uma matéria com o título "Documentos internos revelam que a Tesla está gastando uma quantidade insana de matéria-prima e dinheiro para fabricar o Model 3, e a produção mesmo assim ainda é um pesadelo".

No dia seguinte, Musk organizou a reunião anual de acionistas da Tesla, na qual a história não foi mencionada. E no dia seguinte a esse, em 6 de junho, Lopez publicou uma matéria de acompanhamento também baseada nos documentos do trabalhador da fábrica: "Os novos robôs da gigafábrica da Tesla que supostamente ajudariam a aumentar a produção do Model 3 ainda não estão funcionando".

Furioso, Musk iniciou uma investigação, e o responsável pelo vazamento foi logo descoberto: ele era a única pessoa entre 7 mil trabalhadores da gigafábrica que havia baixado os documentos citados nas histórias de Lopez. Seu nome era Martin Tripp, e ele estava frustrado com a falta de ação da Tesla para lidar com suas reclamações sobre a alta quantidade de sucata nas linhas de produção da gigafábrica.

A investigação interna da Tesla, segundo os registros do tribunal, revelou que Tripp havia tentado solicitar a outros funcionários que vazassem informações para os repórteres. Um funcionário, James Uelmen, que era amigo de Tripp, entrou em contato com Musk e se ofereceu para ser seu informante. Quando Uelmen falou com Tripp, este "disse a Uelmen em uma mensagem de texto que Uelmen receberia algum dinheiro se compartilhasse informações com Lopez e, aparentemente, disse-lhe a mesma coisa pessoalmente", de acordo com uma decisão posterior no Tribunal Distrital dos EUA.

Tripp, em mensagens de texto: "Ah, se você for prestativo, vai receber algum dinheiro, eu te garanto. Tem coisas acontecendo que não posso contar a ninguém..., mas é coisa BOA".

Em 5 de julho de 2018, às cinco horas da manhã, Musk partiu para o ataque. Alguém havia postado um comentário sobre a colunista do *Insider* (@lopezlinette) e, em resposta, Elon tuitou que ela havia publicado vários "artigos falsos sobre a Tesla, incluindo um em que ela afirmava que a Tesla descartou mais baterias do que nosso número total de produção de SX e 3, o que é fisicamente impossível".

Um seguidor sugeriu que a repórter estava ligada ao inimigo de Musk, o vendedor a descoberto James Chanos, e Musk classificou isso como "muito suspeito, se for verdade", e se dirigiu diretamente a Lopez: "É possível que você esteja servindo como fonte de negociação interna para um dos maiores vendedores a descoberto da Tesla?". Uma conta no Twitter com apenas 165 seguidores, @stetopinini, postou uma mensagem sarcástica dirigida à repórter do *Business Insider*, e Elon a usou para perguntar a Lopez se ela havia prometido "compensar" Martin Tripp por informações privilegiadas e se ele havia lhe fornecido "informações negativas exageradas" que não eram verdadeiras.

Musk postou novamente às 14h13 e depois mais uma vez às 14h42, perguntando a Lopez se ela havia fornecido a Chanos "informações materiais não públicas sobre a Tesla". Ele a repreendeu por chamar Chanos de "um dos melhores" e a acusou de expor as opiniões dele palavra por palavra. "Isso não é jornalismo." Em seguida, veio outro post, este sobre as festas dela "em Las Vegas, com Chanos e Tepper, e a legenda 'Amo esses caras'. Não parece muito objetivo".

Musk queria ter certeza de que Linette Lopez visse esse tuíte, porque ele propositalmente digitou um "." antes de seu nome de usuário @lopezlinette. Ele anexou duas capturas de tela de tuítes que ela havia publicado quatro anos antes em uma conferência de investimentos em Las Vegas nos quais ela se gabava de ter saído com dois infames vendedores a descoberto: James Chanos e David Tepper. Lopez e o *Business Insider* negaram as alegações de Musk.

Por fim, a Tesla processou o ex-trabalhador em US$ 167 milhões (o valor pelo qual as ações da Tesla caíram com o furo do *Business Insider*). Um juiz do tribunal federal rejeitou essa reivindicação (as ações se recuperaram em poucos dias), mas, por outro lado, ficou do lado da Tesla e de Elon Musk. Em um acordo posterior com a Tesla, Tripp admitiu que havia violado várias leis estaduais e o acordo de confidencialidade da Tesla, e concordou em pagar à empresa US$ 400 mil.

Essa vitória da Tesla quase não foi coberta pela mídia, que se concentrou, em vez disso, no comportamento de Musk em todo o episódio. Para eles, as mensagens de Musk foram outro sinal de sua instabilidade maníaca. A CNBC disse: "Elon Musk ataca a mídia novamente", e a Associated Press relatou que ele havia "se tornado uma presença maior e mais rancorosa nas mídias sociais" e que seus tuítes haviam quadruplicado para quatrocentos por mês desde maio. O *New Statesman* o chamou de "adolescente mimado preso no corpo de um bilionário", enquanto a *Vanity Fair* sugeriu: "Elon Musk precisa desesperadamente de um hobby".

Em uma sessão de perguntas e respostas com a Bloomberg durante essa confusão, Musk foi questionado sobre seu uso do Twitter para atacar detratores, e prometeu mudar seu comportamento:

"Em geral, a visão que tenho do Twitter é que se você está no Twitter, está na terra dos memes – está na terra da guerra dos memes. Se você está no Twitter, está na arena. Então, basicamente, se você me ataca, não há problema em eu revidar. Há algum lugar em que você acha que eu lancei um ataque contra alguém que nunca me atacou?"

E diz o seguinte: "Eu fiz a suposição equivocada – e tentarei ser melhor nisso – de pensar que, porque alguém está no Twitter e está me atacando, está aberta a temporada de caça. E esse é o meu erro. Vou corrigi-lo".

A intenção é muito boa, embora Elon Musk ainda não tenha cumprido essa promessa. E se ele tivesse cumprido, seu feed na plataforma X seria muito menos interessante. E seus inimigos estariam livres para atacá-lo sem medo de represálias. Nunca deixe que seus inimigos pensem que você é tímido demais para revidar. Até mesmo um valentão corajoso atrás de uma tela quer evitar um soco verbal no meio da cara.

* * *

As relações de Elon Musk com a mídia tornaram-se ainda mais controversas desde que ele adquiriu o antigo Twitter. Eles o criticaram e previram o fim da empresa desde o momento em que ele a assumiu. Eles exageram as alegações de aumento do discurso de ódio, por mais que os dados dos usuários mostrem o contrário. E quando ele se atreve a revidar, eles uivam de dor, como reizinhos do drama na Copa do Mundo, caindo no gramado após serem empurrados e gritando para fingir uma lesão. De repente, algumas das plataformas de mídia mais poderosas do mundo se tornaram frágeis e vulneráveis, lutando contra um senhor impiedoso.

Para crédito de Musk, desde o momento em que ele assumiu o controle do Twitter, enfrentou a mídia e deixou todos eles de cenho franzido. Eles se revoltaram contra ele quando, em uma das primeiras declarações de Musk, ele restaurou a conta do ex-presidente Trump, banida para sempre, e permitiu que Kanye West voltasse à plataforma (depois que o rapper foi suspenso por tuitar sobre o controle da mídia pelos judeus).

A mídia difamou Musk quando ele ousou começar a cobrar US$ 8 por mês pela marca de verificação azul que indica uma conta verificada. Anteriormente, esse status de verificação azul era concedido pela equipe do Twitter somente àqueles que a plataforma designava como merecedores de uma marca de verificação azul. Apesar de meus mais de trinta anos em quatro das mídias mais conhecidas do mundo (*WSJ*, *Forbes*, CNBC, Fox), fui recusado três vezes. O que era ridículo e irritante.

A grande mídia (leia-se: liberal) entrou em colapso em dezembro de 2022 quando Elon Musk suspendeu temporariamente as contas de oito jornalistas por violarem os "termos de serviço" do Twitter. Às 18h30, horário do leste dos EUA, na quinta-feira 15 de dezembro, o Twitter suspendeu abruptamente as contas de repórteres do *New York Times*, *Washington Post*, CNN, *Intercept* e *Mashable*, além do âncora esportivo liberal Keith Olbermann. Na maioria dos casos, eles haviam mencionado ou retuitado publicações do @elonjet, conta criada por um estudante universitário que rastreava dados em tempo real disponíveis publicamente sobre o paradeiro de jatos particulares, inclusive os de Elon Musk.

As suspensões foram fixadas em sete dias e "oh, a humanidade!". Elon Musk respondeu petulantemente no Twitter às 21h20 do dia 15 de dezembro de 2022, dizendo: "Criticar-me o dia todo é totalmente aceitável, mas vazar a minha localização em tempo real e colocar minha família em perigo não é". E às 22h29: "As contas envolvidas em doxing receberão uma suspensão temporária de 7 dias".

Pouco antes das onze horas daquela noite, Musk publicou uma enquete e mais de meio milhão de votos foram computados sobre se o cancelamento da "suspensão de contas que divulgaram a localização exata [de Elon] em tempo real" deveria ser feito imediatamente (43%), dali mais de uma semana (38%), dali uma semana (14%) ou no dia seguinte (4,5%). Musk, contudo, fez a observação de que, se alguém tivesse postado a localização em tempo real dos repórteres do

Times, o FBI cairia matando, o Congresso realizaria audiências e "Biden faria discursos sobre o fim da democracia".

Musk tuitou que as mesmas regras se aplicam aos "jornalistas" e a todos os outros – ele usou aspas sarcasticamente, como se esse termo estivesse distorcendo a verdade. Isso pareceu ultrajante para os referidos jornalistas, dada a sua extrema importância para a sociedade, na visão deles mesmos. Além disso, Musk comparou a publicação de localizações em tempo real à divulgação de "alvos de assassinato". Um pouco paranoico.

Na manhã seguinte, milhares de histórias em todo o mundo cobriram a mera suspensão temporária de alguns repórteres. Não importava que esses repórteres continuassem a ter acesso às suas próprias publicações e sites, e às suas contas no Facebook, Instagram, TikTok, Snap, Rumble, Mastodon, Truth Social e em qualquer outro lugar. Como eu disse, atacar um meio de comunicação é atacar todos eles, e todos eles respondem da mesma forma.

Deixa para o ressentimento solene e encenado. O principal editor do *Washington Post* disse que a ação "prejudica a afirmação de Elon Musk de que pretende administrar o Twitter como uma plataforma dedicada à liberdade de expressão". A CNN disse que "a crescente instabilidade e volatilidade do Twitter deveria ser uma preocupação enorme para todos que usam a plataforma". No entanto, nada no Twitter precisa ser uma "preocupação enorme" para ninguém. São apenas palavras em uma tela; você não precisa lê-las e não precisa segui-las ou acreditar nelas. Mude de canal, como costumávamos dizer sobre a antiga televisão linear.

Até mesmo a Organização das Nações Unidas (ONU) se manifestou com a devida indignação. A subsecretária-geral da ONU, Melissa Fleming, disse que estava "profundamente perturbada" e deu um sermão: "A liberdade de imprensa não é um brinquedo. Uma imprensa livre é a pedra angular das sociedades democráticas e uma ferramenta fundamental na luta contra a desinformação prejudicial".

Věra Jourová, vice-presidente da Comissão Europeia para Valores e Transparência, emitiu um aviso a Elon Musk: "Há limites. E sanções, em breve".

Na Câmara dos Deputados dos Estados Unidos, a "glamourosa" Alexandria Ocasio-Cortez, de Nova York, acusou Musk de "cair no abuso de poder" e "banir jornalistas de forma errática". Esses três arrogantes soberanos do governo escaparam totalmente: eles publicaram sua indignação no Twitter. E ninguém os impediu, então do que eles estão falando?

Uma grande confusão... por nada. Na noite seguinte, Musk realizou uma segunda pesquisa, com quase 60% das respostas aconselhando-o a cancelar as suspensões imediatamente (contra cerca de 40% que aconselharam esperar mais sete dias). Então ele o fez: "O povo se manifestou", ele tuitou. Tempo total das suspensões: 27 horas. Minha conta no Twitter foi suspensa por uma semana inteira em três ocasiões diferentes por ofensas envolvendo piadas de mau gosto. Esses escribas se safaram com facilidade – e precisou de pouco para torná-los famosos.

Nesse meio-tempo, porém, Elon Musk os expôs como as preciosas e cheias de autoimportância flores raras que muitos deles são. Simplesmente brilhante.

Musk prevê um dia em que a mídia será substituída por jornalistas civis no X, cujas reportagens e conhecimentos em tempo real serão aumentados pela IA do *chatbot* Grok, da xAI. Como ele disse em uma entrevista no palco do Cannes Lions Festival em junho de 2024: "O que estamos fazendo no X é usar a IA para resumir as informações de usuários que estão no local e que são especialistas na área, e para agregar isso em um feed de notícias em tempo real, que é muito melhor do que o jornalismo convencional".

Musk, talvez para ilustrar seu argumento, visitou a fronteira entre os EUA e o México em Eagle Pass, Texas, em setembro de 2023. Em apenas dois dias, cerca de 7.500 migrantes, a maioria homens adultos, invadiram sem preocupações a cidade texana de 28 mil habitantes.

Elon usou seu próprio celular para começar um vídeo ao vivo no X, para mostrar o que a mídia se recusava a mostrar.

Elon fez esse plano no calor do momento, como sempre faz. Pouco antes das duas horas da manhã, horário da costa leste dos EUA, em 26 de setembro de 2023, uma terça-feira, ele tuitou para seus mais de 150 milhões de seguidores, referindo-se à sua conversa com um congressista republicano do Texas: "Falei com o deputado Tony Gonzales hoje à noite – ele confirmou que esse é um problema sério. Eles estão sendo sobrecarregados por números sem precedentes – acabaram de atingir o maior número de todos os tempos e não param de subir!". Ele prometeu visitar Eagle Pass no final da semana "para ver com meus próprios olhos o que está acontecendo".

Seus seguidores adoraram; alguns disseram que ele parecia mais presidencial do que o presidente Biden. Dois dias depois, Musk visitou o congressista e, às 21h16 (horário do leste dos EUA) daquela noite, na quinta-feira 28 de setembro de 2023, publicou um vídeo de quinze minutos na plataforma X. Seguindo a velha regra de "quando em Roma", ele usou um chapéu de caubói preto, que algumas pessoas disseram mais tarde que ele estava usando de trás para frente.

Elon convidou o deputado Gonzalez, cujo distrito inclui mais de oitocentos quilômetros de fronteira com o Texas, e um xerife local para contarem a história. Ele perguntou sobre os imigrantes ilegais na fronteira que têm tatuagens no rosto. "Eles têm a tatuagem de lágrima. (...) Uma lágrima é quando você mata alguém. E então mostram a tatuagem com orgulho. Estão realmente felizes por ter matado alguém e querem que os outros saibam disso", observou Elon.

O congressista Gonzalez continuou contando a Musk sobre um recém-chegado que tinha uma tatuagem de lágrima e negou ter estado na prisão. "Então, o chefe da Patrulha de Fronteira disse: 'Não temos registros de pessoas da Venezuela. Portanto, não podemos rastreá-los, a menos que tenham sido presos nos Estados Unidos. Realmente não sabemos quem são alguns desses elementos'. Muitas das pessoas que estamos vendo estão fugindo da pobreza."

Musk: Claro, claro.

Gonzalez: Mas há outros que estão fugindo, sabe, do encarceramento.

Musk: Sim. Basicamente, parece que somos o lugar aonde você pode ir para fugir da lei.

Com isso, Musk, surpreso, avista cerca de uma dúzia de ilegais atravessando a fronteira, sem serem incomodados. Ele vira a câmera do seu smartphone na direção deles.

A entrevista de quinze minutos de Musk na fronteira atraiu quase 22 milhões de visualizações em 24 horas e mais de 100 milhões de visualizações em menos de uma semana. Em um momento espontâneo, ele conseguiu permitir que milhões de estadunidenses vissem de perto algumas das pessoas que lutam contra o fluxo de migrantes. Isso é algo que a mídia, o presidente Biden, a superestrela do Congresso Alexandria Ocasio-Cortez e até mesmo os republicanos em Washington não conseguiram fazer durante três anos.

Posteriormente, Musk publicou tuítes dizendo que a Patrulha de Fronteira dos EUA tinha acabado de informar "o maior número de imigrantes ilegais registrados na história, mais de 260 mil neste mês", e que o número total pode ultrapassar meio milhão, equivalente à "população de Wyoming". Ele pediu um "processo bastante simplificado" que exija provas para asilo além do padrão atual: "Basta dizer a frase mágica, 'Eu busco asilo', e você está dentro".

A visita de Musk à fronteira, a 320 quilômetros de sua base na sede da Tesla, perto de Austin, Texas, atraiu a atenção internacional (do *Economic Times* na Índia ao *The Australian*) e muita cobertura no Reino Unido (no *Daily Mail*, no *Independent*, no *Daily Mirror*, na Reuters), além de gerar manchetes nos meios de comunicação conservadores dos EUA: Fox News e *Wall Street Journal* (ambos controlados pela família Murdoch). Mas os Quatro Cavaleiros da mídia liberal não cobriram nada disso. O *New York Times* ignorou completamente a visita de Musk, como mostra uma pesquisa no site do *Times*. O mesmo aconteceu com o *Washington Post*, a CNN e a MSNBC. Como se isso não fosse digno de notícia. Tão descaradamente tendencioso.

Depois de fazer sua impactante visita a Eagle Pass, que a mídia evitou assiduamente cobrir, em sua maior parte, Musk resumiu seu cinismo da mídia em outro tuíte, este às 16h49 de 29 de setembro de 2023: "Eu não leio mais a propaganda da mídia tradicional. É uma perda de tempo e um gerador de tristeza. Só recebo minhas notícias do X – muito mais imediatas, com especialistas de classe mundial no assunto e muito humor. Muito melhor!".

Uma semana depois, foi divulgada a notícia de que o governo Biden havia revertido sua principal posição política contra o muro de fronteira do presidente Trump para impedir a imigração ilegal. Após o último ano de Trump, quando menos de meio milhão de travessias ilegais de fronteira foram contadas, mais de 6 milhões de pessoas entraram ilegalmente na fronteira com o México em apenas três anos.

Tardiamente, o Departamento de Segurança Interna anunciou que estava suspendendo 26 leis federais, incluindo a Lei de Espécies Ameaçadas e a Lei de Água Limpa, para iniciar imediatamente a construção emergencial de uma nova fronteira no Condado de Starr, no Texas.

Por incrível que pareça, o Eagle Pass será deixado de fora. No entanto, a visita de Elon Musk ao local e o vídeo que ele postou, que teve mais de 100 milhões de visualizações em uma semana, provavelmente tiveram um papel importante nessa impressionante mudança de política do governo Biden. Musk foi capaz de esclarecer uma crise real que a mídia havia ignorado, vencendo-a em seu próprio jogo.

L I Ç Ã O 8

SONHE ALTO! E ESTEJA DISPOSTO A PASSAR DÉCADAS EM BUSCA DESSE SONHO

Há vinte anos, Elon Musk queria ir a Marte. Ele ainda quer

Isso aconteceu há mais de vinte anos, mas James Cantrell ainda se lembra, vividamente, da primeira vez que ouviu falar de um multimilionário da internet que se apresentou como Ian Musk. Pelo menos, esse era o nome que Cantrell achava que tinha ouvido; isso foi na época em que o serviço de telefonia celular era mais irregular e chiado do que é hoje.

A data, coincidentemente, era sexta-feira, dia 13 de julho de 2001, e Cantrell havia saído cedo do trabalho no Laboratório de Dinâmica Espacial da Universidade Estadual de Utah, em Logan, situada nas Montanhas Rochosas, perto da fronteira norte de Utah. O cenário parecia a definição de um país de Deus, com seus vales de altas montanhas e picos de três quilômetros de altura, em especial no verão, com seus dias plácidos de 26 °C, mesmo no meio de julho.

Assim, às treze horas, Cantrell estava com a capota do seu conversível abaixada, um Chrysler Sebring 1998 pintado de dourado. James estava banhado pela luz do sol e desfrutando de uma brisa fresca enquanto passava por campos de alfafa a caminho de sua casa. Então, ele ouviu seu celular flip Motorola StarTAC 2000 de última geração tocando. Ele estava quase tão orgulhoso daquele telefone quanto do Chrysler que estava dirigindo.

Desde a infância, Cantrell foi um entusiasta da adoção precoce de cada nova onda tecnológica. Ele construiu um amplificador estéreo do zero aos doze anos. Foram necessárias quatro tentativas. Ele cursou o ensino médio em Palo Alto, no coração do Vale do Silício.

Na época do telefonema de Elon, Cantrell já era um cowboy do espaço fazia quinze anos. Quando ainda era estudante de graduação na Utah State, ele trabalhou nas missões Mars Explorer e Mars Balloon para o Jet Propulsion Laboratory da Nasa, em Pasadena, que aparece no filme *Perdido em Marte*, com Matt Damon. Em seguida, passou alguns anos na Agência Espacial Francesa, prestando consultoria para o programa franco-soviético sobre Marte, e depois retornou à Space Dynamics.

Lá Cantrell liderou a engenharia de espaçonaves para contratos de satélites confidenciais para o Departamento de Defesa dos EUA. Ele também prospectou novos contratos e viajou para Moscou em várias ocasiões para participar de projetos conjuntos de mísseis de defesa entre os EUA e a Rússia. O que parece estranho agora que a Rússia ressurgiu como uma ameaça à segurança dos EUA e à liderança global.

A cooperação improvável (ou imprudente) com a Rússia foi uma estratégia de distração para os Estados Unidos após a dissolução da União Soviética uma década antes. Os EUA queriam desviar a aclamada proeza russa na fabricação de mísseis, fazendo com que a Rússia fosse de produzir ICBMs para produzir foguetes para o lançamento de satélites. Estavam até dispostos a oferecer contratos federais para o trabalho russo.

A disposição da Rússia, durante décadas, de investir recursos maciços em armas em vez de manteiga levou ao seu colapso econômico, e não militar, próximo ao final do governo Reagan. No entanto, um benefício duradouro foi o fato de a Rússia ter os melhores projetistas de foguetes do mundo. Seus foguetes eram melhores, mais rápidos e, principalmente, mais baratos, vendidos a US$ 2 milhões cada um, em comparação com os US$ 60 milhões do principal rival nos EUA, a antiga McDonnell-Douglas.

O novo mercado emergente de foguetes russos para transportar satélites para a órbita começou a interessar os investidores dos EUA.

Jim Cantrell estava transformando suas conexões russas em um novo negócio de consultoria, levando investidores à Rússia para se encontrarem com algumas de suas fontes de foguetes e mostrar-lhes o circo, como ele dizia. Seis meses antes, ele havia acompanhado Bill Gross, fundador da Idealab e progenitor de mais de cem startups, e seu irmão, Lawrence, a Moscou para visitar alguns fabricantes de foguetes controlados pelo governo.

Quando o StarTAC de Cantrell tocou naquela tarde, ele viu o código de área 650 – de Palo Alto, onde havia crescido – na tela LCD e atendeu a chamada, esperando alguém conhecido. Em vez disso, era uma voz estranha com um sotaque estranho, falando rápida e animadamente:

"Falo com Jim Cantrell?" Sim. E então o dono da voz se lançou em um fluxo ininterrupto de consciência: ele era um milionário da internet que havia fundado o PayPal e queria fazer algo significativo em sua vida. Algo que envolvesse ir a Marte e tornar a humanidade uma espécie multiplanetária. Ele também queria que a humanidade deixasse de usar combustíveis fósseis. Ele até mesmo defendeu a liberdade de expressão.

Tudo isso em apenas alguns minutos, Cantrell pensou. *Esse cara está apenas criando alarde, mas parece que pode ser interessante.* Então, ele diz ao interlocutor que estará em casa em dez minutos e que ligará de volta. Pronto.

Cantrell chega em casa, cumprimenta os dois filhos, vai para o escritório e disca o número do StarTAC, mas só consegue ouvir o som agudo e estridente de um aparelho de fax dos anos 1980. Jim pensa: *Um milionário da internet com um aparelho de fax de vinte anos atrás. No mínimo duvidoso.*

Ele nunca tinha ouvido falar do PayPal e ainda não usava o Google. Cantrell acessou seu computador de mesa, usou o modem de internet discada e aguentou ainda mais chiados para se conectar à internet. Ele acessou o mecanismo de busca Altavista e procurou por "Ian Musk" e PayPal. Isso o levou a "Elon Musk" e a mais pesquisas.

Ele se deparou com um longo perfil de Elon e sua coleção de carros, e isso deixou Cantrell impressionado, porque ele é um cara que gosta de carros e é piloto de corrida. Carros esportivos e carros de corrida de arrancada. Ele percebeu que a coleção de Musk incluía um raro e belo Jaguar E-type roadster preto e um McLaren. Muito bom.

Vinte minutos depois, seu StarTAC toca novamente: agora o cara está com raiva de Cantrell por não ter retornado a ligação. Quando Cantrell explica que havia entrado em contato com um aparelho de fax e não conseguiu deixar uma mensagem em meio a toda aquela cacofonia, de repente o autor da chamada dá um passo para trás e pede desculpas.

"Desculpe-me. É que eu uso este número de fax para que as pessoas não tenham o número do meu celular, mas este é o número do meu celular." Essa foi a primeira das muitas vezes em que Elon Musk se enfureceu com algo que Cantrell disse, fez ou deixou de fazer durante o ano seguinte.

Também foi a primeira e última vez que Musk se desculpou com ele por isso, na opinião de Cantrell.

Desculpas aceitas, o cara voltou a falar sobre sua ida a Marte, sem perder o ritmo. Cantrell já havia ouvido vários investidores em tecnologia interessados no espaço, mas esse jovem, que havia completado trinta anos apenas duas semanas antes, demonstrou instantaneamente uma intensidade rara. Musk lhe contou que um amigo em comum havia dito que Cantrell poderia ajudá-lo a "conseguir foguetes russos" para o que ele queria fazer "em Marte". Ele queria se encontrar com Cantrell e perguntou se Jim morava perto de um aeroporto. Cantrell disse a Musk que conseguia ver o Aeroporto Logan da varanda de sua casa, e Elon respondeu que tinha um jato particular, e disse: "Ótimo. Estarei lá amanhã". Sábado.

Cantrell hesitou: ele não conhecia esse homem. Em seus negócios anteriores com os russos, ele desconfiou de suas táticas e conexões. Esse Musk poderia ser um maluco ou um assassino russo; era prematuro levá-lo para casa, para sua esposa e seus filhos. Então, ele inventou uma mentira rápida e disse a Elon que precisava fazer um voo comercial de Salt Lake City para Oregon no domingo, sugerindo que eles se encontrassem depois da área de segurança, na sala de conferências da Delta Air Lines.

Dessa forma, esse novo estranho – e bote estranho nisso – teria menos probabilidade de estar portando uma arma, conforme Cantrell calculou a situação. Além disso, os policiais estariam circulando pelo local.

Musk concordou e, dois dias depois, eles se instalaram em uma sala de conferências alugada em um aeroporto em Salt Lake City e conversaram em uma torrente de detalhes sobre as ambições de Musk para uma missão a Marte. Durante três horas. A eles se juntou Bob Zubrin, nascido no Brooklyn e ex-motorista de táxi que havia se transformado em engenheiro espacial e físico nuclear do programa de foguetes da Martin Marietta.

Zubrin era o amigo em comum que havia indicado Musk a Jim Cantrell, e sua presença fez com que Cantrell se sentisse muito mais à vontade. Se Zubrin estava disposto a aparecer pessoalmente, o risco de estar ali com esse tal de Elon Musk deveria ser insignificante. Era bom saber.

Em 1990, Bob Zubrin e um colega escreveram um artigo de pesquisa sobre inovações superbaratas que poderiam impulsionar uma viagem a Marte, usando a atmosfera de Marte para produzir água, oxigênio e ingredientes para o combustível de foguete, a fim de permitir uma viagem de retorno à Terra. Depois disso, as pessoas poderiam colonizar o local. Em 1998, frustrado com a falta de progresso da Nasa no planejamento de uma missão tripulada a Marte, Bob fundou a Mars Society.

A primeira coisa que Cantrell notou, assim que eles se sentaram, foi o intelecto descomunal de Musk: Elon era superinteligente, ligava os pontos com extrema rapidez. E depois havia sua visão. Elon Musk pensava muito grande. Tão grande, Cantrell percebeu mais tarde, que a escala da visão o deixava sem fôlego.

Uma missão tripulada a Marte era impossível de ser contemplada pela maioria das mentes, quanto mais planejada para ser executada. O elemento mais impressionante de todos foi o fato de Musk querer fazer isso por conta própria, com financiamento privado, e não sob o controle sufocante e microgerenciador do governo. Em 2001, essa noção de financiamento privado de uma missão a Marte era impensável. A exploração espacial era, em sua maior parte, um objetivo do Estado, acessível apenas aos maiores governos e aos mais ricos e poderosos gigantes corporativos.

E agora, esse recém-chegado, um garoto magro e genial da internet, com cabelo já ralo, que apareceu com uma camiseta branca como se estivesse pronto para a aula de educação física, estava dizendo a Cantrell e Zubrin: "Ei, nós vamos para Marte, certo?". Mais louco ainda, Musk estava disposto a investir US$ 100 milhões de seus próprios recursos nesse sonho impossível.

Era audacioso para caramba, e não tinha o que Jim Cantrell fazer a não ser adorar aquilo. Que se dane, vamos em frente.

A esse conceito de Sinatra, Musk acrescentou dois pilares-base: paciência interminável para realizar sonhos intencionalmente grandiosos, mesmo ao longo de décadas; e uma incapacidade endêmica e sobrenatural de ver ou contemplar qualquer possibilidade de fracasso. Mesmo que ele estivesse buscando o impossível.

Essa cegueira para o fracasso foi outro ponto importante que Cantrell percebeu durante seu primeiro encontro com Musk no aeroporto de Salt Lake City. Os três homens acabaram deixando a sala de conferências da Delta para ir ao centro da cidade e jantar no local favorito de Cantrell, o Market Street Grill. Mais três horas de conversa, e em nenhum momento Elon Musk usou de gentilezas sociais para que eles se conhecessem mais. Ele não tinha treino para isso, não tinha prática nesse protocolo, e não estava interessado nisso, como Cantrell podia ver.

Em vez disso, a conversa se concentrou em um único tópico: como eles poderiam fazer esse plano acontecer?

No ethos de Elon, sonhar o sonho impossível – e depois persegui-lo obstinada e incansavelmente por muitos anos – é o motor da inovação. É isso que fornece a motivação para alcançar seus objetivos e ir mais longe do que você jamais tentaria de outra forma; assim, você acaba fazendo mais progresso do que todos os outros fizeram, mesmo que não atinja suas metas mais ambiciosas.

Sonhar alto, realmente alto, também alimenta a autoconfiança permanente e audaciosa de acreditar que você pode alcançar o que ninguém antes de você ousou sequer tentar. Como se sonhar significasse que você já é capaz de fazer isso. Sonhar é *fazer*. Ao mesmo tempo, a busca pelos grandes sonhos pode oferecer consolo nos contratempos: esses obstáculos se tornam etapas esperadas no caminho para alcançar resultados impossivelmente grandes. É *claro* que os contratempos acontecem: ninguém disse que isso tudo seria fácil.

As metas impossíveis que Musk persegue são ainda mais ambiciosas do que parecem. Na SpaceX, a empresa que surgiu de suas primeiras reuniões com Jim Cantrell, Bob Zubrin e um punhado de outros pioneiros e empreendedores espaciais, seu objetivo vai muito além de chegar a Marte. Elon quer construir uma cidade lá. Ele espera que 1 milhão de pessoas possam habitar o planeta vermelho em vinte anos, o que parece um grande exagero. Mas você sempre deve prometer a mais.

Além disso, até mesmo essa ambição faz parte de um todo maior: depois de nos estabelecermos em Marte, poderíamos também nos estabelecer, digamos, em uma lua de Júpiter, e a partir daí, talvez, poderíamos expandir para o cinturão de asteroides, como ele mencionou em agosto de 2024 em seu bate-papo no podcast com Lex Fridman.

Da mesma forma, a Neuralink de Musk está agora fazendo experimentos com pacientes paralisados, mas, no final, ele prevê acelerar os cérebros humanos para que se comuniquem mais rapidamente com computadores e inteligências artificiais, e até mesmo com outros humanos equipados com chips. Elon também vê a fusão entre humanos e microchips como uma forma de garantir uma IA mais segura:

mantenha seus amigos por perto e seus inimigos mais perto ainda. Como ele diz a seu amigo Fridman:

"A aspiração de longo prazo do Neuralink é aprimorar a simbiose entre a IA e o ser humano, aumentando a largura de banda da comunicação. No cenário mais benigno da IA, é preciso considerar que ela simplesmente ficará entediada, esperando que você diga algumas palavras. Se a IA puder se comunicar a terabits por segundo e a sua comunicação for a bits por segundo, é como se [ela estivesse] conversando com uma árvore."

Musk continua: "Poderíamos alinhar melhor a vontade humana coletiva com a IA se a taxa de produção [humana] aumentasse drasticamente. E acho que há potencial para aumentar a taxa de produção em, sei lá, três, talvez seis, talvez mais ordens de magnitude".

Em seguida, Fridman lhe pergunta: "Você acha que haverá um mundo nas próximas décadas em que centenas de milhões de pessoas terão Neuralinks?".

Elon: "Sim, eu acho". Quando a tecnologia for "extremamente segura, e você puder ter habilidades sobre-humanas, e digamos que possa fazer o upload de suas memórias, para que você não as perca, então acho que provavelmente muitas pessoas escolherão tê-la. Ela substituiria o telefone celular".

Seus sonhos são igualmente grandiosos para o Optimus, o robô humanoide que a Tesla está desenvolvendo para implantar às centenas nas linhas de produção das fábricas. Na reunião anual de acionistas da Tesla em junho de 2024, Elon declarou que, um dia, milhões e até bilhões de robôs estarão em operação. "Acho que todos no mundo vão querer um." Ele até previu que os robôs poderiam elevar o valor da Tesla, um dia, para US$ 25 trilhões – mais da metade do valor recente das quinhentas maiores empresas juntas. Talvez essa previsão nunca se torne realidade, mas Elon sonha alto.

No podcast de Lex Fridman, Musk previu que a demanda por robôs um dia levará à produção de 1 bilhão de unidades por ano. Cada novo robô será uma nova fonte de dados adicional para transmitir dados do mundo real em tempo real com base no que ele vê.

Em algum momento no futuro, os objetivos aparentemente diferentes de Elon se unirão em uma sinergia benéfica. O Grok, o mecanismo de IA da empresa xAI, de Musk, obterá insights de milhões de robôs Optimus que transmitem dados sobre o que veem, de milhões de carros da Tesla e das publicações de centenas de milhões de usuários no X. Um braço robótico Optimus poderá ser acoplado a um paciente amputado ou paralisado e operado pelo chip cerebral Neuralink incorporado do paciente.

Elon Musk demonstrou essas características repetidas vezes na carreira, especialmente na SpaceX, a empresa que surgiu de suas primeiras reuniões com Jim Cantrell, Bob Zubrin e alguns outros pioneiros e empreendedores espaciais.

Muitos de nós, por outro lado, somos tímidos demais, racionais e sensatos demais para sonhar alto. Temos muito medo do fracasso e das consequências, do risco de perda e de parecermos tolos, ingênuos ou arrogantes em nossas ambições. Somos relutantes demais para decepcionar nossos entes queridos, colegas e investidores. Ou muito abatidos para perceber que podemos realizar algo muito maior do que imaginamos.

E, assim, nos acomodamos. Nós nos contentamos com o seguro e com a expectativa normal de resultados e retornos. Em vez de alcançarmos os patamares mais altos que podemos imaginar, nos contentamos com metas menores para evitar decepções ao tentarmos alcançar metas maiores. Esquecemos um adágio que impulsionou as últimas três décadas de inovação no Vale do Silício, o lugar mais inovador do planeta:

Se você não falhou, não aprendeu. Avante!

Hoje em dia, algumas pessoas, especialmente os Millenials e a Geração Z, têm tanto medo de fracassar que evitam o risco de sequer tentar. O TikTok está repleto de vídeos de memes de jovens de 21 anos assustados com a perspectiva de trabalhar em tempo integral pelo resto de suas vidas com algumas semanas de férias no meio. Eles se sentem oprimidos por terem que se deslocar até o escritório e reclamam da falta de influência no mundo, em vez de fazer algo a respeito.

Sonhar mais alto ajudaria esses filhotes, dando-lhes algo pelo que se esforçar e se comprometer nos próximos anos, fazendo-os perceber que todo esse trabalho árduo é para algo melhor, um futuro melhor para eles e para as pessoas que amam.

Sonhar mais alto. Como aplicar essa lição de Elon em nossa própria vida e carreira? Operamos em uma escala muito menor, com menos apostas financeiras e menos riscos, e trabalhamos em empregos que oferecem menos latitude e menos liberdade para improvisar. No entanto, deve haver maneiras de também sonharmos sonhos maiores e nos dedicarmos aos anos que serão necessários para alcançá-los. Mesmo que seja apenas em nossa mentalidade e na maneira como vemos as coisas que acontecem em nosso mundo e como as processamos e reagimos a elas.

E não há problema se sonharmos alto e não conseguirmos realizar: de qualquer forma, acabamos indo mais longe em direção a esse sonho se trabalharmos duro e por tempo suficiente para alcançá-lo. Isso pode impulsionar nosso próximo sonho.

Possíveis aplicações: cada um de nós hoje em dia pode sonhar em abrir seu próprio negócio paralelamente, aproveitando as habilidades, os contatos, os contratos e as conexões de nossa linha principal de trabalho para fornecer um serviço relacionado que esteja faltando em outro lugar. Tomar as medidas necessárias para montar esse negócio pode nos tornar mais transportáveis, revendíveis e flexíveis se acabarmos saindo do nosso emprego atual, mesmo que não cheguemos a abrir esse novo negócio.

Se você está em um emprego que despreza, comece a sonhar com o emprego que realmente deseja e comece a planejar como chegar lá, em termos de educação, treinamento, próximo emprego e conexões. Ao dar esses passos à frente e fazer algo tangível, você iluminará sua atitude e perspectiva, porque está agindo para melhorar seu próprio estado. Isso dá uma sensação de poder. Em vez de ficar sentado e reclamar da sua situação, algo popular entre muitas pessoas hoje em dia, você estará agindo, seguindo em frente.

Da mesma forma, se estiver prosperando em um emprego, peça um aumento maior do que jamais pediu antes. Procure novas maneiras de gerar mais receita ou cortar custos operacionais. Candidate-se a uma promoção que pareça fora do alcance de seus chefes.

No início de minha carreira no *Wall Street Journal*, em Nova York, me candidatei a um dos cargos mais cobiçados do jornalismo: editor da Primeira Página. Meus chefes gentilmente me consideraram, embora eu ainda não estivesse pronto para o cargo; isso fez com que eles me vissem de uma maneira nova e mais séria. No fundo, meu anseio pelo cargo de editor da Primeira Página devia-se ao meu sonho real e subjacente, que era liderar minha própria carreira, ter o mínimo possível de camadas entre as histórias que eu queria contar e o leitor. Fosse no *Journal*, fosse na chefia de uma revista, fosse com meu próprio programa de TV algum dia.

Alguns anos depois, a vaga na Primeira Página estava sendo aberta novamente, quando recebi uma oferta da *Forbes* com um aumento de 50%. Quando me disseram que, na melhor das hipóteses, eu era um dos três candidatos concorrendo para a Primeira Página, aceitei a oferta da *Forbes*, e foi um salto benéfico em meu salário e em minha carreira. Ainda assim, o cargo que aceitei era de segundo no comando de editor-gerente, sem controle real da revista, de modo que ainda não estava liderando minha própria carreira.

Desde o início, eu sabia que queria estar na televisão um dia, apresentar meu próprio programa e contar as histórias que eu queria contar. Depois de nove anos na *Forbes*, e de fazer matérias semanais todos os sábados no *Forbes on Fox*, na Fox News, fui para a TV e entrei na CNBC. Como esperado, dezoito meses depois, consegui realizar meu sonho: tornei-me o âncora solo de um programa no horário nobre da CNBC em abril de 2009, após o Grande Colapso. Foi emocionante.

Cinco meses depois, meu programa foi cancelado. Foi um golpe dolorido, mas, nossa, que jornada magnífica.

Hoje apresento meu próprio podcast, *What's Bugging Me*, na plataforma *Ricochet*, e tenho controle quase absoluto sobre o conteúdo e as mensagens do programa, com a ajuda e as ocasionais dúvidas de um produtor talentoso. Às vezes, nossos sonhos se realizam de maneiras inesperadas.

Sonhar alto também pode funcionar em nossa vida pessoal. Digamos que seu sonho seja se aposentar na Flórida, onde não há cobrança de imposto de renda para pessoas físicas, e comprar uma casa à beira de um lago onde você possa ir até o cais e pescar todas as manhãs. Trabalhar para realizar esse sonho pode ajudá-lo a se sentir mais motivado e em busca de algo maior.

Comece a planejar a poupança, o investimento e a captação de recursos que o colocarão nessa trajetória. Procure fontes extras de renda, aceite um segundo emprego, inicie um negócio paralelo.

Ou talvez você tenha passado por um divórcio difícil e seu sonho seja encontrar o verdadeiro amor da sua vida em um mundo de encontros superficiais. O sonho orienta os passos que você dá ao planejar como transformar isso em realidade; e planejar isso ajuda a manifestar um humor melhor que o tira da amargura do que acabou de passar.

Cada um de nós tem o direito de começar a sonhar novamente. Especialmente hoje em dia, em um mundo que é amaldiçoado por tantas pessoas com seus problemas e injustiças, onde o cinismo, as críticas e a busca por raiva se transformaram em um esporte sangrento. Onde o pânico supera a esperança.

O único pré-requisito para sonhar os maiores sonhos possíveis: você precisa estar disposto a se apegar a eles e persegui-los quase que para sempre. Por anos e até décadas. Se você está perseguindo algo que pode ser alcançado em poucos anos, não está conseguindo sonhar alto o suficiente.

Elon Musk colocou seus olhos em Marte há mais de duas décadas, e ainda está a cerca de 225 milhões de quilômetros de distância do Planeta Vermelho. Isso é equivalente a quase quinhentas missões à Lua. Ao mesmo tempo, porém, depois de mais de vinte anos de trabalho, ele está mais perto do que nunca.

Em um jantar com Jim Cantrell e Bob Zubin, no centro de Salt Lake City, Musk falou sobre os primeiros princípios: decompor determinado problema ou desafio em suas partes mais fundamentais, descobrir a verdade mais básica de algo e, a partir daí, construir o projeto, questão por questão. Até hoje, esse é um de seus tópicos favoritos.

Cantrell estava balançando a cabeça, olhando para Bob Zubrin e pensando: *Sim, é isso que nós engenheiros fazemos, por definição*. Por outro lado, Cantrell podia ver que essa abordagem liberava a mente de Musk. Ele era enfático e ligado aos fatos e, enquanto outras pessoas se distraíam com detalhes, Elon conseguia manter o foco nas coisas que importavam. E isso se deveu à capacidade de Musk de analisar um problema e identificar sua essência mais básica.

Ao final da refeição, os três homens concordaram que estudariam a missão, a definiriam e, em seguida, descobririam quais foguetes se encaixariam melhor nos parâmetros da missão, e encontrariam uma maneira de adquiri-los. Esse foi o início do projeto que eles chamaram de Mars Oasis. A Rússia havia aterrissado a primeira nave em Marte em 1971; a Mars 3 durou 117 segundos e enviou uma imagem cinza e granulada antes de se desligar. Desde então, somente os Estados Unidos tinham ido a Marte, com a Viking 1 e 2, em 1976, e a Pathfinder, em 1997.

Imediatamente, como Elon Musk estava sempre com pressa, Jim Cantrell começou a formar uma equipe e a calcular os custos projetados. Quando chegou ao valor de US$ 100 milhões, Musk lhe disse que essa era, de fato, a quantia que ele tinha que gastar nessa missão. Cantrell ligou para seus contatos no Jet Propulsion Laboratory (JPL) que haviam trabalhado nas missões do Mars Rover. Chris Thompson assinou contrato e se tornaria, depois do próprio Elon, o segundo funcionário da SpaceX. Anos mais tarde, ele se juntaria a Cantrell na Phantom Space, uma startup que tem como objetivo lançar satélites a apenas um terço do custo da SpaceX.

Foi então que Michael D. Griffin se envolveu. Ele havia projetado satélites de defesa antimíssil no Laboratório de Física Aplicada da Universidade Johns Hopkins e havia sido CEO de uma startup de lançamentos, a Orbital Sciences. Mais tarde na carreira, ele atuaria como administrador da Nasa (2005–2009) e subsecretário de defesa dos EUA (2018–2020).

O diretor de cinema James Cameron apareceu para dar conselhos. Ele era piloto de helicóptero por hobby e tinha uma compreensão surpreendentemente sofisticada de engenharia, observou Cantrell. Cameron aconselhou o grupo sobre como comunicar a melhor mensagem ao público. Outro consultor era um astro do espaço, Tony Spear. Ele ingressara no JPL em 1962 e trabalhara lá por 36 anos, tendo dirigido a missão Mars Pathfinder desde a concepção até o pouso, em 4 de julho de 1997, e se aposentando um ano depois. Spear havia acompanhado Cantrell e os irmãos Gross em sua recente viagem a Moscou para ver o "circo".

A Pathfinder aterrissou em Marte usando paraquedas para desacelerar sua descida até a superfície do planeta, com a nave protegida dentro de uma cobertura acolchoada semelhante a uma bolha de ar, conhecida como balão. A cápsula aterrissou e foi tombando em cambalhotas até parar. A bolha se esvaziou gradualmente, e o *rover* emergiu do emaranhado e iniciou sua missão de vigilância.

Uma missão real a Marte teria como objetivo aterrissar uma nave espacial completa na superfície, usando a queima de foguetes para desacelerar o pouso, e, presumivelmente, ser capaz de criar combustível para montar um lançamento e retornar à Terra. Caso contrário, seria uma viagem só de ida, e você morreria em Marte, por mais tempo que vivesse. Cantrell considerava a missão Mars Oasis totalmente factível e plausível. Ele acreditava que tudo era possível, bastava dividir o objetivo em elementos essenciais, como Elon estava fazendo aqui. Na vida, nada se trata de quase conseguir; trata-se de conseguir de fato ou não.

Essas odisseias que fazemos para realizar as coisas mais difíceis acabam sendo alimentadas por essa crença de que, no final das contas, *vamos* conseguir. Não importa quanto tempo leve – e grandes realizações *levam mesmo* muito tempo para darem certo. Cantrell achava que essa era uma mentalidade essencial que todos os empreendedores deveriam ter. Algumas pessoas chamavam isso de fé, outras, de coragem, mas, de qualquer forma, era esse impulso interno que o fazia continuar.

Ele reconheceu que esse era o ponto forte de Elon. No início de seus esforços, surgiu um debate de vida ou morte. Elon queria enviar um ninho de ratos na viagem a Marte para inspirar a imaginação de milhões de fãs na Terra. A maioria dos membros da equipe disse a Cantrell que essa ideia era maluca, e coube a Cantrell comunicar suas preocupações a Musk. Ele pediu a Elon que considerasse o lado negativo, algo que Elon raramente faz: e se milhões de pessoas em seus países começassem a acompanhar a jornada dos camundongos e lhes dessem nomes e dedicassem webcams a eles? E se então eles morressem?

De repente, um bando de roedores que usamos em experimentos médicos ou que matamos em armadilhas em nossas cozinhas se tornaria um símbolo idealizado dos seres humanos com destino a Marte, e teríamos um desastre humanitário sendo exibido todas as noites na televisão. Além disso, Cantrell observou que isso poderia se transformar em uma missão pornográfica a Marte se a câmera capturasse os ratos se reproduzindo durante a noite inteira.

Então, ele disse a Elon que eles tinham de descartar a ideia do ratonauta, e Bob Zubrin ficou furioso com Cantrell, porque aquela era sua ideia desde o início. Sua prioridade era levar seres humanos a Marte, e o DNA de ratos e homens tem 85% de semelhança, portanto, essa poderia ter sido uma maneira interessante de mostrar que Marte pode abrigar vida.

Essa ideia foi engavetada, e o grupo se voltou para um plano de enviar um pedaço de vegetação para o Planeta Vermelho, cuja composição de minério de ferro enferrujado dá à superfície e à atmosfera a tonalidade rosa ardente que vemos da Terra. Uma "câmara de crescimento de plantas", pousada suavemente em Marte, poderia usar o dióxido de carbono da atmosfera marciana para cultivar plantas da Terra, o que produziria oxigênio. Essa foi outra maneira de mostrar a promessa de que um dia poderemos viver em Marte. Se algumas das plantas em crescimento pudessem sobreviver em Marte, um dia milhões de acres de vegetação poderiam criar uma atmosfera de sobrevivência para os seres humanos.

Nenhuma missão espacial administrada pelo governo jamais teria permissão para realizar uma façanha como essa, por medo de contaminar outro planeta e arriscar consequências imprevistas. Essa contaminação é proibida por vários tratados espaciais internacionais assinados por todas as organizações espaciais governamentais da Terra. Elon Musk tinha toda a liberdade de ignorar esses tratados, se quisesse, porque sua missão a Marte seria financiada com recursos privados.

A fonte finita de financiamento desse esforço levou necessariamente à Rússia como fornecedora dos foguetes, dada a vantagem de custo. Musk estava pagando US$ 100 por hora a Cantrell e a outros consultores da Mars Oasis, e ele frequentemente discutia as taxas e pressionava por descontos, como lembra Cantrell. No entanto, logo no início, ele contratou um consultor russo por uma taxa de US$ 10 mil.

O consultor era um executivo sênior da Lavochkin Research, a empresa russa que havia fabricado todos os veículos de pouso em Marte para o programa espacial russo, bem como diversos mísseis superfície-ar, ICBMs e aeronaves. Uma opção para o grupo de Musk era terceirizar todo o projeto para a Lavochkin, simplesmente pagando-a para construir o módulo de pouso e o veículo de entrega e cuidar do lançamento. A taxa de US$ 10 mil era para um estudo inicial da missão proposta. Era uma garantia.

Mas a taxa tinha de ser paga em dinheiro. A Rússia não fazia parte do sistema bancário Swift. O executivo da Lavochkin estava indo a Pasadena para participar de uma conferência espacial em agosto, poucas semanas depois de a Mars Oasis ter tomado forma. Cantrell teria que encontrá-lo lá e entregar o dinheiro. Isso levou a uma busca urgente de US$ 10 mil por três homens: Cantrell, que não tinha o dinheiro, e dois multimilionários da internet. Elon Musk havia feito sua fortuna inicial na Zip2 e no PayPal, e com ele estava seu colega de faculdade na Pensilvânia, Adeo Ressi. Nessa época, Ressi havia criado um site de notícias locais e o vendido para a AOL, e depois vendeu uma empresa de sites por US$ 88 milhões.

Assim, Cantrell subiu no banco de trás do Camaro conversível do final dos anos 1990 alugado por Adeo (com a capota abaixada), Elon foi no banco do passageiro da frente e Adeo assumiu o volante, e eles começaram a atravessar as rodovias pela expansão de Los Angeles para pedir os fundos a amigos e caixas eletrônicos. Por fim, embora Cantrell seja vago quanto aos detalhes, alguns amigos de Musk do PayPal se apresentaram, e cem notas de US$ 100 foram colocadas em uma bolsa e preparadas para a entrega.

Quando eles encontraram o líder da Lavochkin na conferência espacial e lhe entregaram a bolsa, ele começou a retirar as pilhas de notas de dinheiro e a enfiá-las nos vários bolsos de seu terno quadrado e mal ajustado. Para Cantrell, parecia que eles tinham acabado de comprar drogas.

Nesse meio-tempo, Musk começou a se preparar, pegando emprestado de Cantrell livros sobre aviação, foguetes e voos espaciais, inclusive seu livro sobre elementos de propulsão e um livro que Mike Griffin havia escrito sobre propulsão de foguetes. Cantrell e a equipe de projeto sabiam que um lançamento para Marte só poderia ocorrer uma vez a cada dois anos, quando a Terra estivesse mais próxima de Marte e a distância percorrida fosse a mais curta. O conjunto certo de motores de foguete percorreria os 225 milhões de quilômetros necessários em talvez nove meses; ir mais rápido testaria a física, que limita a quantidade de energia que pode ser colocada na trajetória.

Para fazer uma viagem de volta à Terra, seria necessário transportar combustível suficiente no caminho para Marte (o que seria muito pesado) ou criar o combustível em Marte. O Mars Oasis seria uma viagem só de ida, aterrissando a nave no planeta, liberando a câmara de plantas e ficando para trás para sempre. Era um começo, e era o que Elon Musk podia se dar ao luxo de fazer.

Em agosto de 2001, Jim Cantrell convocou Musk e Adeo Ressi para uma primeira viagem de averiguação ao Reino Unido e à Rússia. Eles receberam uma recepção morna dos engenheiros da Universidade de Surrey, que havia comprado motores de foguete russos por US$ 2 milhões cada. Em seguida, eles voaram para Moscou para reuniões introdutórias com vários fornecedores do programa espacial do governo russo, com o objetivo de testar o interesse deles na Mars Oasis. A visita à equipe da Lavochkin, a principal fabricante de foguetes, foi um aquecimento necessário: mais uma visita a um museu do que uma reunião de negócios.

Literalmente, Cantrell e seus companheiros fizeram um tour pelo museu da Lavochkin, repleto de artefatos de seus muitos mísseis bem-sucedidos das últimas décadas.

Uma noite, em Moscou, Elon e Adeo perguntaram a Jim Cantrell sobre o Ugly Duck, que eles queriam visitar. Cantrell lhes perguntou: “Vocês sabem o que é lá de verdade?”. Elon conta que um primo na África do Sul lhe falara sobre o lugar, e que parecia interessante. Cantrell, em seus dias de trabalho no programa espacial franco-soviético na década de 1990, tinha autorização de segurança nacional dos EUA e recebera ordens para ficar longe do Ugly Duck e de lugares como ele: boates selvagens onde valia quase tudo. Inclusive encontros rápidos no bar e outras atividades comprometedoras que poderiam ser usadas para chantagear alguém em uma posição sensível.

Ele se ofereceu para levá-los ao Ugly Duck e deixá-los lá, porque Cantrell não iria entrar de jeito nenhum, e eles poderiam pegar um táxi de volta para o hotel. Cantrell avisou Elon e Adeo para levarem seus passaportes. Na Rússia, era preciso tê-lo sempre com você, principalmente se fosse estrangeiro.

Corta para a manhã seguinte, 9h30. Eles tinham que pegar um ônibus que chegava às dez horas para levá-los para visitar mais empresas. Cantrell já estava lá embaixo no café da manhã do hotel, tomando café e esperando, quando Adeo apareceu, de ressaca e com uma aparência horrível. Alguns minutos depois, Elon apareceu, com uma aparência ainda pior. Eles estremeceram e tomaram um gole de café quente. Elon olhou para Adeo e disse: "Você quer contar a ele? Ou quer que eu conte?".

Adeo Ressi assumiu a bronca e contou a história para Cantrell: "É, bem, lembra-se dos passaportes sobre os quais você nos falou? Nós não os levamos". Às duas horas da manhã, eles estavam em um táxi voltando para o hotel com uma nova amiga que haviam conhecido no Ugly Duck, uma mulher russa (presumivelmente uma *femme fatale*, dada a reputação infame do Duck).

De repente, a polícia de Moscou, parada em uma esquina da Praça Vermelha, parou o táxi e exigiu ver os documentos de todos. Cantrell lhes disse: "Sim, foi uma extorsão, e quanto custou para vocês?". Eles admitiram que foi US$ 800 para cada, e era todo o dinheiro que tinham, conforme a história que Cantrell contou muitos anos depois. Em seguida, perguntaram se ele poderia lhes emprestar algum dinheiro.

Nessa viagem, eles encontraram pouco interesse no projeto Marte. Voaram de Moscou para Paris, visitando engenheiros ligados ao programa de foguete Ariane, que basicamente os dispensaram. Cantrell teve a sensação de que os franceses estavam pensando: *Esse garotinho bobo*. Eles voltaram de Paris para Nova York e, algumas semanas depois, os ataques de 11 de setembro de 2001 derrubaram as torres do World Trade Center, em Manhattan. A viagem seguinte do grupo a Moscou, em outubro daquele ano, ocorreu em um mundo perigoso e paranoico.

Cantrell pensou em cancelar essa viagem, mas Musk estava com muita pressa. Eles visitaram mais fornecedores e se reuniram com o executivo da Lavochkin para analisar o relatório de viabilidade que havia custado a Musk US$ 10 mil em dinheiro.

Musk e Cantrell fizeram uma terceira e última viagem a Moscou em novembro. Naquela época, os russos estavam dominando o negócio de lançamento de satélites, enquanto vários governos europeus e empresas aeroespaciais se alinhavam, bem como o governo dos EUA. Parecia que a Rússia iria acabar com os EUA no novo setor emergente.

Assim, na terceira visita de Musk para apresentar sua missão a alguns dos melhores projetistas de foguetes do mundo, a sala estava banhada pela arrogância e pelo ceticismo russos. Elon, Jim Cantrell e Mike Griffin iriam se reunir com o projetista-chefe de um dos mais importantes projetos de mísseis na Lavochkin. Naquela época, os projetistas-chefes eram como estrelas do rock na Rússia, com ampla margem de manobra e grandes orçamentos para realizar milagres com mísseis.

Ele supervisionou o esforço para converter o Dnepr, o maior foguete russo, fabricado pela empresa espacial internacional Kosmotros. Era um ICBM capaz de reunir 211 toneladas de massa na decolagem e transportar uma carga útil de quase 4 toneladas, medindo 34 metros de altura e 3 metros de diâmetro. O Dnepr tinha a força necessária para chegar a Marte.

Cantrell sempre se lembrará da cena, e, como aspirante a romancista hoje, ele conta bem a história. Os três homens e seu motorista russo se aproximaram de um local protegido por uma segurança intimidadora. Uma discussão em russo começou no primeiro posto de guarda, e Cantrell conseguiu entender a maior parte dela devido ao seu trabalho com cadetes espaciais soviéticos nos anos 1990.

"Não podemos deixar americanos entrarem aqui", disse o guarda ao motorista, mas o motorista declarou que eles tinham uma reunião marcada com o *projetista-chefe*, e tinham permissão para entrar no complexo. Eles se aproximaram de muros de nove metros de altura cobertos por arame farpado e esperaram que uma grande porta de ferro, acionada por um motor de dez cavalos de potência, se abrisse lentamente, e então entraram em um pátio coberto de neve. Cantrell achou que se parecia com todas as cenas de filmes sobre Moscou no inverno à época da Segunda Guerra Mundial.

Isso ou uma cena do filme O *Jovem Frankenstein*. Eles se aproximaram de uma enorme porta de aço; o motorista balançou uma velha aldrava com força; e eles esperaram do lado de fora por cinco minutos no frio. Mike Griffin, olhando para a cena ao seu redor, sussurrou para Cantrell: "Me tira daqui, porra". Ele queria estar em qualquer outro lugar. "Vamos entrar no carro. Vamos *embora*!"

Mas, então, eles ouviram uma procissão de ferrolhos estalando e fechaduras deslizando, e a porta se abriu para revelar um engenheiro russo vestindo uma ushanka preta e peluda e um pesado casaco estilo boneco Michelin. Estava tão frio dentro do prédio quanto do lado de fora. Eles podiam ver a própria respiração. O homem os conduziu por um longo corredor iluminado por apenas três lâmpadas desencapadas, passando por portas de escritórios cobertas com vinil grosso e acolchoado, um sinal de importância e posição. *Parece a porra de um manicômio*, Cantrell dizia para si mesmo.

No final do corredor, eles entraram em uma grande sala de conferências. Elon Musk, ladeado por Jim e Mike, foi recebido por duas dúzias de russos. Era um pouco antes do almoço, e os homens comiam pequenos sanduíches – de pepino e carnes misteriosas variadas – e mantinham conversas casuais. Primeiro socializavam, depois iam direto aos negócios, à maneira europeia.

Por alguma razão, ninguém se sentou à mesa de conferência, e todos continuaram de pé enquanto a reunião começava. Jim Cantrell estava de camisa social, gravata e paletó, um traje de negócios para uma reunião de negócios séria. Mike estava vestido da mesma forma, mas Elon Musk estava usando calça preta e uma camiseta branca – uma camiseta tipo *undershirt*, ainda por cima.

E sapatos marrons. Cantrell odiava sapatos marrons – eles eram feios; já era estranho que alguém os fabricasse, que dirá os comprasse? Além disso, parecia que Elon não tinha penteado o cabelo naquela manhã. Ele era o clichê hollywoodiano de um professor distraído.

Que droga. Cantrell havia explicado à estrela de trinta anos que os russos viam a maneira como você se vestia como um sinal de respeito. Ou de desrespeito. Eles eram da velha guarda nesse sentido; usavam gravatas com seus antigos ternos soviéticos, que eram malfeitos e mal-ajustados. Se Musk tinha ouvido as dicas de moda, ele optou por ignorá-las.

Por fim, o projetista-chefe começou a reunião perguntando: "Bem, como posso ajudá-los? Por que estão aqui?". Musk começou a falar sobre como transformar a humanidade em uma espécie multiplanetária, tirar a humanidade da era dos combustíveis fósseis e impedir que os tiranos controlassem a liberdade de expressão. Talvez ele não tenha entendido muito bem o ambiente ao seu redor ao trazer à tona esse último tópico.

Cantrell pôde ver os olhos do projetista-chefe se revirando mentalmente enquanto ele se inquietava e ficava impaciente. Na Rússia, se você tivesse obturações de ouro, era sinal de que estava indo bem e de que poderia até mesmo ter uma "afinidade" com a KGB, mas esse homem-foguete tinha dentes faltando e seu terno ruim e quadrado sobrecarregava seu corpo magro. Esse homem tinha um ar de raiva.

Elon não percebeu nada disso; ele apenas continuou com seu discurso fantasioso sobre sua missão a Marte e como ele queria usar o Dnepr da Lavochkin, e assim por diante, terminando com: "E gostaríamos de comprar vários foguetes".

Seguiu-se uma longa pausa, e o projetista-chefe começou a falar em russo, esperando que o intérprete da empresa traduzisse suas palavras para o inglês. Sem que eles soubessem, Cantrell não precisava de fato do intérprete, porque ele conseguia entender tudo. "Bem, por favor, entenda", começou o projetista-chefe, "esta é uma máquina séria. É uma arma de guerra. Não é um brinquedo qualquer." O tradutor não conseguiu traduzir nada disso para o inglês, e o designer continuou, em russo:

"Essas são máquinas sérias para pessoas sérias. Você não é uma pessoa séria. Pegue seu dinheiro de merda da internet e volte para os Estados Unidos." Em seguida, ele cuspiu nos sapatos *marrons* de Elon – pode ser que ele tenha merecido isso apenas por usar sapatos marrons, na opinião de Cantrell – e nos sapatos pretos e apropriados de Cantrell também.

Foi um pouco de saliva apenas para provar um ponto, para transmitir desprezo. Finalmente, Elon entendeu, dizendo a Cantrell: "Acho que ele acabou de cuspir em nós". Cantrell, impassível: "Sim, acho que isso é um sinal de desrespeito". Essa cena é retratada em algumas páginas da obra de 688 páginas de Walter Isaacson sobre Musk. O intérprete da Lavochkin finalmente se manifestou, com educação e tato, dizendo: "O projetista-chefe agradece pelo seu tempo. Acho que não conseguiremos fazer com que nossos foguetes funcionem para sua missão". Mike Griffin voltou-se para Cantrell com seu palpite original: "Vamos dar o fora daqui", e Cantrell disse ao anfitrião que estava desapontado, mas agradecia a ele por seu tempo.

Ele conversou com Elon durante o trajeto de volta ao hotel, e, se os eventos perturbaram Musk de alguma forma, ele escondeu qualquer sinal disso. Na manhã seguinte, antes de pegar o voo da tarde de volta para Nova York, eles fizeram o check-out no hotel e levaram suas bagagens para uma casa no centro de Moscou para uma reunião com a Kosmotros, a fabricante do Dnepr.

A Kosmotros prosperou com a ajuda de contratos dos EUA que visavam impedir a venda de SSTs antigos para outros países após o desmembramento da URSS, transformando antigas bombas nucleares em lançadores de satélites. Transformando espadas em enxadas. A empresa havia desenvolvido um estilo de vendas ocidental para atrair clientes nos Estados Unidos e na Europa.

Quatro russos – três engenheiros da Kosmotros e um quarto homem de quem Cantrell se lembra como o coronel de olhos azuis, que parecia estar comandando o show – sentaram-se e ouviram a apresentação de Elon Musk. Eles falaram inglês. Elon concluiu com uma oferta de US$ 5 milhões por dois foguetes, um bom lucro comparado ao preço de US$ 2 milhões que outro licitante havia pagado recentemente.

Os quatro homens da Kosmotros começam a falar russo entre si, sem saber que Cantrell conseguia entender o que eles estavam dizendo, e Cantrell ouviu a frase "*malinky malchik*, garotinho". Em seguida, voltaram ao inglês: estariam dispostos a vender foguetes, mas por US$ 8 milhões. Cada um.

Eles ficaram indo e vindo em uma longa discussão, Elon discutindo com os russos sobre os custos mínimos e revelando que sabia que eles tinham acabado de vender os foguetes para outra pessoa – a Universidade de Surrey – por US$ 2 milhões cada, e eles lhe disseram que talvez sim, mas não agora, e não para você. Ao meio-dia, esse impasse era inexpugnável, e os três homens – Elon Musk, futuro industrial global; Mike Griffin, futuro chefe da Nasa e subsecretário de defesa dos EUA; e Jim Cantrell, futuro fundador da startup Phantom Space – arrastaram suas malas para a neve e pegaram um táxi para o aeroporto.

Cantrell estava se sentindo totalmente derrotado naquele momento. Ele fora contratado para adquirir foguetes russos para essa missão e fracassara, e Cantrell *odeia* fracassar em qualquer coisa. Os homens fizeram uma viagem muito quieta até o aeroporto, sem ninguém falar, e depois passaram por camadas e camadas de segurança no embarque. Por que sempre era tão mais difícil sair de Moscou do que entrar na cidade?

Eles embarcaram em um voo quase vazio de volta a Nova York, viajando na classe econômica, com Cantrell e Griffin sentados juntos algumas fileiras atrás de Elon. Assim que decolaram do aeroporto, parecia que estavam livres novamente, e Cantrell e Griffin brindaram com uísque enquanto Elon mexia em seu laptop. Ele já estava fazendo planos para as etapas seguintes.

Mike, com o objetivo de provocar Elon, cutucou Cantrell e anunciou: "Que porra você acha que aquele sábio idiota lá de cima está fazendo?". Cantrell invocou um clássico cult da ficção científica, "O Plano 9 para salvar a humanidade, eu acho", e Elon se virou em seu assento e disse a eles: "Ei, pessoal, acho que nós mesmos podemos construir o foguete".

Mike disse a Elon que ele teria que passar por cima de um exército inteiro de cadáveres para chegar lá, que outros tentaram fazer isso e falharam, e Musk lhe disse: "Mas eu tenho uma planilha".

Cantrell, sarcasticamente: "Uau, nunca tivemos uma planilha de um foguete antes".

"Ah, vocês dois que se fodam", disse Elon, e voltou para o laptop, abrindo a planilha e os convidando para dar uma olhada. Os outros dois homens estavam revirando os olhos, mas inspecionaram o que Elon preparara e ficaram surpresos ao ver que era muito bom. Primeiros princípios: cada componente necessário e o custo provável, o que fazer *versus* o que comprar, o tamanho dos motores e o tamanho básico do foguete.

Mike perguntou a Elon: "Onde você conseguiu esse material?". Cantrell disse que Musk tinha estudado os livros de propulsão dele, mas Mike disse: "Mentira. Algo mais está acontecendo aqui. Elon conseguiu esse material de alguém". E acontece que Mike Griffin estava certo.

Elon passava os fins de semana com Chris Thompson e fabricantes de foguetes. Um deles estava construindo um motor de foguete a combustível líquido de 4,5 toneladas em sua garagem, e ele e seus amigos estavam gastando o dinheiro da cerveja na construção de foguetes de nove metros de altura e lançando-os no deserto. Lançamentos de teste em escala menor, na verdade.

Foi lá, observando esses foguetes subirem ao céu, que Musk teve uma espécie de epifania, como ele contou a Jim e Mike, e foi quando decidiu que eles deveriam construir o foguete de baixo para cima. E foi assim, basicamente, que a SpaceX começou, com Elon dizendo a eles que formariam uma empresa e construiriam o foguete sozinhos, e ele queria que ambos fizessem parte dela.

Os dois homens acabaram recusando a oferta de Musk. Para Cantrell, essa foi outra forma de insanidade, uma decisão tomada poucas horas depois de ser rejeitado em Moscou, embora agora ele perceba que Elon, na realidade, deve ter decidido isso antes mesmo de fazer a viagem. Na Rússia, ele estava apenas se certificando de que seus instintos estavam certos. Ninguém mais seria tão confiável e tão dedicado a essa busca quanto o próprio Musk, e, assim, ele lançaria um dos maiores e mais caros projetos faça-você-mesmo da história do mundo.

Jim Cantrell passou os meses seguintes ajudando a montar uma nova equipe de projetistas e construtores de foguetes, incluindo Chris Thompson. Cantrell deixou a empresa no final de 2002, pois duvidava que Musk fosse bem-sucedido no que queria fazer: produzir em massa foguetes enormes e de tamanho fora do comum para chegar a Marte a um custo de US$ 100 milhões por foguete. Ele não sabia como Musk conseguiria levantar o capital. Além disso, Cantrell estava cansado do mau humor de Musk. A última vez que Elon gritara com ele fora por causa da estimativa de Cantrell de quanto custariam os tanques de combustível em um foguete de fabricação própria. Musk telefonou para ele e disse que morderia a própria língua se Cantrell estivesse certo – e Cantrell acabou tendo razão, como ele contou mais tarde.

No total, ele ganhou talvez US$ 18 mil de Musk, comprou um Maserati antigo e depois o vendeu por US$ 25 mil. Musk transformou a SpaceX em uma empresa com quase US$ 9 bilhões por ano em receita e um valor total de talvez US$ 200 bilhões.

Duas décadas depois, a SpaceX continua a perseguir sua missão original: voar até Marte. Ela paga as contas dominando o setor de lançamentos espaciais comerciais. Transporta satélites para o espaço e leva astronautas para a Estação Espacial Internacional, cobrando centenas de milhões de dólares por ano do governo dos EUA. Também vende serviços de lançamento para governos internacionais e corporações multinacionais.

Ao longo do caminho, a SpaceX colocou mais de seis mil de seus próprios satélites na constelação Starlink, cada um com o tamanho aproximado de um sofá, com uma meta de doze mil até 2027 e 42 mil BIRDs.* Essa rede já pode cobrir quase todo o planeta com navegação, visibilidade, vigilância, internet sem fio de alta velocidade e outros serviços.

Hoje a Starlink cresceu e se tornou uma rede global de missão crítica, em âmbito econômico, estratégico e militar. Ela atende 2 milhões de clientes em sessenta países em todos os sete continentes. Os mais de seis mil BIRDs da SpaceX no ar se comparam a apenas 1.619 da Nasa e 3.203 da China. A empresa de Musk possui mais da metade de todos os satélites que pairam em órbita baixa, a cerca de 550 quilômetros acima da superfície da Terra.

No entanto, nada disso teria acontecido sem o enorme sonho de Elon Musk de chegar a Marte. E tudo isso aconteceu, mesmo que, vinte e poucos anos depois, ele ainda não tenha transformado o objetivo final em realidade. Se é que essa é a realidade verdadeira.

A SpaceX, avaliada em US$ 200 bilhões, faz com que a participação de 42% de Elon valha US$ 83 bilhões. A Starlink está avaliada em 40% desse valor, ou seja, US$ 80 bilhões, e Musk poderá, em alguns anos, emitir ações negociadas publicamente da própria Starlink. Mesmo que ele veja os acionistas como um milhão de pequenos ditadores, como disse certa vez a Cantrell. Mas quando seu patrimônio líquido atinge doze dígitos, quem se importa? Musk é motivado por muito mais do que dinheiro.

Cantrell percebe agora que, quando Musk visitou o projetista-chefe da Lavochkin e outros na Rússia em 2001, eles não tinham ideia de que aquele jovem nerd, malvestido e de camiseta estava carregando as sementes de sua própria destruição. Musk era um

---

* Acrônimo de Barrier Infrared Detectors, um tipo de satélite que funciona por detecção de raios infravermelhos. (N.T.)

monstro criado por eles mesmos. A SpaceX esmagou os russos, os franceses e todos os outros no negócio espacial privado que cresceu nas duas décadas seguintes.

Os maiores sonhos exigem um suprimento inesgotável de esperança, e Jim Cantrell às vezes fala sobre um experimento realizado na década de 1950 que abordou esse assunto. Um grupo de ratos foi solto em um tanque de água e não conseguiu se agarrar a nenhuma das paredes laterais para ter uma chance de escapar. Depois de vinte minutos, exaustos, eles se afogaram.

Em seguida, um segundo grupo de ratos foi colocado no mesmo tanque de água e, pouco antes de se afogarem, foram puxados para fora e resgatados. Quando esses mesmos ratos eram colocados de volta na água mais tarde, eles pisavam na água e escorregavam contra as paredes, repetidas vezes, por horas, esperando ser resgatados. A esperança é um poderoso motivador. A persistência é fundamental para a sobrevivência.

Elon Musk deveria ser uma inspiração para todos nós, argumenta Cantrell, mostrando-nos que nenhum sonho é grande demais. O problema é que a maioria das pessoas desiste muito cedo. A maneira mais segura de perder a corrida é desistir dela, Cantrell gosta de dizer. Na corrida para Marte, Elon Musk continua na disputa para vencê-la.

L I Ç Ã O 9

SEMPRE APOSTE EM SI MESMO, E DOBRE A APOSTA

Os primeiros dias. Zip2, PayPal, SpaceX

Três anos depois do maior salto da minha carreira – após 25 anos como jornalista do *Wall Street Journal* e depois da *Forbes*, para a televisão, como âncora da CNBC –, enfrentei uma decisão repleta de implicações financeiras e pessoais. Meu primeiro contrato estava prestes a ser renovado, e não estava claro se a emissora iria me manter.

É certo que minha transição foi difícil, com brigas no ar com outros talentos, reclamações de convidados sobre as perguntas que eu fazia e uma briga com blogueiros que zombavam de mim e que foi manchete. Também apresentei um programa noturno no horário nobre que foi cancelado após cinco meses. Além disso, se a CNBC decidisse me mandar embora, ela tinha o direito de me manter afastado e incapaz de assinar um novo contrato em qualquer outro lugar por seis meses. O que seria prejudicial tanto para meu valor de revenda quanto para minha renda.

No momento em que estava avaliando minhas chances de voltar a assinar contrato, deparei-me com um lindo apartamento de dois quartos no Brooklyn que eu queria comprar. Nos oito anos desde o meu divórcio até aquele momento, eu gastava US$ 40 mil por ano com aluguel, sendo que passei por três apartamentos diferentes. Um desperdício de mais de US$ 300 mil, que poderia ter sido investido em uma casa própria.

Agora eu poderia dar uma entrada de 20% em um apartamento de 1 milhão de dólares, se eu realmente me esforçasse e esgotasse todas as minhas economias para fechar o negócio. Mas e se a CNBC me cortasse? Eu poderia perder o apartamento e o pagamento da entrada por causa de eventos totalmente previsíveis. Assim, quando meu contrato estava acabando, abordei o assunto com o CEO da CNBC, Mark Hoffman, um dia, quando ele desceu as escadas curvas principais e entrou na sala de redação. Ele tinha um metro e noventa de altura e usava isso a seu favor. Contei a ele sobre minha situação e o apartamento à venda e perguntei se, caso estivesse no meu lugar, ele o compraria.

"Você deve sempre apostar em si mesmo", respondeu Hoffman.

Para ele, é fácil dizer isso: ele já havia conseguido, e também tinha um metro e noventa de altura! E este foi seu único argumento: sempre aposte em si mesmo. Ele não ofereceu nenhuma garantia de que meu contrato seria renovado. Então, em vez de correr o risco e comprar o apartamento, continuei alugando. O negócio da TV era imprevisível demais, muito pouco confiável.

Um mês depois, a CNBC ofereceu a renovação do meu contrato, mas com um corte de 30% no salário. Graças ao meu agente, consegui ir para a Fox Business Network sem redução de salário e me senti vingado. Mais de uma década depois, percebo que minha escolha de continuar alugando foi a pior decisão de investimento que já tomei. Os preços dos imóveis em Nova York estão bem mais altos agora, e ainda sou locatário. Investi mais meio milhão de dólares em aluguéis que nunca recuperarei. Tudo isso porque não estava disposto a apostar em mim mesmo – e a realmente apostar tudo.

Há uma lição nisso, não é mesmo? Elon Musk aprendeu há muito tempo. Sempre aposte em você. E aposte tudo, porque você sabe que pode cumprir o prometido. Musk fez isso repetidas vezes, em uma escala impressionante, e o fez muito antes de ter construído um baú de guerra de incontáveis bilhões de dólares em riqueza. Musk fez isso desde o início da carreira, como um jogador de poker bem-preparado que aposta alto em uma mesa de US$ 2.000 no Bellagio, em Las Vegas, e que continua ganhando pilhas de fichas e deixando metade delas passar. Musk continuou apostando tudo mesmo quando as apostas e os riscos se tornavam cada vez maiores.

De onde ele tira essa coragem? A autoconfiança inabalável é um pré-requisito para sempre apostar em si mesmo. Isso é um produto da natureza ou da criação, codificado em seu DNA ou instilado por sua mãe durona? Ou foi desbloqueado nele como uma resposta furiosa a um pai que ele considerava ruim?

Minha própria mãe, que criou meu irmão e a mim sozinhos desde que tínhamos doze e treze anos, tentou aumentar nossa autoconfiança, mas também nos preparou para a decepção. Quando contei a ela sobre meus planos de concorrer ao conselho estudantil nos últimos anos do ensino fundamental, ela disse: “Puxa, ótimo, mas não tenha muitas esperanças”. Isso se tornou um refrão recorrente. Somente muitos anos depois é que me ocorreu perguntar: *Por que não?* Apostar sempre em si mesmo pode parecer fora de alcance para muitos de nós. Pelo menos, talvez pensemos dessa forma, para nosso próprio prejuízo.

Somente a nata da colheita chega ao topo; o restante de nós está aqui embaixo, na escória, com todos os outros. E sabemos disso. Ou talvez o problema seja o fato de aceitarmos isso quando pode haver uma opção melhor. É mais seguro se agarrar ao que você tem do que continuar deixando seus vencedores se desenvolverem, como faz Elon Musk. Somos treinados para esperar menos, para nos contentar com menos, em vez de sermos incentivados a esperar mais e exigir mais. A Bíblia, cujas primeiras partes foram estabelecidas há 2.700 anos, diz que Deus conforta os humildes e que o orgulho precede a queda da graça.

Você recebe o que recebe e não deve ficar chateado: minha filha aprendeu essa lição aos seis anos em sua escola no Brooklyn (não importa que fosse uma escola particular que cobrava US$ 40 mil por ano de mensalidade). Somos controlados por nossos pais e professores e ensinados a ser modestos e, mais tarde, somos reprimidos por nossos colegas e empregadores e, talvez, pela própria natureza humana.

E assim, sem essa fé permanente em nós mesmos, acabamos conquistando menos, ganhando menos e talvez até vivendo menos. Vivendo vidas de desespero silencioso, como disse Henry David Thoreau em *A vida nos bosques*, publicado originalmente em 1854. Em vez de viver em grande estilo e em voz alta.

Elon Musk faz totalmente o contrário. E o mais importante é que essa autoconfiança flutuante e permanente provavelmente foi mais um *precursor* de seu sucesso do que o resultado dele. Elon acreditava em si mesmo e em seu destino muito antes de ter realizado qualquer coisa. Assim, apostou em suas próprias capacidades antes que elas fossem comprovadas e, dessa forma, impôs a si mesmo uma pressão para que cumprisse o prometido, para estar à altura do risco que estava assumindo, com o espectro do fracasso sendo tão devastador que ele se recusou a considerá-lo.

A esta altura, podemos entender como Elon pode estar tão disposto a apostar em si mesmo, dada a construção mental e social que ele criou para a própria vida. De certa forma, isso começou quando Elon Musk, aos dezessete anos, deixou seu país natal, a África do Sul, para começar a buscar uma vida melhor nos Estados Unidos, parando primeiro no Canadá, onde sua mãe, Maye Musk, havia nascido. Elon tuitou (em 2018) que chegou com US$ 2 mil em seu nome, uma mochila e uma "mala cheia de livros".

Ele se matriculou na Universidade Queen, em Kingston, Ontário, e dois anos depois se transferiu para a Universidade da Pensilvânia com uma bolsa de estudos. Na Pensilvânia, ele se formou em economia e física, uma combinação presciente para fundar a SpaceX uma década depois.

Em 1995, Musk mudou-se para a Universidade de Stanford, perto de Palo Alto, na Califórnia, a alma do Vale do Silício. Com uma dívida estudantil de US$ 110 mil, ele estava lá para fazer um doutorado em física, mas, dois dias depois, desistiu e apostou em si mesmo novamente. Musk queria surfar na onda das empresas ponto-com, então se juntou ao seu irmão mais novo, Kimbal, e a um amigo, Gregory

Kouri, para formar uma startup chamada Global Link Information Network, em 1995 (Kouri viria a investir com Musk no PayPal e na Tesla, antes de morrer de ataque cardíaco, aos 51 anos, em 2012).

A Global Link não foi nem um pouco milagrosa em seu princípio. Musk comprou uma lista com endereços da cidade e pegou emprestado um software de mapeamento de uma empresa chamada Navteq, juntando os dois para criar um guia da cidade para restaurantes e lojas, três anos antes do advento do Google.

Acontece que o pai de Elon havia investido os US$ 28 mil que Elon havia pegado emprestado para começar. Para economizar dinheiro, Elon e seu irmão moravam no escritório alugado da startup, apesar de não ter chuveiro. Imbuído de muita confiança em suas poucas habilidades de programação, Musk escreveu o código original sozinho.

Em 1996, Musk levantou US$ 3 milhões da empresa de capital de risco Mohr Davidow Ventures para obter uma participação majoritária, e a empresa foi renomeada para Zip2. Como em *Zip Code*, código postal. Uma nova equipe de programadores profissionais chegou e reescreveu o código de Musk do zero, descrevendo-o mais tarde como um "novelo emaranhado", por ser uma massa de complicações confusas.

Os novos proprietários insistiram que Musk abrisse mão da maior parte de sua participação na Zip2 e deixasse o cargo de CEO em favor de um executivo mais experiente: Richard Sorkin, um MBA de Stanford que havia trabalhado na Apple, na NeXT, de Steve Jobs, e em uma série de startups. Elon permaneceu como diretor de tecnologia e, a partir dali, passava suas noites reescrevendo o código produzido pelos programadores da Zip2, o que eles consideraram uma "decepção".

Musk concebeu a Zip2 como um serviço ao consumidor que permite que você peça uma pizza online e use um mapa para ir buscá-la. Sorkin, por outro lado, posicionou a Zip2 como uma fornecedora para jornais que queriam evitar ser esmagados pela onda da internet. Centenas de pessoas se inscreveram, lideradas pelo *New York Times*.

Em 1998, Sorkin tentou fundir a Zip2 com a rival CitySearch, e Elon Musk organizou um motim na diretoria. Sorkin se afastou do cargo de CEO (e permaneceu como presidente do conselho) e foi substituído por Derek Proudian.

Um ano depois, perto do auge da bolha da internet, a Zip2 foi vendida para a Compaq Computer por US$ 307 milhões em dinheiro. Musk ganhou US$ 22 milhões pessoalmente com a venda. Com 28 anos na época, ele pegou o primeiro milhão e comprou um carro esportivo McLaren, uma compra pouco aconselhável: não vale a pena gastar US$ 1 milhão para comprar um carro, em lugar nenhum, e ele perde 30% do valor assim que sai da concessionária.

Embora o ganho inesperado fosse suficiente para o resto de sua vida, meses depois Musk formou a X.com, buscando o "aplicativo completo" e financiando-o com US$ 12 milhões da generosidade ganha da Zip2. Isso desafiou o protocolo do Vale do Silício, onde a maioria dos sonhos de startups é financiada pelo dinheiro de outras pessoas. Usar seu próprio dinheiro nessa escala beira a loucura.

O velho ditado atribuído a Abraham Lincoln vem à mente: um réu que representa a si mesmo no tribunal tem um tolo como cliente. Da mesma forma, um empresário que financia sua própria startup, na escala de Elon, pode ter um tolo como financiador. No entanto, essa é uma maneira fundamental de fazer negócios no ethos de Musk.

Como Elon disse a um repórter da CNN em uma entrevista em 1999, pouco depois de iniciar a nova empresa: "É como uma série de jogos de pôquer, e agora eu fui para um jogo com apostas mais altas e carrego essas fichas comigo. Gastei quase todas essas fichas de volta no novo jogo".

O X.com se tornou um dos primeiros bancos online com seguro federal e registrou duzentos mil clientes rapidamente. Mas enfrentou a concorrência acirrada de outra startup, a Confinity, criada por Peter Thiel e Max Levchin. Porém, eles não tinham o financiamento abundante de que o X desfrutava, graças ao financiamento do próprio Musk.

Um ano mais tarde, em março de 2000, Thiel e Musk se encontraram pessoalmente para discutir uma possível fusão, e Elon foi buscar Thiel em seu McLaren. Uma demonstração de poder. Foi quando, conforme relatado no famoso livro *Os fundadores*, Thiel perguntou a Musk: "Então, o que essa coisa consegue fazer?". Musk respondeu: "Veja isso", e arrancou. O carro de 1 milhão de dólares girou, voou para o alto e bateu, destruindo totalmente o veículo.

Foi um milagre – dentro da simulação, talvez – que eles tenham sobrevivido e, mais ainda, que tenham saído ilesos, afastando-se do acidente e pegando carona para a reunião seguinte. Segundo consta, o McLaren não tinha seguro. Às vezes, apostar em suas habilidades pode ir longe demais.

Sem se intimidar com essa reviravolta bizarra, ou talvez unidos por ela, eles fizeram a fusão no mesmo mês e deram à empresa combinada o nome do produto da Confinity, PayPal. Musk assumiu o cargo de CEO, e o objetivo inicial era lidar com pagamentos online para usuários do PalmPilot. Um mercado restrito e malfadado, como viria a se revelar.

Mais uma vez, Elon entrou em conflito com sua diretoria. Ele queria que o PayPal se tornasse uma plataforma bancária e de investimento para todos os usuários, enquanto Thiel e Levchin queriam restringir o foco a um esquema de pagamento online. Em 2000, a diretoria demitiu Musk e o substituiu por Peter Thiel – enquanto Musk estava no meio do voo para Sydney com sua primeira noiva, Justine, para iniciar a lua de mel.

Assim que aterrissaram, Musk embarcou em um voo de volta para os Estados Unidos para que pudesse confrontar a demissão pessoalmente em Palo Alto. Ele deve ter pensado: *Demonstre um momento de humanidade, e eles o ferrarão por isso.*

Então, Elon Musk apostou em si mesmo mais uma vez, em uma escala ainda maior. Ele saiu do PayPal para trabalhar por conta própria, deixando para trás seu amado nome de domínio X.com. Então veio a oferta pública de ações do PayPal, no início de 2002, que dobrou o patrimônio de Musk para US$ 60 milhões em um único dia, e semanas depois ele fundou a SpaceX. A participação de Musk no PayPal triplicou para quase US$ 180 milhões quando ele foi adquirido pelo eBay no outubro seguinte, liberando Elon para financiar a startup de foguetes com US$ 100 milhões de seu próprio dinheiro.

Mesmo quando Musk chega atrasado a um empreendimento, em vez de criá-lo, ele aposta em suas habilidades para desbloquear o desempenho superior que escapou dele no passado. Sua aposta na Tesla começou com US$ 6,5 milhões em 2004 e cresceu para US$ 70 milhões nos quatro anos seguintes, antes de ele assumir o cargo de CEO. Assumir o controle foi uma aposta ainda maior em suas próprias habilidades.

Muitos anos depois, em seu auge, no final de 2021, quando as ações da Tesla estavam a US$ 250 cada, a participação de Musk (17% da empresa na época) valia US$ 135 bilhões. Isso representou um retorno surpreendente mais de 1.900 vezes maior em quinze anos sobre seu investimento de US$ 70 milhões, um retorno médio anual de 13% ao ano durante quinze anos seguidos – 30% melhor do que o retorno anual do índice de ações S&P 500 no mesmo período.

Dois anos depois de investir na Tesla, Musk se aliou a seus primos, Lyndon e Peter Rive, para formar a SolarCity, uma empresa iniciante de painéis solares, em 2006. Dessa vez, Musk estava apostando em seus primos, e não em si mesmo, e investiu mais de US$ 30 milhões na empresa, detendo uma participação de 22%. Em comparação com seu histórico estelar, a SolarCity foi um fracasso – embora o investimento de US$ 30 milhões de Musk tenha crescido para mais de US$ 500 milhões quando a Tesla comprou a Solar City, por US$ 2,6 bilhões, em 2016. Esse valor foi pago a Musk e a outros investidores da SolarCity em ações da Tesla.

Posteriormente, ações judiciais de acionistas alegaram que se tratava de um acordo vantajoso em termos inadequadamente generosos para a SolarCity, que estava à beira da falência quando a Tesla a comprou. Os outros membros da diretoria da Tesla concordaram em resolver o litígio por US$ 60 milhões, mas Musk optou por ir na direção oposta. Ele lutou contra a ação judicial, insistindo que o negócio havia sido feito a um preço justo, com base em avaliações independentes e alcançado em negociações justas.

Um juiz de primeira instância em um tribunal de Delaware concordou, os autores recorreram e o tribunal superior do estado ficou do lado de Elon em todos os pontos principais. Xeque-Musk.

Em 2014, Musk deu a entender mais de suas ideias futuristas em seu bate-papo no palco com seu futuro biógrafo oficial, Walter Isaacson, na conferência da *Vanity Fair* em São Francisco. Na sessão de perguntas e respostas no final, Elon começou a falar sobre a teoria da simulação, o que deu início a uma série de observações que pressagiavam novos negócios nos próximos anos.

Uma pessoa que fez uma pergunta se aproxima do microfone e diz que seu nome é Danielle e que é uma arquiteta que trabalha com alunos da Stanford School of Business. Eles estavam planejando formas inovadoras de resolver grandes problemas nas cidades. "Identificamos Detroit como nosso principal alvo", ela lhe diz, e depois pergunta: "O que você vê como inovação em toda a cidade?".

De repente, Elon fala sobre a ideia de camadas de túneis subterrâneos de alta velocidade sob as cidades (a Boring Company, que ele criaria três anos mais tarde, é o início desse sonho de longo prazo).

Elon: Pode parecer banal, mas, sinceramente, acho que os túneis deveriam ser muito mais considerados. Então, quero dizer, se você olhar para uma cidade, verá que há todos esses prédios de apartamentos e prédios de escritórios e que eles estão em vários níveis. Por exemplo, há uma média de, em Manhattan, não sei qual é, uma média de trinta andares ou algo assim, mas então você tem uma rua, que tem um andar. Esse é um problema óbvio. Tipo, você tem uma proporção de trinta para um de, sabe...

Walter: Então, deveríamos ter rodovias com várias camadas, subterrâneas, empilhadas?

Elon: Sim. Você também pode ter túneis. Os túneis não precisam seguir os edifícios. Eles podem ser... podem ir na diagonal. Sim. [*Vendo isso em sua mente agora*] E você pode ter quantos níveis quiser. Então, na verdade, é apenas o custo de construção dos túneis. Mas, na verdade, um túnel é um buraco no chão. Será que pode ser tão difícil assim? [*Risos da plateia*] Portanto, parece que, se alguns empreendedores se esforçarem para construir túneis, isso efetivamente transformará as cidades do mundo todo.

Isaacson lhe pede mais ideias, e Elon faz um tour pela plausibilidade da ficção científica.

Elon: São espécies de túneis. Túneis e tubos. E para viagens de longa distância, eu realmente acho que a aeronave supersônica elétrica de decolagem e aterrissagem vertical é o caminho a seguir. E acho que é muito viável.

Portanto, esse seria o caminho a ser seguido para o transporte de longa distância, por exemplo, se você tiver de percorrer mais de oitocentos quilômetros, porque assim você resolve o problema de integração em longas distâncias. Para distâncias mais curtas, considerando que há o tempo perdido para subir e descer abaixo dos oitocentos quilômetros, as aeronaves não são uma ideia tão boa. Portanto, é por isso que acho que algum tipo de tubo a vácuo é uma maneira melhor de viajar.

Walter: O que é um tubo a vácuo?

Elon: Bem, sabe, apenas algo em que você reduz a densidade do ar para que o arrasto seja drasticamente reduzido, então é como se você fosse teletransportado para a altitude. E você pode ir muito mais rápido e não precisa ter os problemas de subida e descida.

Essa ideia de um "hyperloop" ajudou várias startups a arrecadar centenas de milhões de dólares de outros investidores para levá-la adiante. Algumas respostas mais tarde, Walter Isaacson pergunta a Musk sobre o PayPal, a empresa que Elon deixou em 2000 depois que a diretoria rejeitou sua visão do "aplicativo para tudo". O eBay agora estava desmembrando o PayPal como uma empresa pública separada, e Isaacson perguntou a ele: "Você está um pouco decepcionado com a maneira como o PayPal procedeu?".

Elon: "Sim, o PayPal definitivamente... quero dizer, não mudou muito desde quando foi comprado pelo eBay. A visão de longo prazo que eu tinha para o PayPal ou, de certa forma, para o setor financeiro, era – bem, parece um pouco estranho – converter o sistema financeiro de uma série de bancos de dados heterogêneos e inseguros em um único banco de dados ou, bem, não em um único banco de dados, então talvez houvesse mais alguns."

Ele continua: "O dinheiro é apenas um número em um banco de dados. É isso que ele é. E é principalmente um mecanismo de informação para alocação de mão de obra. E os bancos de dados atuais não são muito eficientes. Eles são, sabe, esses antigos mainframes legacy que não se comunicam muito bem entre si, têm pouca segurança e só fazem o processamento em lote uma vez por dia". Ele, então, diz que a cisão do PayPal foi um movimento certo.

"Acho que eu o converteria em uma instituição financeira de serviço completo. Por que você só quer fazer as coisas que gastam tempo. Você quer ter, por exemplo, todos os serviços financeiros de que alguém precisa em um só lugar, perfeitamente integrados e fáceis de usar. E eu me preocupo muito, muito mesmo com o consumidor. Acho que muitos bancos parecem não se importar muito com o cliente. Portanto, acho que há uma oportunidade de ser, por exemplo, um banco muito bom, de fato, mas muito mais do que as pessoas pensam."

Walter Isaacson responde a uma última pergunta de um repórter da Reuters, que questiona sobre um esforço recém-revelado do governo indiano para enviar uma sonda espacial a Marte por apenas US$ 75 milhões, um oitavo do custo de um esforço semelhante da Nasa. Musk chama isso de "uma missão muito impressionante, já que foi executada por uma entidade governamental", e passa para outro sonho futurista seu: Marte.

"Em última análise, temos que ser capazes de realizar missões a Marte por muito menos do que isso. Caso contrário, será impossível estabelecer uma civilização autossustentável em Marte. Porque teremos que transportar milhões de toneladas de carga, milhões de pessoas, e o custo da mudança para Marte tem que ser acessível. Caso contrário, as pessoas não terão condições de ir. Portanto, é preciso reduzir algumas ordens de grandeza desse nível, eu diria que bem abaixo de 1 milhão."

Muito disso foi uma pista para os planos futuros que estavam por vir. Um ano depois, em 2015, Musk ajudou a fundar a OpenAI, querendo que ela se tornasse um contrapeso para o Google e a Microsoft, que haviam recrutado cerca de dois terços dos cientistas de IA do mundo. Mas em 2016 ele se separou da diretoria da OpenAI. Ele queria que a OpenAI fosse uma organização sem fins lucrativos e de código aberto, um software "gratuito" que qualquer pessoa pudesse copiar, usar e atualizar com melhorias. A diretoria estava mais interessada no potencial lucrativo. Em vez de se curvar à vontade dos outros membros da diretoria, Musk fez as malas e se demitiu. Ele voltaria ao assunto; uma vez que ele se decidisse por algo, sempre voltava ao assunto.

Musk fundou a Neuralink no mesmo ano para explorar a incorporação de chips de computador em cérebros humanos. Somente oito anos depois ele obteve a aprovação federal para inserir o primeiro chip de teste no cérebro de um jovem tetraplégico chamado Noland Arbaugh, que foi submetido a uma cirurgia em janeiro de 2024. O vídeo de Arbaugh usando apenas o cérebro para mover um cursor em uma tela de computador chamou a atenção da mídia. Mais tarde, o paciente se gabou para Joe Rogan de que o chip lhe daria uma vantagem injusta nos videogames, permitindo que ele puxasse o gatilho antes mesmo de pensar.

Em seguida, Musk formou outra empresa: a Boring Company, para escavar túneis subterrâneos para desviar o tráfego. Essas foram apostas de longo prazo, de décadas, na visão pessoal de Musk sobre o rumo que a tecnologia está tomando e onde ela pode ser implantada para obter o máximo benefício. Ele estava financiando ideias que pareciam muito bizarras para serem seguidas por outras pessoas, e isso se deveu à confiança que ele tinha em seus próprios palpites.

Em 2017, finalmente, Elon Musk readquiriu o nome de domínio X.com que ele havia deixado para trás no PayPal no ano 2000. Ele pagou US$ 1 milhão ao PayPal por ele. Como Musk tuitou em 10 de julho de 2017: "Obrigado, PayPal, por me permitir comprar de volta o X.com! Não tenho planos no momento, mas ele tem um grande valor sentimental para mim". Um dissimulado. Ele tinha planos o tempo todo.

Enquanto isso, a OpenAI recebeu um investimento de US$ 1 bilhão da Microsoft em 2019, seguido por uma infusão de US$ 10 bilhões da gigante do software em janeiro de 2023, em troca de uma participação de 49%. Com isso, casou-se com um dos dois gigantes que Musk esperava combater.

Então, Musk apostou em si mesmo mais uma vez. Em março de 2023, ele registrou o nome corporativo xAI e, em julho, apresentou a nova empresa ao mundo. No final do ano, ele apresentou o Grok, um novo chatbot de IA destinado a superar o ChatGPT. Ele tem um "modo divertido" que é sarcástico *à la O guia do mochileiro das galáxias*, de Douglas Adams.

Nessa época, Elon já tinha feito a maior aposta em si mesmo que já havia realizado, adquirindo o Twitter por US$ 44 bilhões. Em seguida, ele relançou a plataforma como X.com, em julho de 2023, usando o nome de domínio que havia comprado de volta do PayPal em 2017. Assim, retomou a estratégia que queria executar em 2000, ao mesmo tempo em que visava um negócio central do PayPal.

Musk investiu pessoalmente US$ 30 bilhões para assumir o controle do Twitter. Ele começou a comprar as ações em 31 de janeiro de 2022 e gastou US$ 3 bilhões para adquirir uma participação de 9,2% até abril. Para comprar tudo isso, investiu mais US$ 27 bilhões em dinheiro. Uma aposta muito grande, de fato. Para levantar o financiamento, Musk vendeu US$ 15,5 bilhões em ações da Tesla e tomou emprestados US$ 12,8 bilhões do Morgan Stanley e de outros titãs, usando as ações da Tesla como garantia. Ele também juntou US$ 7,1 bilhões de outros dezoito investidores, incluindo Fidelity, Sequoia, o fundo de capital de risco Andreessen-Horowitz e seu amigo Larry Ellison, fundador da Oracle.

O príncipe saudita Alwaleed bin Talal também investiu, assim como o fundo soberano do Qatar. Isso ainda pode levar a um escrutínio federal do acordo com o Twitter, uma vez que Elon é o prego que se destaca. Portanto, o acordo com o Twitter ilustra um axioma de liderança da estratégia de aposta em si mesmo: quando você lidera o caminho apostando em si mesmo, os outros ficam mais dispostos a segui-lo. Sua aposta em si mesmo estimula a disposição dos outros. Porque você é o que mais tem a perder.

O X é uma aposta de longo prazo, e um ano não é suficiente para medir seu sucesso ou fracasso. Apesar de um ano de existência, o grupo de investidores de Elon Musk perdeu mais de US$ 4 bilhões, com a Fidelity reduzindo seu investimento de US$ 316 milhões em 65%, e a estrela investidora da tecnologia Cathie Wood, da ARK Investment Management, cortando 47% do valor declarado de sua participação no Twitter. Enquanto isso, Morgan Stanley e os outros credores tiveram uma queda de US$ 2 bilhões no valor de revenda de seus US$ 12,8 bilhões em empréstimos de ações do Twitter. Ai!

Mas suas perdas no papel são insignificantes em comparação com as do próprio Musk: sua participação de US$ 30 bilhões caiu US$ 19 bilhões um ano após a compra do Twitter. Por outro lado, ele está protegido por uma margem de erro muito maior para fazer apostas ruins, agora que seu patrimônio líquido às vezes ultrapassa US$ 200 bilhões. A quantidade de zeros é impressionante em sua conta, e a capacidade de Musk de apostar em si mesmo parece não ter paralelo com a vida vivida pelo resto de nós. No entanto, os mesmos princípios estão em jogo, quer você tenha um patrimônio de bilhões de dólares ou menos de US$ 1 milhão.

De qualquer forma, você ainda tem que escolher se quer apostar mais em si mesmo, se quer se arriscar e assumir o risco maior e o tombo mais difícil se as coisas derem errado. Você ainda terá que trabalhar mais do que todos os outros para fazer jus à sua aposta. Em qualquer nível, ainda precisa enfrentar rivais, inimigos e detratores e seguir sua própria narrativa em vez da deles.

E, independentemente de estar construindo uma fortuna de 1 bilhão de dólares ou um fundo de aposentadoria de 1 milhão de dólares, a tarefa exige busca incessante e persistência, devoção diligente e foco intenso. E anos de compromisso para continuar trabalhando nela. Devemos ser capazes de suportar contratempos após contratempos e continuar avançando. Devemos ser fortalecidos pelo autoconhecimento de que temos a resistência e as habilidades para fazer com que nossa aposta em nós mesmos seja melhor do que nunca.

A autoconfiança pode se pagar por si mesma, se nos mantivermos fiéis a ela e formos espertos. Devemos estar dispostos a ir em frente. Apostar em nós mesmos, sempre, e trabalhar arduamente nos próximos anos para obter resultados.

LIÇÃO 10

É MELHOR LANÇAR E SE DESTRUIR DO QUE NUNCA LANÇAR

Progresso e retrocessos na SpaceX

Na totalidade do ano de 2023, a SpaceX realizou um recorde de 96 lançamentos de foguetes bem-sucedidos. Cada espaçonave transportou satélites para o espaço, com a seção do primeiro estágio retornando com sua própria energia para pousar verticalmente e, de forma notável, de volta ao ponto de partida ou até mesmo em uma plataforma flutuante de drones no meio do mar.

Entre os feitos mais notáveis que a SpaceX realizou em 2023:

A empresa realizou 91 lançamentos do Falcon 9, além de cinco lançamentos do Falcon Heavy, em comparação com apenas 61 missões no ano anterior. Isso equivale a um novo lançamento a cada quatro dias. A SpaceX lançou o Falcon 9 mais vezes em um ano do que na primeira década completa após a chegada do Falcon; uma nave já voou dezenove vezes, um recorde. A empresa também registrou seu 250º pouso de um foguete orbital e conseguiu lançar dois foguetes com apenas três horas de intervalo, algo nunca visto desde 1966.

No final de dezembro, um foguete Falcon Heavy decolou do Centro Espacial Kennedy, em Cabo Canaveral, na Flórida, para colocar em órbita uma carga útil ultrassecreta: o avião espacial X-37B da Força Espacial dos EUA. A aeronave não tripulada, um miniônibus de nove metros de comprimento que pousa como um avião, permaneceu em órbita por mais de novecentos dias em sua missão anterior. Ela realiza experimentos automatizados sobre energia solar, os efeitos da radiação e outros fenômenos.

Essa procissão impressionante, no entanto, não conseguiu cativar a mídia, que, em vez disso, se concentrou em dois grandes e espetaculares fracassos.

Em 20 de abril de 2023, representado nos Estados Unidos como 4/20, uma data apropriada, dadas as piadas que Elon Musk faz sobre maconha e "420", a Starship, o foguete de última geração que um dia nos levará a Marte, está de pé na plataforma de lançamento em Boca Chica, no Texas. A Starship está prestes a passar por seu primeiro voo de teste completo como um monstro imponente e totalmente empilhado: o propulsor Super Heavy de primeiro estágio, encimado pelo veículo Starship de segundo estágio. Isso depois de cinco anos de protótipos, testes de fogo estático e várias decolagens e aterrissagens que terminaram em explosões.

Se tudo corresse conforme o planejado, o foguete decolaria de Boca Chica e dispararia seu primeiro estágio, que cairia de volta à Terra para um "pouso forçado" no Golfo do México sete minutos depois. Em seguida, a nave Starship de estágio superior orbitaria o planeta por cerca de meia volta antes de aterrissar no oceano Pacífico, próximo ao Havaí. Novamente, se tudo corresse como planejado.

A ideia de tentar lançar essa enorme nave no espaço parecia quase impossível. A Starship é o maior e mais potente foguete já fabricado. É um monstro de proporções magníficas, tão grande, tão alto e imponente que é quase assustador vê-lo pessoalmente.

O próprio Elon parece quase admirado com o peso e a escala da Starship. Como ele disse a um entrevistador do podcast *Full Send* em agosto de 2022:

> A Starship é gigantesca em comparação com qualquer coisa que já tenha sido feita antes. Não se trata de uma coisa minúscula que aterrissa na lua. Trata-se de uma nave espacial gigantesca que aterrissa na Lua. Ela é capaz de colocar cem toneladas de carga útil na Lua, ou seja, muita coisa. Você poderia construir uma base lunar com a Starship. Portanto, podemos ir muito além do que foi feito com o programa Apollo,

> em que eles tinham apenas um pequeno módulo de pouso e ficavam na superfície da lua por algumas horas, depois voltavam e decolavam. O programa Apollo não foi capaz de construir uma base lunar. Mas o sistema Starship é. Quero dizer, ele foi projetado para ser capaz de construir uma cidade na Lua ou em Marte. É isso que o sistema foi projetado para ser capaz de fazer.

Essa nave espacial tem cerca de 120 metros de altura ou quarenta andares (em comparação com os 92 metros da Estátua da Liberdade e seu pedestal). E nove metros de diâmetro, com um peso de cinco mil toneladas, com o tanque cheio.

Isso é 72% mais alto do que o Falcon 9 (com 70 metros de altura) e mais do que o dobro do diâmetro do Falcon de três metros – e mais de nove vezes o peso total do Falcon, de 544 toneladas, apesar de seu casco leve de aço inoxidável. Se o tamanho importa – e importa –, então a Starship importa muito.

E o empuxo também é importante. O Falcon 9 é alimentado por nove motores Merlin, cada um com três metros de comprimento e pouco menos de um metro de diâmetro, com um peso de quase 640 quilos e um empuxo de 86 toneladas de força. Por outro lado, o propulsor Super Heavy da Starship será alimentado por 33 motores da nova classe Raptor. Além disso tudo, o veículo espacial da Starship tem mais seis Raptors.

A SpaceX projeta e produz o Merlin e o Raptor inteiramente nos EUA. Uma raridade. Cada motor Raptor de três metros de altura é 40% mais largo em diâmetro do que o Merlin e pesa quase três vezes mais (1,5 tonelada), com duas vezes e meia mais força de empuxo (230 toneladas). Isso se compara às 28 toneladas de empuxo para um avião a jato Boeing 767.

O Raptor tem uma relação empuxo/peso de 143,8, o que significa que o motor do foguete pode elevar um objeto que pesa 143,8 vezes mais do que seu próprio peso. Isso é muito. A força de 33 Raptors disparando juntos seria tão poderosa que o próprio Elon Musk, em uma chamada ao vivo no Twitter Spaces em 16 de abril de 2023, comparou-a a uma caixa de granadas. "Sabe, granadas enormes." Ele se preocupou com a possibilidade de a plataforma de lançamento sobreviver a isso, acrescentando que poderia levar vários meses para reconstruí-la se ela derretesse.

"Eu consideraria qualquer coisa que não resultasse na destruição do próprio suporte de lançamento (...) como uma vitória", disse Musk a seus assinantes na chamada do Twitter Spaces. "Se nos afastarmos o suficiente da plataforma de lançamento antes que algo dê errado, eu consideraria isso um sucesso. Apenas não explodam a plataforma de lançamento." Uma métrica reveladora.

A essa altura, para Elon, o fracasso era um copiloto constante na SpaceX. O caminho para esse primeiro teste de voo completo da Starship em 20 de abril foi repleto de percalços frequentes e vários contratempos. Essa mãe de todos os foguetes foi desenvolvida entre os anos 2012 e 2018, seguidos de cinco anos de construção e testes. A SpaceX inovou e iterou continuamente em etapas pequenas e incrementais, veloz e furiosamente, produzindo protótipos em massa e queimando-os com uma despreocupação descarada.

Essa imponente nave espacial pronta para o lançamento era a Ship 24, o 26º modelo que a SpaceX projetou e construiu em cinco anos. Quinze deles foram descartados antes dos testes. Antes desse, outros oito explodiram em algum ponto do processo. Tentar, tentar de novo, e voar, voar de novo. A SpaceX e seus treze mil funcionários não se intimidam com os fracassos e são estimulados pelos contratempos, graças à liderança e ao otimismo incessante de seu CEO, que esteve em Boca Chica para cada lançamento da Starship. E para cada explosão.

A essa altura, esses cadetes da SpaceX já estão condicionados por outra das Onze Lições de Elon: é melhor lançar e destruir do que nunca lançar. No mundo de Elon, deixar de lançar é um dos piores pecados que você pode cometer, junto com a procrastinação, que ele odeia, especialmente nas pessoas que trabalham para ele. Essas duas características estão inextricavelmente interrelacionadas.

Em nossas próprias vidas e carreiras, tememos a ideia de fracasso porque o vemos como um ponto final. Como algo irrecuperável. Portanto, querendo evitar esse destino ruim, muitos de nós nos recusamos a ir em frente, evitamos exigir o melhor e o máximo de nós mesmos. Arrumamos desculpas para nos recusarmos a correr o risco maior que poderia nos levar a grandes recompensas se nos aventurássemos. E, mais uma vez, nos contentamos com algo inferior ao que podemos alcançar, e as recompensas em nossa vida e carreira são menores como consequência dessa timidez. Se você está ciente disso, a sensação é ainda pior: você sabe que não está conseguindo atingir seus objetivos. Que está desistindo.

Já Elon Musk reformulou o fracasso: ele é simplesmente um resultado temporário, de curto prazo, e uma parte necessária do processo. O fracasso pode ser um fator benéfico, que revela onde estão os pontos fracos em determinado negócio, sistema ou inovação tecnológica. Ele oferece recompensas próprias, se o observarmos corretamente e reagirmos bem a ele. E, acima de tudo, se aprendermos com ele.

O mesmo vale para a Starship, que começou como um brilho nos olhos de Elon Musk em 2005, três anos antes de a SpaceX realizar o primeiro lançamento de seu primeiro foguete, o Falcon 1. Ele teve a visão de um BFR – um *Big Fucking Rocket* (Foguete Grande Para Caralho) –, que mais tarde ele educadamente apelidou de Big Falcon Rocket, antes de se tornar fã de Star Trek e rebatizá-lo de Starship.

Na mente de Elon, a Starship seria potente o suficiente para elevar cem toneladas de carga útil para a órbita baixa da Terra, quase 565 quilômetros acima da Terra. Isso seria quatro vezes a carga útil de 25 toneladas transportada pelo Falcon 9 atualmente. Uma nave com essa potência e massa poderia levar os astronautas à Lua, a quase quatrocentos mil quilômetros de distância da Terra. A Nasa planeja usar a Starship para uma missão tripulada Artemis III à Lua em 2025, se ela puder provar que tem condições de voar e que é segura o suficiente para transportar carga humana.

A Starship poderia chegar até Marte, embora isso exigisse uma viagem de 225 *milhões* de quilômetros, o que levaria nove meses. Esse objetivo grandioso é a missão final da Starship.

O primeiro protótipo, Starhopper, foi submetido a testes de fogo estático no solo em 2018 e a dois voos de teste de baixa altitude um ano depois (em voo rasante, sem lançamento). Depois vieram dois protótipos que não voavam, um dos quais foi destruído em um teste de estresse de pressão em 2019; o outro foi desmontado em 2020. Mais dois modelos se seguiram e entraram em colapso em testes de pressão, e outro protótipo explodiu durante o quinto teste de disparo ao vivo do motor.

E então, em 5 de agosto de 2020, o primeiro grande protótipo a ser submetido a um teste de alta altitude conseguiu fazer uma tímida subida a 150 metros antes de aterrissar com sucesso por conta própria em uma plataforma de lançamento adjacente em Boca Chica. Nos anais da exploração espacial privada, isso é semelhante ao voo inaugural dos irmãos Wright em Kitty Hawk, na Carolina do Norte, em 17 de dezembro de 1903.

O segundo foguete de alta altitude teve o mesmo desempenho um mês depois. Então veio o Starship SN8, o oitavo modelo e o primeiro protótipo do estágio superior. Ele subiu quase doze quilômetros, em 9 de dezembro de 2020, voltando para a Terra e, em seguida, apresentando mau funcionamento e se danificando em um pouso forçado. Isso levou a uma investigação pela Administração Federal de Aviação, que posteriormente exigiu várias correções e abriu caminho para o voo de teste seguinte.

Semanas depois, em 2 de fevereiro de 2021, um nono protótipo da Starship sofreu um pouso forçado quando um dos motores não conseguiu entrar em ignição para ajudar a desacelerar a descida. Destemidos, em 10 de março Elon Musk e a SpaceX montaram o lançamento da Starship SN10. Ela seguiu a trajetória de voo de sua antecessora e aterrissou com tanta força que suas pernas de aterrissagem entraram em colapso e ela se inclinou como a Torre de Pisa por dez minutos... antes de explodir.

Bum!

Apenas vinte dias depois, em 30 de março, a Starship SN11 decolou e voou na mesma trajetória que a SN9 e a SN10 haviam percorrido – e explodiu na descida. Problema no motor. Mais três protótipos foram lançados antes que a montagem fosse concluída, e, em 5 de maio de 2021, a SN15, a metade superior, de dezesseis andares, do foguete Starship, foi lançada de Boca Chica. E aterrissou em segurança!

Ela subiu quase dez quilômetros e retornou ao ponto de partida, pousando em uma plataforma adjacente e tornando-se a primeira nave a sobreviver, depois que quatro foguetes de alta altitude anteriores explodiram de uma forma ou de outra. Mais importante ainda, como Elon Musk disse aos repórteres na época, o SN15 continha centenas de aprimoramentos obtidos com os quatro fracassos que antecederam esse lançamento.

As autoridades da Nasa, observando tudo isso de perto, tiveram que admirar a obstinação que a SpaceX demonstrou ao lançar protótipo após protótipo, sem se intimidar e sem se deixar abater por falha após falha e explosão após explosão. A agência espacial recompensou esse fato entregando à SpaceX um contrato de US$ 2,9 bilhões para as duas primeiras missões à Lua, desprezando a Blue Origin, de Jeff Bezos, apesar de sua aliança com a Lockheed Martin, fornecedora da Nasa, e outros incumbentes.

E assim, em 20 de abril de 2023, após quase dois anos de desenvolvimento e testes de fogo estático da metade superior, o escuro veículo Starship, e de seu propulsor, o branco e brilhante Super Heavy, o foguete de dois estágios estava empilhado, no lugar e pronto para arrasar.

Às 8h33, horário local, na base de lançamento Starbase da SpaceX em Boca Chica, o foguete de quarenta andares de altura começou a tremer quando os motores Raptor do Super Heavy se acenderam, e ele teve dificuldades para sair da plataforma de lançamento. No local, centenas de funcionários gritaram de alegria quando o gigante ultrapassou a torre.

Trinta segundos depois, ela havia subido um quilômetro no céu; aos cem segundos, a Starship estava a quinze quilômetros de altura e ainda subia. Agora ela estava subindo com o dobro da velocidade da maioria dos lançamentos de foguetes. Aos dois minutos e quarenta segundos, a 26 quilômetros de altura, os foguetes do estágio inferior do propulsor Super Heavy iniciaram um desligamento planejado, enquanto se preparavam para se separar da metade superior da Starship e cair de volta à Terra, rumo ao Golfo do México. O foguete começou a dar o giro pré-programado necessário para fazer essa separação, e algo deu errado.

Três dos 33 motores Raptor da Starship Heavy (a metade inferior) não conseguiram entrar em ignição na decolagem – a essa altura, um total de oito motores já havia falhado. O foguete de duas partes começou a girar em torno de si mesmo, com a Super Heavy incapaz de se separar da metade superior da Starship. Ficou claro que a Starship ficaria muito aquém do objetivo declarado da missão – dar meia volta na órbita da Terra e cair no Pacífico.

Na narração da transmissão ao vivo da SpaceX, dá para ouvir as preocupações de John Insprucker, o principal engenheiro da empresa, e Kate Tice, gerente de engenharia.

Insprucker: Neste momento, parece que vimos o início da virada, mas, obviamente, estamos vendo pelas câmeras de solo que todo o conjunto da Starship continua a girar. Já deveríamos ter tido uma separação. Obviamente, essa não parece ser uma situação nominal [normal].

Tice: Sim, parece estar girando, mas quero lembrar a todos que tudo depois de sair da torre já foi além do esperado.

Naquele exato momento, quatro minutos após a decolagem e agora a 29 quilômetros de altura, a Starship explodiu em um milhão de pedaços. Os engenheiros de voo, sentindo que a nave estava saindo do controle, apertaram o botão vermelho para ativar o "sistema de determinação de voo", mas ele não respondeu por quarenta tensos segundos antes de finalmente explodir em uma nuvem de fumaça.

A multidão na Base Estelar da SpaceX rugiu de alegria, uma reação estranha. Essas pessoas estavam quase aliviadas e surpresas, ao que parece, com o fato de a Starship ter conseguido voar. Momentos depois que a Starship explodiu, Insprucker e Tice organizaram um relato de missão ao vivo na transmissão por alguns minutos. Kate Tice disse aos espectadores: "Como dissemos antes, obviamente queríamos chegar até o fim, mas chegar até aqui, honestamente, é incrível".

John Insprucker: Se você está se juntando a nós, a Starship acabou de passar pelo que chamamos de Desmontagem Rápida Não Programada, ou RUD [*Rapid Unscheduled Disassembly*], durante a subida. [Que é um eufemismo engraçado para "explosão"; parece uma piada que o Elon faria.] Mas, vejam, esse foi um teste de desenvolvimento, foi o primeiro voo de teste da Starship, e o objetivo é coletar os dados e, como dissemos, limpar a plataforma e nos prepararmos para partir novamente.

Ele acrescenta: "Então, nunca dá para saber exatamente o que vai acontecer, mas, como prometemos, a emoção é garantida! A Starship nos deu um final espetacular para o que foi realmente um teste incrível até agora". Sua referência a um RUD desencadeou uma enxurrada de insultos no Twitter, onde os piadistas tinham grandes esperanças de que o novo proprietário da nave, Elon Musk, visse os insultos e talvez até respondesse um deles.

Como ironizou uma conta com quase meio milhão de seguidores: "A SpaceX está chamando isso de 'uma rápida desmontagem não programada'. Na minha época, chamávamos isso de explosão". Isso atraiu 1,2 milhão de visualizações. Outro palhaço tuitou: "A rotina de Elon Musk: 'desmontagem rápida não programada' da Starship pela manhã, 'desmontagem rápida programada' do Twitter à tarde". O Dictionary.com entrou na conversa: "Somos muito bons com sinônimos, mas 'desmontagem rápida não programada' é algo novo, até mesmo para nós".

A grande mídia, da mesma forma, não foi nada generosa. *The Washington Post*: "A nave espacial da SpaceX decola com sucesso, mas explode no primeiro voo". *The Financial Times*: "Foguete da SpaceX explode antes de atingir a órbita". CNN.com: "O foguete Starship da SpaceX decola para o primeiro voo de teste, mas explode no ar".

A Reuters foi para um lado mais pessoal: "A nave espacial de Elon Musk explode minutos após a decolagem do primeiro voo de teste". A manchete do *New York Times* soou quase sarcástica: "A 'atividade de aprendizado' da SpaceX acaba em explosão". Mas esse antigo jornal de renome foi capaz de observar o seguinte: "A SpaceX tem um histórico de aprender com os erros. O mantra da empresa é essencialmente: 'Falhe rápido, mas aprenda mais rápido'". Bingo!

Os motores do Raptor causaram danos catastróficos à plataforma de lançamento na decolagem, destruindo toda a superfície e enviando pedaços de concreto que voaram até oitocentos metros de distância. Alguns pedaços foram lançados ao mar. Apenas uma cratera gigante foi deixada para trás no local onde a plataforma de lançamento estava momentos antes. O lançamento também provocou um incêndio de quase quatro acres.

Portanto, pela própria avaliação de Elon, feita dias antes do lançamento, em 20 de abril, quando ele disse que evitar a destruição da plataforma de lançamento seria uma vitória, esse foi um fracasso deplorável. Não foi?

Em vez de cair em segurança no Golfo do México e no oceano Pacífico, as duas seções do foguete da Starship se despedaçaram. Originalmente, a SpaceX havia informado à Administração Federal de Aviação que qualquer detrito em uma catástrofe provavelmente cairia em um raio de setecentos acres ou mais, cerca de três quilômetros quadrados.

Na verdade, o lançamento e a explosão liberaram "material particulado" do tamanho de pedrinhas, semelhantes a areia, que choveu sobre os residentes e suas propriedades em South Padre Island, seis quilômetros ao norte de Boca Chica (em linha reta; para chegar lá de fato é um trajeto de quase setenta quilômetros), e em Port Isabel, dez quilômetros a noroeste da plataforma de lançamento.

Isso enfureceu as autoridades do Serviço de Controle à Pesca e Vida Selvagem dos EUA (USFWS), que montou uma investigação.

Descobriu-se, no entanto, que o "material particulado" era inofensivo, basicamente areia de praia, sujeira e poeira levantada na primeira ignição. Por fim, a agência não emitiu multas ou penalidades e disse que continuaria trabalhando com a SpaceX em voos futuros.

A Administração Federal de Aviação (FAA), por outro lado, suspendeu o programa Super Heavy e iniciou uma "investigação de acidente" por conta própria. Em setembro de 2023, a agência encerrou sua análise e exigiu 63 melhorias, incluindo redesenhos do foguete para evitar vazamentos e incêndios, um melhor sistema de supressão de incêndio no Super Heavy, uma plataforma de lançamento reforçada com um novo defletor de chamas e revisão, análise e testes adicionais dos sistemas de segurança.

E, embora Elon Musk não tivesse certeza de quando a FAA decretaria que a Starship poderia voar novamente, a essa altura ele já havia colocado o próximo foguete no lugar. Esperando. E alimentando as esperanças. Após o voo de teste em 20 de abril, Musk disse que a Starship poderia estar pronta para voar em seis a oito semanas, mas a FAA levou sete meses para conceder uma licença, fazendo isso em 15 de novembro de 2023.

As correções da FAA e centenas de outros ajustes incrementais abriram caminho para um segundo voo da Starship 25, nave combinada de dois estágios, em 18 de novembro. Às 7h03, em Boca Chica, decolando de uma plataforma de lançamento recém-reconstruída e reforçada, o propulsor Super Heavy da Starship se acendeu e o foguete conseguiu ultrapassar a torre – sem destruir a plataforma dessa vez, por mais que todos os 33 motores Raptor tenham ligado, em contraste aos 22 e 11 falhas em abril. O propulsor, então, superou um segundo grande obstáculo ao se separar com sucesso da seção superior da Starship para começar a cair de volta à Terra.

Então, algo deu errado novamente. O propulsor do Super Heavy estava vazando propelente, o que cortou a comunicação com o computador de voo. O centro de comando da Base Estelar perdeu o contato com o Super Heavy, e a nave, em vez de acionar os motores novamente para ficar na vertical e cair no Golfo do México, explodiu repentinamente.

O Super Heavy reagiu à perda de comunicação acionando sua própria autodestruição.

A nave espacial de estágio superior, enquanto isso, começou a se dirigir para o leste para dar uma volta ao redor do planeta e acabar flutuando no Pacífico, a alguns quilômetros da costa do Havaí. No entanto, oito minutos após o lançamento, o veículo espacial Starship se despedaçou em uma segunda grande explosão.

Assim como o propulsor que acabara de descartar, a Starship explodiu por comando próprio, de forma bastante nobre, depois de percorrer todo o caminho até o espaço sideral, que começa a quase cem quilômetros. A Ship 25 subiu 146 quilômetros. Essa foi uma grande melhoria em relação à subida de 29 quilômetros de sua antecessora, a Ship 24, sete meses antes.

Por outro lado, ficou aquém do objetivo da missão de fazer com que a Starship alcançasse 240 quilômetros acima da Terra. Mas e daí?

Instantaneamente, condicionados pelo treinamento de Elon, os fiéis da SpaceX deram a melhor imagem a uma impressionante decepção. John Insprucker disse aos espectadores do lançamento: "A verdadeira cereja em cima do bolo hoje é a decolagem bem-sucedida". Kate Tice enfatizou o voo seguinte: "Obtivemos muitos dados, e tudo isso nos ajudará a melhorar para o nosso próximo voo".

Dessa vez, a mídia foi um pouco mais tolerante com o fracasso. O site da CNN foi tudo, menos desanimador: "O foguete mais poderoso já construído foi mais longe do que jamais foi e depois se perdeu". O *New York Times* relatou: "SpaceX faz progresso no segundo lançamento do foguete gigante para a Lua e Marte". O *FT* proclamou: "O foguete Starship de Elon Musk chega ao espaço pela primeira vez". A Reuters citou o chefe da Nasa, Bill Nelson, que chamou o lançamento de uma "oportunidade de aprender e depois voar novamente".

No dia seguinte, Elon Musk postou no X, já ansioso pelo voo seguinte:

> **Elon Musk**
> @elonmusk
> Subscribe ···
>
> Starship Flight 3 hardware should be ready to fly in 3 to 4 weeks. There are three ships in final production in the high bay (as can be seen from the highway).
>
> 9:07 PM · Nov 19, 2023 · **2.3M** Views

"O maquinário da Starship Flight 3 já deve estar pronto para voar daqui a três a quatro semanas. Há três naves em produção final na baía (que pode ser vista da estrada)."

E em 18 de dezembro, apenas um mês após a Ship 25 ter se separado em duas partes e terminado em duas explosões separadas, a SpaceX publicou um tuíte com três lindas fotos do Super Heavy seguinte e sua companheira Starship, assegurando aos seguidores: "Veículos do Flight 3 na base da Starbase para testes antes do próximo lançamento da Starship". Dois dias depois, a empresa anunciou um teste de fogo "estático" (estacionário) bem-sucedido da Starship seguinte, a nave número 28, e seus seis motores, que se acenderam como planejado por alguns segundos. A versão seguinte estava pronta e no aguardo.

Foi uma longa espera. O Flight 3 da Starship finalmente foi liberado para decolagem em 14 de março de 2024, e depois disso voou por quase cinquenta minutos e atingiu a velocidade orbital, o que foi inédito, e depois se desintegrou ao reentrar na atmosfera. Três meses depois, em 6 de junho, o Flight 4 decolou de Boca Chica – e ambas as partes retornaram em segurança à Terra. Outro fato inédito.

Em 8 de agosto, a SpaceX anunciou na plataforma X de Musk que o Flight 5 estava pronto para voar: "O Flight 5 Starship e o Super Heavy estão prontos para voar, aguardando aprovação regulatória". Talvez uma cutucada educada, voltada para a Nasa e a FAA. Mas em 11 de setembro de 2024, a FAA declarou publicamente, por meio de uma declaração ao Space.com: "A SpaceX deve atender a todos os requisitos de segurança, ambientais e outros requisitos de licenciamento antes da autorização de lançamento da FAA. (...) Uma determinação final de licença para a Starship Flight 5 não é esperada antes do final de novembro de 2024".

Isso ocorreu dois meses depois do que a FAA havia planejado inicialmente, o que claramente irritou Elon, que sempre tem pressa. Ele já estava irritado, provavelmente, com a ação da FAA na semana anterior, que propôs uma multa de US$ 633.009 – quanta precisão! – contra a SpaceX por lançar foguetes sem licença dois meses antes. E agora isso.

Em 24 de setembro, o administrador da FAA, Michael G. Whitaker, foi questionado sobre o atraso em uma audiência no Congresso pelo deputado Kevin Kiley, republicano da Califórnia. O congressista exigiu saber se o atraso foi por motivos de segurança ou de papelada. Ele concluiu que a segurança tinha pouco, ou nada, a ver com isso. Mais tarde, no mesmo dia, ele postou no X para dizer que o chefe da FAA "teve dificuldades para justificar o atraso de dois meses que sua agência impôs ao lançamento. Atrasar o progresso por motivos que não são de segurança é contra o interesse nacional".

Elon fez uma nova postagem e adicionou o emoji "100" para expressar seu apoio de 100% àquilo. Dois dias depois, às 2h41, em 26 de setembro, ele colocou mais lenha na fogueira, no X:

> Os Estados Unidos estão sendo sufocados por montanhas cada vez maiores de regulamentações irracionais, de cada vez mais agências novas, que não servem a nenhum propósito além do engrandecimento dos burocratas. A humanidade e a vida como a conhecemos estão fadadas à extinção se não

> tivermos uma reforma regulatória significativa. Precisamos nos tornar uma civilização multiplanetária e uma espécie espacial! Esse é o meu argumento absoluto para explicar por que Kamala e a máquina gigante do governo que é sua legião de marionetes não podem vencer. Será Trump ou a desgraça. Essa é a bifurcação na estrada do destino.

E às 2h54 da manhã, ele voltou a exaltar o quanto a Starship é realmente incrível. Ele postou uma mensagem da SpaceX, mostrando uma foto de uma torre de lançamento gigante equipada com dois enormes braços mecânicos projetados para agarrar o Super Heavy quando a nave desce na plataforma de lançamento. Isso será testado no Voo 5 – quando a FAA finalmente o aprovar. Elon escreveu: "O maior objeto voador já feito será pego no ar com os braços gigantes do Mechazilla". Isso, além da declaração da empresa:

> Os engenheiros da SpaceX passaram anos se preparando e meses fazendo testes para a tentativa de captura do booster no Voo 5, com técnicos dedicando dezenas de milhares de horas à construção da infraestrutura para maximizar nossas chances de sucesso.

E, de fato, em 13 de outubro de 2024, a SpaceX lançou o Voo 5 e conseguiu devolver o Super Heavy vazio de 250 toneladas à sua plataforma de lançamento, onde foi envolto pelos dois enormes braços mecânicos. Uma das conquistas mais incríveis da história dos voos espaciais.

* * *

Não está claro se Elon Musk conseguirá cumprir o contrato de US$ 2,9 bilhões que assinou com a Nasa para que a SpaceX cuide de uma parte importante da missão Artemis III à Lua em 2025. Um foguete da Nasa, o SLS (Sistema de Lançamento Espacial), deve levar os astronautas à órbita, onde uma nave estelar em espera se acoplaria à nave e os transportaria para um pouso na Lua.

No teste seguinte da Starship, no início de 2024, a SpaceX estava planejando realizar uma demonstração da capacidade de reabastecimento no espaço com essa missão lunar em mente.

Nada disso teria sido possível sem a longa lista de fracassos, seguidos de consertos, que é o *modus operandi* da SpaceX. Elon Musk é imbuído da capacidade de olhar para além de cada fracasso passageiro para desvendar mais segredos para os sucessos que estão por vir. Tirar proveito do fracasso exige repetição e iteração contínua. O pessoal da SpaceX aprendeu isso na enxurrada de tentativas e erros no esforço para aperfeiçoar o Falcon 9.

No primeiro voo, que decolou do Cabo Canaveral em 4 de junho de 2010, o booster do primeiro estágio deveria cair de paraquedas no oceano, mas os paraquedas nunca foram acionados e o booster queimou na reentrada. No segundo voo, em 8 de dezembro, a mesma coisa aconteceu.

Depois vieram dois voos em 2012, três em 2013 e seis em 2014, incluindo quatro em nove semanas (julho a setembro). Nenhum deles tentou pousar após a decolagem, um feito inédito.

Mais sete voos de teste do Falcon 9 se seguiram em 2015, incluindo o primeiro pouso bem-sucedido em uma plataforma no Cabo Canaveral, em 22 de dezembro, na primeira vez que a SpaceX tentou fazer isso acontecer. Viva!

Um mês depois, uma nova falha catastrófica. Em 17 de janeiro de 2016, um foguete Falcon aterrissou suavemente em um navio drone, jocosamente chamado *Of Course I Still Love You* (É claro que ainda te amo), que estava esperando no oceano Pacífico, na costa do sul da Califórnia, perto da Base da Força Espacial de Vandenberg, onde o foguete havia iniciado a missão. Mas uma perna de aterrissagem do foguete não se encaixou corretamente no lugar, e o Falcon tombou de lado e explodiu. Sem se abalar e sereno, Musk postou um vídeo do ocorrido no Instagram.

De oito voos em 2016, a SpaceX saltou para dezoito lançamentos em 2017, incluindo cinco boosters reutilizados. Isso estava começando a acontecer de verdade. Em seguida, 21 lançamentos em 2018, incluindo o primeiro lançamento do Falcon Heavy, sete aterrissagens bem-sucedidas de naves drones e apenas uma falha, além de quatro aterrissagens bem-sucedidas em solo e um acidente. O tráfego diminuiu para apenas treze lançamentos em 2019, embora o *Of Course I Still Love You* tenha conseguido seis bons pousos e apenas um fracasso. Em seguida, um salto de 100%, indo para 26 lançamentos do Falcon em 2020, o ano da covid, o ano mais movimentado de todos os tempos para a SpaceX.

O ano começou com dois bons pousos em uma nave drone, mas depois duas tentativas deram errado. Esses seriam os últimos pousos ruins do ano. A SpaceX recuperou-se bem e realizou dezenove pousos bem-sucedidos no *Of Course I Still Love You*, um feito milagroso de engenharia.

Em 2021, Elon Musk tinha como meta 48 lançamentos, porque ele sempre coloca as metas muito alto ou promete demais e fica aquém do esperado, como seus críticos afirmam. A SpaceX conseguiu realizar "apenas" 31 lançamentos bem-sucedidos, incluindo aterrissagens perfeitas na plataforma oceânica 29 vezes, com apenas uma falha. Em 2022, houve um grande salto para 61 voos na SpaceX e, em seguida, 96 lançamentos do Falcon em 2023, todos bem-sucedidos.

Em 2024, a SpaceX estabeleceu objetivos ainda mais ambiciosos para o ano seguinte: um total de 144 lançamentos em doze meses, a maioria deles com o Falcon 9. Uma dúzia por mês, um lançamento a cada três dias, aproximadamente. Esse ritmo marcaria um aumento de 50% nos lançamentos em apenas um ano.

Elon Musk e a equipe da SpaceX têm esse negócio na palma da mão. Os 96 lançamentos do Falcon 9 e do Super Heavy em 2023 foram mais do que os 67 lançamentos realizados por toda a nação da China no mesmo período; a Rússia, por sua vez, realizou apenas uma dúzia de lançamentos.

A consistência, a confiabilidade e a reutilização são de suma importância. Nos primeiros seis meses de 2024, a SpaceX lançou 67 missões Falcon e colocou quase novecentas toneladas em órbita.

A SpaceX provou ser muito mais eficiente do que rivais maiores e mais antigos. Como uma publicação no X observou, com precisão, em agosto de 2024: "Em 2014, a Nasa concedeu contratos a duas empresas para construir espaçonaves capazes de levar astronautas e cargas para a Estação Espacial Internacional. A SpaceX recebeu US$ 2,6 bilhões, lançou a primeira missão em 2020 e já realizou treze missões de tripulação com 49 astronautas até agora. A Boeing recebeu US$ 4,2 bilhões" e não montou seu primeiro voo tripulado do Starliner até 6 de junho de 2024, transportando apenas dois astronautas.

Essa primeira missão à Estação Espacial Internacional foi planejada para durar oito dias, mas as coisas deram errado. O Starliner, da Boeing, sofreu problemas de funcionamento do propulsor e vazamentos em seu sistema de propulsão, e a Nasa concluiu que não era seguro para os dois astronautas voltarem para casa na nave. Essas duas pessoas, Butch Wilmore e Suni Williams, ficaram presas na estação por meses a fio. Em um constrangimento para a Boeing, em agosto, a Nasa decidiu que a SpaceX pegaria os astronautas e os levaria de volta para casa em fevereiro de 2025, oito meses depois do planejado inicialmente.

Os satélites Starlink representaram 65% dos lançamentos da SpaceX em 2023, e muitas das missões em 2024 foram definidas para aumentar esse número. A Starlink tem mais de seis mil BIRDs na órbita baixa da Terra, sendo que a SpaceX obteve aprovação para colocar o dobro desse número na constelação até o momento. Seu objetivo é expandir essa aprovação para mais de quarenta mil naves nos céus.

À medida que mais satélites forem adicionados, a cobertura mundial da Starlink se expandirá, e seus custos diminuirão. Atualmente, ela fornece serviços a mais de 2 milhões de clientes em sessenta países. O governo federal dos EUA, por sua vez, criou um programa de US$ 42,5 bilhões para acesso à banda larga em 2021 e, três anos depois, ainda não havia começado a fornecer o serviço. Como Brendan Carr, um membro republicano da Comissão Federal de Comunicações, observou no X em junho de 2024: "Em 2021, o governo Biden recebeu US$ 42,45 bilhões do Congresso para implantar a internet de alta velocidade para milhões de estadunidenses. Anos depois, não conectou nem mesmo uma pessoa com esses fundos. Na verdade, agora diz que nenhum projeto de construção será iniciado até 2025, no mínimo".

Como uma conta no X (@kane) observou na época, por esses mesmos US$ 42,5 bilhões "daria para enviar dez terminais Starlink pelo preço total de varejo (US$ 500) para cada família abaixo da linha da pobreza nos EUA (7,4 milhões) e ainda sobrariam US$ 5,5 bilhões para São Francisco gastar em suas corruptas organizações sem fins lucrativos". E é bem por aí mesmo.

O aumento do volume reduz o custo por lançamento, assim como o fato de tornar reutilizáveis os dois estágios da Starship, em vez de apenas o booster inferior. Um lançamento de satélite no Falcon 9 custa agora US$ 67 milhões, muito menos do que os US$ 400 milhões cobrados pela Boeing e pela Lockheed. Em algum momento, a Starship pretende lançar satélites a um preço de apenas US$ 10 milhões. Destruição criativa em grande escala.

L I Ç Ã O 1 1

O RESULTADO MAIS PROVÁVEL COSTUMA SER O MAIS IRÔNICO

Como prever os imprevistos, as surpresas e os contratempos da vida

"Este aqui vai até o onze", como o guitarrista Nigel Tufnel (Christopher Guest) apontou há quarenta anos no documentário fictício *Isto é Spinal Tap*. Neste décimo primeiro e último capítulo de *Elon Musk: gênio ou louco?*, tiramos a Lição 11 diretamente da boca do próprio homem – ou, melhor ainda, de seu teclado.

Como diz o mecanismo de IA Grok, da plataforma X: "A primeira citação ou tuíte conhecido de Elon Musk sobre o resultado mais irônico ser o mais provável, ou vice-versa, é de uma entrevista de 2018 com Kara Swisher no podcast *Recode Decode*. Durante a entrevista, Elon Musk disse: 'O resultado mais irônico é aquele que ninguém espera. E acho que há alguma verdade nisso. E também acho que, às vezes, o resultado mais divertido é o mais provável'".

Peça a Grok para se aprofundar um pouco mais e você descobrirá que Musk começou a repetir isso em meados de 2023. Em junho, ele disse isso em relação ao futuro da SpaceX; em julho, sobre a Tesla; em setembro, sobre o futuro dos veículos elétricos; em dezembro, quando disse "O destino adora ironia", ao falar sobre o futuro da exploração espacial; e em janeiro de 2024, sobre as chances de a IA eclipsar a inteligência humana.

Portanto, o resultado mais irônico (o oposto do que você esperava que acontecesse) é o mais provável, na opinião de Elon. E, às vezes, o resultado mais *divertido* acaba sendo o resultado mais provável, ele afirma. Um silogismo está em ação aqui: muitas vezes, o resultado mais irônico também é o mais divertido, inteiramente porque é o oposto do que deveria acontecer.

Nesse sentido, a décima primeira lição de Elon pode compartilhar um fundamento subjacente com a Lição 1, referente à grande probabilidade (na mente de Musk) de que estejamos vivendo dentro de uma simulação executada por outra pessoa, em outro lugar, talvez daqui a 1 milhão de anos.

Se for esse o caso, e estivermos mesmo dentro de um gigantesco videogame coletivo, faz sentido que os resultados mais surpreendentes e divertidos façam parte do pacote. Por que reunir o enorme poder de computação de, digamos, todos os computadores combinados em 45 ou 50 planetas Terra para executar uma simulação que produziria resultados *entediantes*?

Ao explorarmos como Elon chegou a essa lição e como ela pode informar nossas vidas e moldar nossas expectativas, devemos esclarecer uma coisa desde o início: o verdadeiro significado das palavras *ironia*, *irônico* e *ironicamente*. Muitos de nós usamos esses termos de forma errada – dizemos "ironicamente" quando, na verdade, queremos dizer "coincidentemente", "surpreendentemente" ou até mesmo "tragicamente". A cantora Alanis Morissette cometeu esse malapropismo comum em sua famosa música "Ironic", de 1995, na qual todos os exemplos que ela cita são tudo, menos irônicos.

A ironia é evidente quando alguém diz ou faz uma coisa e, nas entrelinhas, na verdade quer dizer ou pretende exatamente o oposto. Algo é irônico quando é o oposto do que foi dito, pretendido ou esperado. Se Donald Trump dissesse "Joe Biden foi um ótimo presidente", ele estaria dizendo isso de forma irônica, porque, na verdade, ele acredita que Biden foi um péssimo presidente.

Da mesma forma, a ironia situacional ocorre quando, por exemplo, um hospital constrói uma nova ala de tratamento de câncer e dá a ela o nome de um doador que é CEO de uma empresa de tabaco. Ou quando você busca um objetivo específico e o resultado é o oposto do que você pretendia – como resultado direto de seus esforços pelo contrário. Isso faz parte de qualquer herói trágico, e Elon Musk já teve vários envolvimentos com essa versão agridoce da ironia. Ele fala por experiência própria.

Embora Elon Musk já fosse famoso por suas façanhas e conquistas na Tesla e na SpaceX, a compra do Twitter elevou seu perfil mais do que nunca – expondo-o a elogios, com certeza, mas mais ainda a condenações, críticas e ofensas de toda e qualquer direção. Ele queria chegar ao Twitter como um herói conquistador e campeão da liberdade de expressão quando comprou a plataforma, no final de 2022. Ele prometeu torná-la a plataforma mais livre do mundo.

Mas, em vez disso, Musk acabou sendo criticado por *reprimir* a liberdade de expressão em alguns países – o oposto de suas intenções. Ele foi considerado um vilão e acusado de desencadear um novo nível de discurso de ódio, embora isso fosse em grande parte falso. Além disso, a aquisição do Twitter por ele colocou os governos em alerta, e, quando muito, os esforços deles para censurar as publicações online se intensificaram como resultado dessa mudança de controle.

Como observou um redator do *El País*, o jornal nacional da Espanha, em maio de 2023: "Embora o bilionário proprietário da SpaceX e da Tesla se apresente como um absolutista da liberdade de expressão, a rede social que ele controla cedeu a centenas de ordens governamentais durante seus primeiros seis meses no comando, de acordo com dados fornecidos pela empresa a uma auditoria pública que rastreia a pressão de governos ou juízes sobre plataformas online".

A plataforma X se rendeu ao governo Modi na Índia e removeu referências a um documentário da BBC que criticava o primeiro-ministro do país, Narendra Modi, no início de 2023. Ela também censurou publicações que criticavam a resposta do governo indiano aos protestos dos agricultores.

Além disso, na Austrália, o X retirou do ar o vídeo de um terrorista esfaqueando um padre, conforme exigido pela lei local. E o meio de comunicação social concordou em silenciar contas especificadas pelo governo turco. Na Alemanha, a empresa forneceu informações sobre as identidades dos usuários ao governo para permitir a investigação de violações das leis que criminalizam declarações que negam o Holocausto, incitam o ódio contra minorias ou difamam políticos eleitos.

Além disso, em vez de ajudar a disseminar a liberdade de expressão no Paquistão, o X foi totalmente banido da região em abril de 2024, devido à agitação após as eleições nacionais. Isso, segundo o governo, era uma questão de "segurança nacional, manutenção da ordem pública e preservação da integridade de nossa nação". Os apoiadores do ex-primeiro-ministro paquistanês Imran Khan estavam usando o X para promover alegações de que Khan havia sido injustamente removido do cargo em 2022.

Nesses casos, o X seguia as leis dos países onde estava operando, como toda empresa deve fazer. Como Musk explicou publicamente sobre o caso da Índia: "As regras na Índia sobre o que pode ser publicado nas mídias sociais são bastante rígidas, e não podemos descumprir as leis do país. (...) Se nossas opções forem ter nosso pessoal preso ou cumprir as leis, cumpriremos as leis".

O *The Intercept*, um site investigativo liberal, criticou Elon por pregar a liberdade de expressão e fazer o contrário. Em março de 2023, o site relatou que Musk estava promovendo um processo de uma década atrás contra o Twitter, que tinha o objetivo de combater a vigilância governamental da mídia social – ao mesmo tempo em que vendia dados de usuários do X para uma empresa de mineração de dados (chamada Dataminr). Essa empresa então forneceu os dados ao Serviço Secreto para fins de aplicação da lei.

O *The Intercept* observa que as ironias são muitas. "Os avisos da era Musk do X sobre os abusos da vigilância governamental são contraditórios com a venda contínua de dados de usuários pela empresa para fins de vigilância governamental. (...) Esse é o tipo de contradição ideológica típica do proprietário do X. Musk conseguiu se vender como um crítico heterodoxo da política externa e do grande governo dos EUA e, ao mesmo tempo, enriquecer vendendo ao Estado equipamentos militares caros por meio de sua empresa de foguetes SpaceX."

Outro resultado irônico do acordo com o Twitter: o próprio Musk acabou usando o Twitter para restringir alguns discursos de seus críticos, ao mesmo tempo em que promovia suas próprias mensagens. Em determinado momento, Elon fechou as contas de oito repórteres afiliados a jornais como o *New York Times*, o *Washington Post* e a CNN, todos eles porta-vozes liberais. Por apenas 27 horas, no fim das contas. Além disso, considerando que o X diz aos anunciantes que mais de 99% de seus anúncios são veiculados com conteúdo "saudável", isso significa que a plataforma está banindo o discurso "inadequado" de possivelmente milhões de contas.

Além disso, os algoritmos do X continuam a restringir as expressões de alguns usuários, gerando novas reclamações de que Elon Musk está violando seus direitos de liberdade de expressão. Como disse um usuário perturbado na conta @The1Parzival: "Ei, @elonmusk & @ lindayaX [CEO Linda Yaccarino], se vocês não removerem todos os recursos de censura que afetam minha conta, vou amarrar este lugar com tantos litígios, que seus netos precisarão de advogados".

Não importa, por um momento, que a Primeira Emenda proíba *o governo* de interferir na liberdade de expressão: uma plataforma privada tem todo o direito de fazer isso. Para Elon Musk, no entanto, isso contradiz a própria mística de ser um herói da liberdade de expressão.

O fato de Musk ter se dignado a comprar o Twitter foi outro resultado irônico. Os censores liberais que dirigiam a empresa estavam cooperando avidamente com as solicitações das agências governamentais dos EUA, feitas em violação à Primeira Emenda da Constituição dos Estados Unidos, para amordaçar as contas de milhares de conservadores.

A cumplicidade deles em sufocar a liberdade de expressão irritou as sensibilidades da Primeira Emenda desse bilionário obstinado, recalcitrante e fã do Twitter – que, então, deu meia-volta e apresentou o resultado oposto, liberando o discurso no Twitter mais do que nunca. Especialmente nos Estados Unidos, onde a liberdade de expressão é fundamental.

Nos dois primeiros anos após comprar o Twitter, Musk se deparou com uma miríade de outras ironias, grandes e pequenas. Em setembro de 2023, ele anunciou que havia demitido a "Equipe de Integridade Eleitoral" da plataforma. Como Elon disse em um tuíte: "Ah, você quer dizer a Equipe de 'Integridade Eleitoral' que estava minando a integridade das eleições? Sim, eles se foram". Criada para garantir a integridade das eleições e depois funcionando para prejudicá-la: é a ironia da situação.

De forma igualmente irônica, os inimigos de Musk, liderados pela Liga Antidifamação e pela Media Matters for America, reuniram-se no X para rotular Elon de antissemita nas semanas após os ataques terroristas do Hamas em 7 de outubro de 2023, nos quais 1.200 civis israelenses foram massacrados. Os esforços dos veículos de comunicação tiveram o efeito contrário: eles o transformaram em um dos mais fervorosos e poderosos apoiadores de Israel e do povo judeu.

As alegações de antissemitismo surgiram depois que Musk republicou um tuíte de uma pequena conta após os ataques. Ele afirmou que os eleitores judeus liberais haviam apoiado as políticas de imigração frouxas da esquerda, permitindo, assim, a entrada de milhares de antissemitas que agora estavam marchando a favor do Hamas.

A grande mídia acusou Elon de antissemitismo por essa pequena e suposta ofensa. Ela disse que Musk estava endossando uma conspiração de direita conhecida como a "grande teoria da substituição", quando nada disso foi mencionado ou invocado. Nem endossado. A mídia que deu esse salto. A CNBC publicou um segmento após o outro explorando as acusações contra Musk e citando alguns de seus inimigos.

A torrente de críticas claramente pegou Elon Musk de surpresa; ele se considerava, no mínimo, um defensor fervoroso de Israel. Tendo recebido o primeiro-ministro Benjamin Netanyahu antes mesmo dos ataques de 7 de outubro, Musk visitou Bibi em Israel semanas depois. Enquanto estava lá, ele assistiu a vídeos devastadores dos ataques selvagens do Hamas. Ele visitou um *kibutz* devastado pelos terroristas e o memorial de Auschwitz. Ele endossou o que disse ser a aniquilação "necessária" do Hamas e colocou várias plaquetas de identificação em seu pescoço, em nome dos reféns.

Um antissemita teria dificuldade de fingir de forma convincente até esse ponto.

O alcance de Elon no X, com 200 milhões de seguidores em setembro de 2024, abala os políticos. Tanto é assim que uma posição firme que ele assume em um lado de uma questão pode ter um efeito oposto, como em Eagle Pass, no Texas. Ele visitou a fronteira do Texas para chamar a atenção do público para a crise da imigração ilegal. Suas entrevistas com a polícia local, que ele mesmo filmou com seu smartphone, atraíram milhões de visualizações. Mesmo quando o restante da mídia e a maioria dos políticos evitaram visitar o local, para não serem contaminados pelas consequências de uma verdadeira emergência nacional.

O tiro pode ter saído pela culatra. Quando o governo Biden decidiu liberar os gastos para retomar a construção de alguns segmentos do muro da fronteira de Trump, deixou de fora Eagle Pass. Isso pode ter sido feito por puro despeito contra Elon por ter visitado o local.

Musk assistiu a outros resultados irônicos na Tesla com o capital aberto. Quando ele tuitou a infame postagem "US$ 420" em 7 de agosto de 2018, dizendo "Financiamento garantido" e brincando sobre a privatização da empresa, Musk estava disputando com vendedores a descoberto que estavam apostando bilhões de dólares contra as ações da empresa. Ele havia solicitado à Comissão de Valores Mobiliários que investigasse os vendedores a descoberto, sem sucesso. Em vez disso, a comissão investigou Elon Musk e acabou impondo uma multa de US$ 20 milhões contra ele pessoalmente por violar as regras de divulgação.

Da mesma forma, Musk promoveu com orgulho as proezas tecnológicas avançadas do sistema de direção Autopilot, da Tesla, e sua versão mais sofisticada, de US$ 99 por mês, o *Full Self-Driving Capability* (Capacidade plena de direção autônoma). Seu objetivo era criar apoio para a IA e o software de direção autônoma como o futuro do setor automotivo, mais seguro para os motoristas da Tesla e, da mesma forma, mais seguro para outros motoristas nas proximidades. E para estimular o desenvolvimento em outras empresas automobilísticas também.

Em vez disso, o entusiasmo de Musk e a consequente cobertura da mídia podem ter despertado um maior escrutínio dos órgãos reguladores federais e acabaram dificultando a adoção da direção computadorizada. A Administração Nacional de Segurança Rodoviária (NHTSA) começou a investigar a Tesla por causa do sistema Autopilot em agosto de 2021, motivada por apenas onze acidentes registrados. Posteriormente, expandiu a investigação para cobrir 36 acidentes da Tesla e, em seguida, 736. Dos quase 2 milhões de Teslas vendidos desde 2015.

Desde então, o ceticismo regulatório se espalhou para outros fabricantes. A NHTSA "parece estar ficando mais agressiva na regulamentação dos dispositivos", disse a *Associated Press* em maio de 2024, informando que a agência havia anunciado quatro investigações separadas de sistemas de direção autônoma: a empresa de táxi autônomo Waymo, os carros autônomos Zoox, da Amazon, uma nova análise de um recall da Tesla e o BlueCruise, da Ford. A condução autônoma Cruise, da General Motors, também foi analisada.

Em cada caso, os órgãos reguladores intervieram em resposta a apenas um número minúsculo de acidentes envolvendo software de direção automática: 22 na Waymo; apenas dois na Zoox, envolvendo colisões traseiras; e apenas dois na Ford, em que um Mustang Mach-E colidiu com um veículo parado. Isso em um país com quarenta mil acidentes de trânsito por ano. A direção autônoma é o menor dos fatores que contribuem para os acidentes, mas está recebendo muita atenção. Isso atrasará o advento, a adoção e a proliferação da direção sem o uso das mãos.

Exatamente o oposto do que Elon Musk vem defendendo.

Musk também defende a remuneração baseada em ações para os executivos, em vez de um salário alto, grandes bônus e regalias luxuosas. Ele e outros consideram essa a melhor maneira de alinhar os interesses da gerência com os dos acionistas. Isso também ajuda a manter baixos os níveis de remuneração em dinheiro, especialmente em uma startup, em que o dinheiro é escasso. Os executivos só se beneficiam quando os acionistas se beneficiam.

Em 2018, Musk concordou com um pacote de remuneração na Tesla que lhe pagaria zero em salário e bônus pelos dez anos seguintes. Suas opções de ações só entrariam em vigor após um forte aumento no preço das ações da Tesla. E, mais uma vez, seus esforços provocaram o resultado oposto: cobertura da mídia mundial e críticas a uma das mais ricas remunerações de CEOs de todos os tempos.

Ou seja: US$ 56 bilhões!

Elon Musk, mais uma vez, estava no olho da tempestade. Quando ele assinou o acordo, o pensamento convencional era de que nunca valeria a pena. Elon estava em uma cruzada dos tolos: 73% dos acionistas aprovaram o contrato, felizes por ele ter aceitado trabalhar de graça pela década seguinte. Sua remuneração baseada em ações foi atribuída ao cumprimento de uma série de até doze metas principais para aumentar o valor de mercado, a receita e o fluxo de caixa.

Para cada aumento de US$ 50 bilhões na capitalização de mercado total da Tesla, Musk receberia opções de ações para uma participação extra de 1% na empresa. Isso seria equivalente a criar uma Ford Motor Company inteira, que ocupa a 19ª posição na Fortune 500 e tem uma capitalização de mercado de US$ 50 bilhões.

A Tesla surpreendeu Wall Street e superou cada um dos obstáculos. Sua capitalização de mercado, de US$ 53 bilhões quando Musk assinou esse acordo, aumentou mais de vinte vezes, atingindo um pico de US$ 1,2 trilhão em 2021. Essa foi a época em que eu a comprei, francamente entrando nessa onda muito tarde. Em seguida, as ações voltaram a cair e atingiram um valor total de mais de meio trilhão de dólares no início de 2024. Esse valor ainda era mais de dez vezes maior, e, no pico das ações, o ganho inesperado de Musk, estimado em US$ 56 bilhões, levou à criação de mais de US$ 1 trilhão em novas riquezas mantidas por outros investidores. No final de setembro de 2024, o valor de mercado da Tesla estava novamente acima da marca de US$ 800 bilhões.

As somas são tão surpreendentes que, é claro, um pequeno acionista entrou com uma ação judicial. Uma juíza da chancelaria de Delaware (a mesma que determinou que Elon Musk deveria seguir em frente com a compra do Twitter) descartou esse acordo de Musk por considerá-lo tão obscenamente rico que era ilegal. "Incompreensível", ela o chamou. Essa decisão, totalmente oposta a qualquer expectativa legal razoável, veio em resposta a um acionista da Tesla que detinha apenas nove ações. Na melhor das hipóteses, uma posição legal instável. A decisão parecia provável de ser anulada em recurso, a menos que outro resultado irônico se aproximasse.

E então veio outra reviravolta irônica: os advogados que processaram Musk por receber muito dinheiro solicitaram ao tribunal honorários advocatícios de surpreendentes US$ 6 bilhões – uma compensação ultrajante para advogados que entram com uma ação judicial sobre uma compensação ultrajante. A solicitação veio de três escritórios: Bernstein Litowitz Berger & Frossman e Friedman Oster & Tejtel, de Nova York, e um de Delaware, Andrews & Springer. Esses honorários teriam que vir da própria Tesla, cujos acionistas esses advogados pretendiam representar.

Esses caras tinham muita coragem.

Elon Musk criticou a decisão. Depois disso, ele pediu aos acionistas da Tesla que mudassem a base jurídica da empresa de Delaware para o Texas; também transferiu as incorporações da SpaceX e da Neuralink de Delaware para o Texas. Ele incentivou outras empresas a fazerem o mesmo, argumentando que não se podia mais confiar em Delaware como um porto legal para incorporação.

Em junho de 2024, o mesmo pacote de remuneração de Musk foi submetido a outra votação dos acionistas da Tesla, buscando sua aprovação mais uma vez. Eles também votaram em sua proposta de mudança da base da empresa para o Texas. A Glass Lewis, uma empresa de consultoria para fundos de pensão e outros investidores institucionais, recomendou que os acionistas votassem contra o pacote de remuneração de Elon e contra a reincorporação no Texas, assim como a empresa havia aconselhado contra a configuração de remuneração de Musk em 2018.

Mas os investidores, para seu crédito, ignoraram a Glass Lewis e votaram a favor de Elon: a Tesla mudaria sua base corporativa para o Texas, e Elon Musk receberia a remuneração baseada em ações que um juiz havia tentado negar a ele. Nessa época, a empresa valia cerca de US$ 48 bilhões. Fiz questão de votar em minhas ações da Tesla a favor do contrato de Elon e a favor da mudança para o Texas.

Esse resultado foi o oposto do que o juiz pretendia que fosse. Um ponto para Elon.

Os resultados irônicos também são evidentes na SpaceX. Embora Musk goste de desprezar as autoridades, ele anseia pela aprovação das mesmas autoridades. Quando, em uma noite de outubro de 2022, os comandantes militares da Ucrânia pediram que ele ligasse a cobertura do satélite Starlink sobre a Crimeia para que pudessem enviar drones submarinos armados para atacar um navio russo, ele se recusou. O principal motivo foi que a lei dos EUA impedia que a Starlink servisse à Crimeia porque era um território controlado pela Rússia, bloqueado pelas sanções dos EUA contra a Rússia.

Mas Musk também parece ter desejado elogios por ter evitado o que ele considerava uma possível faísca para uma Terceira Guerra Mundial, como disse mais tarde ao seu biógrafo autorizado, Walter Isaacson. O autor retratou a decisão de Musk de forma heroica, mas quando a notícia foi divulgada, em vez de receber elogios de políticos estadunidenses, Musk apanhou de críticos que o acusaram de interferir na política externa dos EUA. A senadora Elizabeth Warren pediu uma investigação tanto do Senado quanto do Departamento de Defesa.

E quando a Starlink conseguiu um contrato federal de quase US$ 900 milhões em 2020 para fornecer serviço de internet a 640 mil residências que não estavam conectadas, em 35 estados da área rural dos EUA, o objetivo era trazê-las para a era da internet. O resultado foi muito irônico. Em dezembro de 2023, a Comissão Federal de Comunicações rescindiu o contrato em meio à guerra não tão secreta do governo Biden contra Elon Musk. Isso frustra o objetivo de atender aos clientes rurais nos próximos anos.

Musk projeta sua visão sobre resultados irônicos no resto do mundo. Ele criticou o movimento DEI (Diversidade, Equidade e Inclusão) por ter feito o oposto de suas intenções. Como Elon observou em uma publicação no X em janeiro de 2024: "DEI é apenas outra palavra para racismo. Que vergonha de quem a usa". E um mês depois, em resposta a um relatório sobre problemas de DEI em hospitais, ele escreveu: "O DEI coloca em risco a vida de seus entes queridos".

Musk estava se referindo às ações corporativas de empresas como a Boeing, que em 2022 revisou seus parâmetros de remuneração de executivos, anteriormente baseados apenas em segurança e qualidade, para incluir diversidade e mudanças climáticas nos critérios de bônus. Após a morte de George Floyd sob o joelho de um policial branco, as cem maiores empresas preencheram cerca de 325 mil novos empregos – e 94% deles foram para pessoas racializadas, informou a Bloomberg. Isso apesar de os brancos representarem 58% da população dos EUA. Dos 4 milhões de empregos preenchidos pelos empregadores de 2020 a 2023, os funcionários brancos tiveram uma *redução* líquida de mais de 900 mil empregos, o que significa que *todos* os 4 milhões de novos empregos foram preenchidos por pessoas que não são brancas.

Isso é *exclusão* de brancos, o oposto da inclusão.

Os amigos de Elon também entendem esse conceito. Em 4 de fevereiro de 2024, David Sacks, que trabalhou ao lado de Musk no PayPal e investiu em sua aquisição do Twitter, publicou este tuíte: "A Lei de Redução da Inflação era, na verdade, um projeto de lei de gastos de um trilhão de dólares. O projeto de lei de segurança na fronteira é, na verdade, uma anistia em massa. Apenas presuma que os projetos de lei fazem o oposto do que dizem".

Isso é engraçado e verdadeiro. Uma "Lei de Redução da Inflação" deveria reduzir os gastos do governo, porque a inflação é causada por um aumento maciço na oferta de dinheiro criada pelo governo que é usada para a mesma quantidade antiga de bens. Mas essa lei, aprovada em agosto de 2022, incluiu novos gastos de US$ 370 bilhões em "segurança energética e mudanças climáticas", além de US$ 64 bilhões em novos subsídios do Obamacare. Isso fazia parte de um pacote de US$ 2 trilhões que incluía US$ 550 bilhões em novos gastos em apenas cinco anos e US$ 1,2 trilhão em dez anos para "infraestrutura". Além disso, US$ 280 bilhões em dez anos para pesquisa e desenvolvimento para a próxima geração de tecnologia de chips.

É provável que a Lei de Redução da Inflação *aumente* a inflação, em vez de reduzi-la.

Resultados igualmente irônicos provavelmente acompanhariam o Projeto de Lei de Segurança na Fronteira, que foi proposto em fevereiro de 2024. Quando David Sacks criticou o projeto de lei no X, Elon Musk repostou o comentário e o complementou com o seguinte: "O objetivo de longo prazo do chamado projeto de lei de 'Segurança da Fronteira' é permitir que os ilegais votem! Isso fará totalmente o oposto de proteger a fronteira".

O título oficial do projeto de lei: "Lei de Apropriações Suplementares de Segurança Nacional de Emergência, 2024". A Divisão B do projeto de lei foi intitulada "Lei de Apropriações Suplementares de Segurança de Fronteira e Combate ao Fentanil, 2024". O cenário: no primeiro mandato de Trump, os encontros ilegais na fronteira sul foram, em média, pouco menos de meio milhão por ano. Nos três primeiros anos do governo Biden, esse número quadruplicou para quase 2,2 milhões de travessias ilegais por ano.

No entanto, esse projeto de lei de "segurança na fronteira" teria permitido a entrada de cinco mil pessoas ilegais nos Estados Unidos pela fronteira sul *todos os dias* antes de acionar os poderes de emergência para fechar a fronteira. Isso equivale a quase 2 milhões de entradas ilegais por ano como ponto de partida. Além de mais de 1 milhão de pessoas que entram *legalmente* por ano. Nenhum limite seria imposto aos migrantes ilegais de países de fora das Américas, incluindo nossos inimigos: China (o grupo que mais cresce, passando para 30 mil em 2023, frente a apenas 1.500 no ano anterior), Rússia, Irã, Coreia do Norte e Síria.

E dos US$ 118 bilhões em novos gastos estabelecidos por essa suposta lei de emergência, apenas US$ 20 bilhões foram destinados a consertar a fronteira. Portanto, esse projeto de lei não oferecia nenhuma segurança na fronteira, na verdade. Ele morreu no Senado em maio de 2024, e, um mês depois, o presidente Biden anunciou novas medidas emergenciais para evitar uma crise na fronteira que, até aquele momento, ele insistia que não era uma crise. A paciência dos Estados Unidos, disse ele à nação, estava "se esgotando". Além disso, nessa época, ele estava atrás na maioria das pesquisas em meia dúzia de estados decisivos que determinariam a eleição de 2024.

Essa nova ordem presidencial era uma medida pela metade: disposições emergenciais poderiam ser impostas quando mais de 2.500 estrangeiros ilegais cruzassem a fronteira sul em um único dia. Isso significa que quase 1 milhão de pessoas que entram ilegalmente por ano está tudo bem, já que os Estados Unidos desistiram de zerar esse parâmetro.

Até mesmo essa ordem presidencial foi um resultado irônico para as intenções originais de Biden. Quando assumiu o cargo, em janeiro de 2021, o presidente Biden rescindiu imediatamente 64 ordens executivas impostas pelo presidente Trump que visavam reforçar a segurança nas fronteiras. Recuar agora, correndo o risco de alienar a aliança liberal de que ele precisava para ter alguma esperança de ganhar a reeleição, era o oposto do que Biden queria fazer. Mas sua mão foi forçada por suas próprias ações.

A grande mídia noticiou o contrário, transmitindo a afirmação de Biden de que Trump e os republicanos eram os culpados pela crise na fronteira. Como o próprio Elon Musk havia postado em 29 de fevereiro, alguns meses antes: "As pessoas que recebem suas notícias da TV tradicional vivem em uma realidade alternativa falsa. Essas supostas 'reformas mais árduas' teriam tornado permanente a migração em nível de invasão. Esse diabólico 'PL das Fronteiras' merecia morrer e deveria dar vergonha àqueles que o apoiaram".

Anos antes, por acaso, Elon se juntara a seu amigo do PayPal, David Sacks, como investidor e produtor executivo do filme cômico *Obrigado por fumar*, de 2005. O filme é baseado no romance irônico e satírico de 1994 de Christopher Buckley (um amigo meu da época em que eu trabalhava na *Forbes*). Ele é pertinente aqui porque, na história, os lobistas de Washington para cigarros, álcool e armas formam um grupo de bebedores que eles chamam de Equipe MOD, de *Merchants of Death* (Mercadores da Morte). Eles trabalham para grupos (fictícios) do setor: a Academia de Estudos do Tabaco, que desmente os riscos do tabaco; o Conselho de Moderação, que busca bloquear restrições ao álcool; e a Fundação da Segunda Emenda para Educação e Treinos, que combate as leis sobre armas. Todos com nomes irônicos.

Para Elon Musk, o mergulho mais profundo na ironia situacional veio com a história da OpenAI, um dos laboratórios de inteligência artificial mais avançados do mundo. A OpenAI criou o ChatGPT, um grande mecanismo de IA de modelo de linguagem, depois que Elon forneceu a maior parte do financiamento para iniciá-la. Ele foi motivado por seus próprios temores sobre as perspectivas de avanço da IA além da capacidade dos seres humanos de controlá-la; e ele temia que o Google e a Microsoft dominassem o campo.

No entanto, seus esforços podem ter aumentado as chances de essas coisas se tornarem realidade.

Conhecemos essa história porque os advogados de Elon Musk a expuseram com detalhes em uma ação movida em 29 de fevereiro de 2024 contra a OpenAI e seus dirigentes no Tribunal Superior da Califórnia, em São Francisco. Em seguida, a OpenAI respondeu em 5 de março, publicando um blog que revelou e-mails particulares entre Elon e executivos da OpenAI. Ela também apresentou uma resposta contundente no tribunal em 11 de março.

A imagem que surge mostra que a vontade e a determinação de Elon Musk desempenharam um papel importante na produção do resultado irônico da OpenAI, que se tornou vassala da temível Microsoft. Sem Elon em nenhum lugar à vista para controlar as coisas.

Passemos para 2012 e para uma reunião na fábrica da SpaceX em Hawthorne, na Califórnia, entre Musk e Demis Hassabis, cofundador de uma startup de IA chamada DeepMind. Os dois homens discutiram as grandes ameaças enfrentadas pela sociedade, e Elon saiu alarmado com o que havia aprendido com Hassabis sobre "o potencial da IA de se tornar superinteligente, superar a inteligência humana e ameaçar a humanidade", conforme descrito no processo de Musk.

Outro investidor da DeepMind ficou tão abalado com o potencial da startup de IA que teria dito que a melhor coisa que ele poderia ter feito pela raça humana seria "atirar no Sr. Hassabis ali mesmo". Uma piada tirada do filme *O exterminador do futuro 2: o julgamento final*, lançado em 1991.

Em 2013, Musk estava discutindo os riscos da IA e da DeepMind com outras pessoas, incluindo Larry Page, cofundador do Google e CEO na época. Em determinado momento, houve uma conversa particularmente "acalorada" – leia-se: uma discussão – com Larry. O processo judicial de Musk diz que esse encontro aconteceu em 2013, embora uma reportagem do *New York Times* cite testemunhas que disseram que o encontro ocorreu em junho de 2015, durante a festa de três dias de Musk em seu 44º aniversário. Qualquer um deles pode estar dizendo a verdade.

Quando Musk disse que estava preocupado com a possibilidade de a IA substituir os seres humanos, Larry Page respondeu que esse seria "o próximo estágio da evolução" – e depois classificou Elon Musk como um "especista" que preferia os seres humanos às máquinas inteligentes. Elon respondeu: "Bem, sim, eu sou a favor dos humanos".

Muito engraçado. Mais tarde, em 2013, os temores de Musk se tornaram mais urgentes quando ele soube que o Google estava prestes a adquirir a DeepMind, colocando-a nas mãos de Larry Page, que era "alguém que via a DeepMind e seu poder de forma muito arrogante e que poderia esconder o projeto e as capacidades dele atrás de portas fechadas", como os advogados de Musk descreveram mais tarde em seu processo.

Musk tentou se unir a um colega cofundador do PayPal, Luke Nosek, para fazer uma oferta rival pelo DeepMind, mas Hassabis vendeu ao Google. Musk começou a organizar uma série de jantares com líderes tecnológicos sobre maneiras de combater o Google na IA e promover a segurança da IA, incluindo uma reunião com o então presidente Barack Obama.

Musk temia que o Google e a Microsoft já estivessem se tornando os participantes dominantes na próxima onda, a IA, e que eles fossem vorazes e orientados demais para o lucro para serem confiáveis como uma salvaguarda para impedir que a IA crescesse até ficar fora de controle.

Em março de 2015, ele foi contatado por Sam Altman, que estava a um mês de seu trigésimo aniversário e era CEO da incubadora de startups Y Combinator. Altman pediu a Musk que fosse coautor de uma carta ao governo dos EUA sobre os riscos da IA. Vantagem para Altman: essa também era uma maneira inteligente de entrar na órbita de Musk e ter acesso à sua riqueza.

Em maio daquele ano, Altman enviou um e-mail a Musk propondo uma nova empresa estruturada "de modo que a tecnologia pertença ao mundo por meio de algum tipo de organização sem fins lucrativos, mas que as pessoas que trabalham nela recebam uma remuneração semelhante à de uma startup se funcionar. Obviamente, cumpriríamos/apoiaríamos agressivamente todas as regulamentações".

Musk respondeu a ele com brevidade: "Provavelmente vale a pena conversar".

A carta aberta sobre IA foi publicada em 28 de outubro de 2015, assinada por Elon, Sam Altman, o famoso astrofísico Stephen Hawking, o cofundador da Apple Steve Wozniak e mais de mil outros cientistas. Um mês depois, Musk se comprometeu a financiar o novo laboratório de IA, uma organização sem fins lucrativos cujas obrigações fiduciárias seriam com a humanidade, e não com qualquer acionista privado.

O próprio Elon cunhou o nome da nova entidade: OpenAI Institute, ou OpenAI, para abreviar. A empresa foi constituída em Delaware em 8 de dezembro de 2015, declarando:

"O objetivo específico desta corporação é fornecer financiamento para pesquisa, desenvolvimento e distribuição de tecnologia relacionada à inteligência artificial. A tecnologia resultante beneficiará o público, e a corporação buscará abrir a tecnologia de fonte aberta para o benefício público, quando aplicável. A corporação não é organizada para o ganho privado de qualquer pessoa."

Quando a formação da empresa foi anunciada, três dias depois, com Musk e Altman como copresidentes, a declaração pública dizia que a OpenAI fora projetada para "beneficiar a humanidade" e que sua pesquisa seria "livre de obrigações financeiras".

No entanto, desde o início, Elon começou a apresentar argumentos que ajudaram a empurrar a OpenAI para os braços da Microsoft. Em 2015, ele começou a pedir à equipe da OpenAI que anunciasse um esforço de captação de recursos de US$ 1 bilhão, escrevendo em um e-mail "Precisaremos de um número muito maior do que US$ 100 milhões, para não parecermos sem futuro" e oferecendo-se para cobrir qualquer déficit.

Elon mergulhou no recrutamento de talentos de IA de classe mundial para a OpenAI, injetando US$ 16 milhões de seus próprios fundos na startup no ano seguinte (2016), alugando um espaço em São Francisco para a empresa e cobrindo o aluguel mensal. Em 2017, Altman e Gregory Brockman, diretor de tecnologia da OpenAI, sugeriram a mudança da OpenAI Inc. de uma empresa sem fins lucrativos para uma empresa com fins lucrativos.

Musk se recusou, sendo que ele estava contribuindo com a maior parte do financiamento. No entanto, ele não tinha nenhuma participação acionária nesse empreendimento. Elon disse a eles que deveriam se separar por conta própria se quisessem ter fins lucrativos, declarando sem rodeios: "Não financiarei mais a OpenAI até que vocês assumam um compromisso firme de permanecerem como estão, ou estarei sendo um tolo que está, em essência, fornecendo financiamento gratuito a uma startup. As discussões terminaram".

Essa observação se mostraria presciente. Altman garantiu a Elon: "Continuo entusiasmado com a estrutura sem fins lucrativos!". Isso acabaria não sendo nem perto da verdade completa e sem rodeios. Esse ponto de exclamação deveria ter sido um aviso.

No início de 2018, de acordo com e-mails privados divulgados indiscretamente pela OpenAI no blog publicado depois que Musk processou a empresa, ele alertou a equipe da OpenAI: "Mesmo arrecadando várias centenas de milhões, isso não será suficiente. Vocês precisam de bilhões por ano imediatamente, ou podem deixar tudo para lá".

Em seguida, Musk sugeriu que a OpenAI deveria "se apegar à Tesla como sua vaca leiteira. (...) A Tesla é o único caminho que poderia sequer ter a esperança de se equiparar ao Google". Dizem que ele queria controle acionário majoritário, controle do conselho e o título de CEO. Desprezado, ele deixou o cargo de copresidente em fevereiro, mesmo continuando a financiar a startup. Ele contribuiu com mais US$ 3,5 milhões, totalizando cerca de US$ 40 milhões até aquele momento.

As exortações de Elon sobre a captação de recursos podem ter dado a Altman, da OpenAI, a urgência de encontrar um *sugar daddy*.

Um ano depois, em março de 2019, a OpenAI de fato criou a subsidiária com fins lucrativos à qual Musk havia se oposto: OpenAI LP. O "aviso importante" na parte superior do resumo da folha de termos da nova unidade dizia aos investidores que ela "existe para promover a missão da OpenAI Inc. de garantir que a inteligência artificial geral segura seja desenvolvida e beneficie toda a humanidade". Isso "teria precedência sobre qualquer obrigação de gerar lucro".

Portanto, o termo de compromisso aconselhava: "Seria sensato considerar qualquer investimento na OpenAI no espírito de uma doação". Musk ficou preocupado, mas seguiu em frente, doando outros US$ 3,48 milhões para a filial sem fins lucrativos da OpenAI naquele ano (2019).

Então, em setembro de 2020, um choque: a OpenAI anunciou um acordo para licenciar sua tecnologia de chatbot *exclusivamente* para a Microsoft, que havia comprometido um investimento inicial de US$ 1 bilhão na empresa incipiente. Isso acabou crescendo para um total de US$ 13 bilhões em fundos da Microsoft, representando uma participação de 49% no negócio com fins lucrativos da OpenAI, e hoje a empresa combinada está avaliada em US$ 150 bilhões.

Altman, aparentemente, havia ouvido os avisos de Musk sobre a necessidade de muito dinheiro na OpenAI. Logo depois, a OpenAI começou a operar de uma forma que contradizia as prioridades que Elon Musk e Sam Altman haviam estabelecido no começo. No início, a OpenAI abriu o código de funcionamento das versões 1, 2 e 3 do GPT, permitindo que desenvolvedores rivais acessassem o código diretamente. Porém, com o ChatGPT-4, a OpenAI parou repentinamente de fornecer detalhes de código aberto, mantendo-os como proprietários – o oposto de sua declaração de missão.

Em novembro de 2023, a diretoria da OpenAI surpreendeu o Vale do Silício ao demitir o CEO, Sam Altman, dizendo que ele não havia sido totalmente transparente em suas ações, presumivelmente envolvendo a aliança com fins lucrativos com a Microsoft. O braço direito de Altman, Gregory Brockman, demitiu-se imediatamente em protesto, e Altman, em um resultado extraordinário *e irônico*, arquitetou seu próprio retorno à empresa. Em seguida, ele substituiu a diretoria por seus próprios escolhidos.

Três meses depois, Elon Musk revidou. Em 29 de fevereiro de 2024, Musk entrou com um processo contra a OpenAI, Sam Altman e Gregory Brockman no tribunal superior de São Francisco, buscando um julgamento com júri sob a acusação de quebra de contrato, quebra de dever fiduciário e concorrência desleal.

Arquivada com o número de processo CGC-24-612746, a queixa de 35 páginas, além de anexos, apresenta uma série de resultados opostos aos que Musk pretendia alcançar originalmente. O processo observa que a diretoria da OpenAI tem autoridade para determinar quando a empresa atingiu o nível máximo e onisciente de IA, chamado de inteligência geral artificial (AGI). De acordo com os termos originais de sua fundação, a AGI deve ser distribuída livremente para o mundo, em vez de ser entregue apenas à Microsoft.

Mas Musk duvida que a diretoria esteja disposta a declarar que a AGI chegou, porque isso iria contra o interesse da Microsoft, com sua participação de 49% na metade lucrativa do negócio. Seu processo afirma:

"Dado o enorme interesse financeiro da Microsoft em manter o portão fechado para o público, o novo Conselho de Administração da OpenAI, Inc., que foi capturado, está em conflito e conformado, terá todos os motivos para adiar a conclusão de que a OpenAI alcançou a AGI. Pelo contrário, a obtenção da AGI pela OpenAI, como o 'amanhã' no musical *Annie*, estará sempre a um dia de distância, garantindo que a Microsoft tenha licença para a tecnologia mais recente da OpenAI e que o público fique de fora, *exatamente o oposto* do Acordo de Fundação." (Itálico adicionado.)

A queixa legal continua: "O GPT-4 é, portanto, *o oposto de* 'IA aberta'. (Itálicos adicionados novamente.) E é fechada por razões comerciais de propriedade: a Microsoft pretende ganhar uma fortuna vendendo o GPT-4 para o público. (...) Ao contrário do Acordo de Fundação, os réus optaram por usar a GPT-4 não para o benefício da humanidade, mas como tecnologia proprietária para maximizar os lucros da maior empresa do mundo, literalmente". É irônico, não acha?

Duas semanas depois, a OpenAI revidou. Ela contratou um poderoso escritório de advocacia que já havia lutado contra Elon Musk antes, o Wachtell, Lipton, Rosen & Katz. O Wachtell representou a diretoria do antigo Twitter no processo judicial de Delaware que a empresa moveu para forçar Musk a prosseguir com sua aquisição. Posteriormente, Musk processou a empresa em US$ 90 milhões pela conta que ela cobrou do Twitter para processá-lo. Esse caso foi enviado para arbitragem em outubro de 2023, e ainda não havia sido decidido quase um ano depois.

Dado esse histórico amargo, a resposta da Wachtell ao processo de Musk contra a OpenAI foi compreensivelmente mal-humorada, chamando-o de "frívolo" e pior: "As alegações de Musk se baseiam em premissas factuais distorcidas – muitas vezes incoerentes". A resposta da OpenAI disse que Musk cita um Contrato de Fundação, mas esse contrato não existe, e "qualquer contrato real está visivelmente ausente na petição".

Certo, então Elon Musk entregou a esses caras mais de US$ 45 milhões de seu próprio dinheiro sem nenhum acordo em papel. É como a frase do antigo e ainda muito engraçado filme *Clube dos cafajestes*, quando Flounder (Stephen Furst), membro da fraternidade, está chateado porque o carro de seu irmão foi destruído, e Otter (Tim Matheson) lhe diz: "Você fez merda, ninguém mandou confiar em nós!".

Os advogados de Musk conseguiram que o juiz original se recusasse a participar do caso no início de maio de 2024. Eles argumentaram que o juiz Ethan Schulman, de São Francisco, estava "enviesado contra o requerente [Musk], seus advogados e/ou os interesses do requerente ou de seus advogados, de modo que o requerente não poderia ter um julgamento ou audiência justa e imparcial". O juiz deferiu o pedido sem realizar uma audiência ou tomar uma decisão.

Em 11 de junho de 2024, no entanto, Musk retirou o processo sem citar um motivo. Em 4 de agosto, ele abriu um novo processo, ampliando o escopo e as reivindicações e, dessa vez, entrando com a ação no tribunal federal de São Francisco, onde o caso está pendente.

Musk forneceu os primeiros US$ 45 milhões do capital inicial da OpenAI, e Altman e sua equipe levantaram US$ 90 milhões de outros investidores. Isso significa que Musk, se tivesse insistido em manter uma participação acionária na empresa iniciante, poderia ter reivindicado, digamos, uma participação de 33% na OpenAI. Isso valeria US$ 50 bilhões, com base no preço de US$ 150 bilhões da OpenAI no outono de 2024. Em vez disso, ele saiu de lá com nada além de temores ainda piores sobre o futuro da IA.

Seu processo contra Sam Altman e a OpenAI continua a tramitar lentamente no sistema judicial da Califórnia, que está sobrecarregado e entupido, com um resultado incerto até o momento em que este livro foi publicado. Musk é um litigante até certo ponto – na maioria das vezes, é mais sensato fazer um acordo do que brigar –, mas até ele prefere se arriscar no mercado a se arriscar no tribunal.

E assim, em 12 de julho de 2023, Musk anunciou a formação da xAI. Ela estava atrasada no mercado e começando tarde, mas tinha um aliado formidável: o Twitter, agora X. Os modelos de linguagem de grande porte aprendem com a varredura de milhões e milhões de palavras em artigos, livros, publicações e outros formulários online. O novo mecanismo de Musk tem acesso irrestrito ao X, que publica seis mil mensagens a cada segundo. Isso proporciona uma curva de aprendizado super-rápida e também reduz os custos, à medida que as empresas de mídia começaram a cobrar das empresas de IA pelo uso de seus enormes caches de conteúdo digital – e, em alguns casos, por ações judiciais.

Em setembro de 2023, a Authors Guild, liderada pelo romancista John Grisham, pelo autor de *A guerra dos tronos*, George R. R. Martin, e por quinze outros escritores de ficção, entrou com uma ação contra a OpenAI no tribunal federal de Nova York. Eles chamaram o ChatGPT de "grande empresa comercial" que comete "roubo sistemático em grande escala". Em dezembro, um grupo de autores de não ficção processou a OpenAI e a Microsoft, e a New York Times Company também entrou com uma ação semelhante, ambas no Tribunal Distrital dos EUA em Nova York.

E em maio de 2024, a OpenAI assinou um acordo para pagar um quarto de bilhão de dólares ao *Wall Street Journal* por cinco anos de acesso aos seus artigos. Enquanto isso, a atriz Scarlett Johansson ameaçou processar a OpenAI no mesmo mês, depois que a empresa apresentou (e então tirou do ar) uma nova voz para o ChatGPT, Sky, que soava como a própria Johansson. Sam Altman havia cortejado Scarlett pessoalmente, mas não conseguiu persuadi-la a contribuir com sua voz para seu chatbot. Para ele, ser processado por ela seria o oposto do resultado que ele esperava criar.

Altman teria mais uma reviravolta irônica à espera de Elon, seu antigo benfeitor. Em 25 de setembro de 2024, a OpenAI abandonou toda a pretensão de atuar como uma organização sem fins lucrativos "para beneficiar a humanidade como um todo". Ela anunciou planos para se converter de uma empresa sem fins lucrativos para uma empresa com fins lucrativos. O próprio Altman receberia uma participação de 7% na empresa, que havia acabado de ser avaliada em US$ 150 bilhões, fazendo com que esse prêmio valesse US$ 10 bilhões.

Isso foi exatamente o oposto do que Sam Altman havia prometido quando ele e Elon Musk fundaram a empresa, em 2015.

Mais tarde naquela noite, às 21h54, Elon publicou sua opinião sobre a ação de Altman: "Isso é profundamente errado", escreveu ele, postando em resposta a um tuíte que observava sarcasticamente: "Como ganhar US$ 10 bilhões: recolha US$ 50 milhões de Elon Musk para iniciar uma organização sem fins lucrativos; diga a todos que você está fazendo isso para o bem da humanidade e arrecade bilhões; converta de uma organização sem fins lucrativos para uma com fins lucrativos e conceda a si mesmo uma participação acionária".

Às 2h15 da manhã, Musk disparou de novo: "Não se pode simplesmente converter uma empresa sem fins lucrativos em uma empresa com fins lucrativos. Isso é ilegal". Isso fez com que as "notas da comunidade" apontasse que a lei permite essa conversão, com três links oferecendo fontes. *Et tu*, seguidores de Elon?

Para o restante de nós, conhecer a décima primeira lição de Elon pode nos ajudar a traçar estratégias e prever como nossos melhores esforços podem desencadear efeitos contraproducentes. Ao termos isso em mente, podemos nos planejar e, quem sabe, evitar esses efeitos. Decerto, reconhecer esse risco nos ajudaria a, no mínimo, rir em vez de chorar quando as coisas dão errado. O inesperado se torna esperado: é claro que foi assim que aconteceu; era o resultado mais empolgante.

Nestas onze lições de Elon, um tema subjacente é que a realidade pode ser menos uma questão do que tudo parece ser e mais uma questão de como escolhemos vê-la, o que escolhemos enfatizar e como processamos isso. Se Elon Musk quisesse se sentir oprimido e difamado por todos os ataques e críticas que lhe chegam do governo, dos políticos, da mídia, dos ativistas virtuosos e de uma procissão interminável de outros detratores, ele poderia fazer isso. E desistir. Tadinho dele.

Mas isso seria contraproducente e poderia drenar a energia das atividades de Musk, causando uma perda profunda e prejudicial para ele e para nós. Em vez disso, Elon se vê como o super-herói de sua própria simulação de realidade virtual, indistinguível da realidade verdadeira e tão real quanto ela.

Nessa simulação super-realista, Elon Musk cria suas próprias regras, planeja realizar o impossível, almeja pelo máximo e supera todos os que tentam impedi-lo, que são reduzidos a personagens coadjuvantes em seu videogame, meros adereços dramáticos colocados lá para ajudar a tornar Musk ainda melhor e ainda mais determinado a superar sua oposição e ter sucesso em coisas que ninguém antes dele conseguiu.

As lições de Elon podem inspirar esse senso de missão e realização em todos nós. Em vez de ceder à adversidade, desistir diante de uma oposição feroz a algo que queremos fazer, podemos optar por olhar para toda essa estática de uma nova maneira: tudo isso faz parte do jogo, faz parte de tornar nossa vida mais divertida. Para nós mesmos e, talvez, para quem quer que esteja administrando tudo isso.

CONCLUSÃO

A parte mais difícil de escrever este livro foi terminá-lo. Encerrá-lo. Porque Elon Musk continua virando notícia dia sim, dia não. Lançando um foguete da SpaceX para a Estação Espacial Internacional para pegar dois astronautas presos, ou enviando terminais Starlink para partes da Carolina do Norte devastadas pelo furacão Helene, ou enfrentando algum déspota que amordaça a liberdade de expressão no exterior, ou denunciando os venais, os incompetentes e os estúpidos do nosso governo aqui em casa.

Elon deixa todos em choque e vira manchete apenas por dizer algo sem as restrições impostas pelo politicamente correto e por precisar dos favores de outra pessoa. Isso deve dar uma bela sensação de liberdade. Não é de se admirar que a plataforma X e sua fidelidade à liberdade de expressão sejam tão importantes para ele: lá ele pode dizer praticamente tudo o que quiser. E o mais importante é que quase todo mundo também pode.

Quando eu estava entregando o manuscrito deste livro, em julho de 2024, a produção de notícias de Musk se intensificou. Após a primeira tentativa de assassinato contra o presidente Trump, Elon foi ao X minutos depois e declarou: "Eu apoio totalmente o presidente Trump e espero que ele se recupere rapidamente". Poucos CEOs de grandes empresas de capital aberto se atrevem a apoiar publicamente e de forma explícita um candidato à presidência, mesmo que seja um candidato simpático. É ainda mais ousado para Elon ficar ao lado de Trump – um dos presidentes mais insultados e depreciados de todos os tempos.

Essa aliança improvável une dois dos maiores egos do planeta, embora o patrimônio líquido de Musk seja setenta vezes maior que o de Trump (US$ 270 bilhões contra US$ 3,8 bilhões). É inegável que Elon seja brilhante e profundamente versado em uma infinidade de campos e empreendimentos, enquanto Trump é... menos brilhante, profundamente versado em um único negócio (imobiliário) e especialista na arte obscura da política e da persuasão.

Os dois homens podem ser incrivelmente francos, de forma deselegante e rude. Ambos dão o melhor de si, respondendo com ferocidade quando criticados. Isso se deve ao fato de que esses dois líderes são muito sensíveis, apesar de suas personalidades grandiosas e do isolamento da riqueza e do status elevado que desfrutam.

No entanto, o que esses dois líderes mais têm em comum é o ódio e a zombaria que muitas outras pessoas sentem por eles. Elon Musk sente a dor de Donald. Os dois homens estão lutando por um mundo melhor e por um Estados Unidos melhor, mas são desprezados e demonizados por muitos líderes políticos, funcionários do governo, meios de comunicação, grupos de interesse público e milhões de pessoas comuns.

Isso apresenta um enigma: por quê?

O ódio por Musk e Trump pode se dever a algo mais profundo do que a mera tendência ideológica, algo psicológico. Somos ensinados a ser modestos e a seguir em frente para nos darmos bem; a nos curvarmos à autoridade e obedecer às regras; e, quando em dúvida, a manter a boca fechada.

Pode ser que muitas pessoas abominem Musk e Trump porque os dois exibem sem pudor as qualidades que supostamente devemos suprimir em nós mesmos: egoísmo desenfreado, excesso de confiança, um senso de engrandecimento de si mesmos. No entanto, em segredo, essas pessoas talvez desejassem ter a coragem e a arrogância de Musk e Trump, que alimentam seu sucesso com essas características. É duvidoso que um cidadão sul-africano naturalizado estadunidense, que é a pessoa mais rica do mundo, tenha o poder de persuadir milhões de pessoas a votar de uma forma ou de outra. Embora Elon certamente tenha tentado.

"Depois de dormir um pouco e pensar no assunto", ele postou no X na manhã de 10 de agosto de 2024, "minha conclusão é que os Estados Unidos estão de fato perdidos se houver mais quatro anos de fronteiras abertas, incapacidade de processar o crime, guerra legal e aumento da censura. A questão não é nem mesmo o candidato. Kamala é obviamente apenas um fantoche dócil do sistema."

Em 30 de setembro, alguém no X disse que, se Harris vencer, Musk "será alvo de uma ação judicial, e a administração de Harris não mostrará nenhuma restrição. Não haverá limites para impedi-la". Elon acrescentou às 2h48 do dia 1º de outubro: "Para ser mais preciso, a máquina que controla o fantoche de Kamala virá atrás de mim ainda mais do que já está vindo".

O maior impacto de Elon está na própria plataforma X e em sua firme rejeição aos esforços do governo para proibir determinados conteúdos. Enquanto eu relatava as questões para este best-seller (estou jogando para o universo), ficou ainda mais claro que a lição mais importante de todas é a sexta: liberdade de expressão é tudo. Levante-se e seja ouvido.

A liberdade de expressão deveria ser tudo para todos nós. Elon é quase nossa única esperança, como Obi-Wan, em um momento em que a liberdade de expressão está sob ataque não apenas na China, na Rússia, no Irã e na Coreia do Norte, mas também na França, na Alemanha, no Reino Unido, na Austrália, no Brasil e em outros lugares. E aqui mesmo, em casa, com a vice-presidente Kamala Harris, o ex-secretário de Estado John Kerry, a congressista Alexandria Ocasio-Cortez, o governador Gavin Newsom e o membro do gabinete de Clinton Robert Reich.

Até mesmo a mídia, que já foi defensora da Primeira Emenda, está praticamente aplaudindo isso. Manchete de um artigo de um crítico de livros de não ficção do *New York Times* em 31 de agosto de 2024: "A Constituição é sagrada. Ela também é perigosa?". Em 24 de setembro, a *New Yorker* publicou um artigo semelhante do professor de Harvard Louis Menand: "Já está na hora de incendiar a Constituição?".

Não, não está. É tão horrível, tudo isso.

Para mim, a Lição 10 também foi fundamental: é melhor lançar e se destruir do que nunca lançar. Nosso medo do fracasso nos impede de viver a vida da forma mais rica e plena possível. Ao ver como Elon e sua equipe na SpaceX prosperam com tantos contratempos, prometo tomar decisões mais ousadas e assumir riscos maiores em minha vida – e me recusar a ter medo do fracasso.

Porque, afinal, o que temos a perder? Veja a Lição 1: pode ser que isso tudo seja falso, então vá em frente. Ao explorar a teoria da simulação, fiquei totalmente fascinado por essa possibilidade muito real: e se Elon estiver certo?

Isso mudou a forma como me sinto dentro de minha própria pele. Isso me tornou mais filosófico sobre os resultados da vida e sobre como vê-los. Até comecei a procurar sinais de que a simulação é real. Então, no X e no Instagram, comecei a ver vídeos da vida real de "falhas na matrix"; em um deles, um homem em um aeroporto em Israel passa por um detector de metais e desaparece, assustando vários espectadores. Com certeza isso é falso, certo?

Ainda assim, você precisa questionar, e isso faz parte da diversão. É hora de melhorar nosso desempenho e começar a aproveitar muito mais a vida. Minha esperança é que as onze lições de Elon ajudem você a fazer exatamente isso.

AGRADECIMENTOS

Neste momento, sinto-me como Julia Roberts na cerimônia do Oscar em 2001, quando ganhou o prêmio de Melhor Atriz (por *Erin Brockovich – uma mulher de talento*) e disse que queria agradecer "a todos que conheci em toda a minha vida". Eu também.

Na falta de espaço para isso, vamos começar agradecendo ao próprio Elon Musk por fornecer um material tão bom; ninguém faz isso melhor. Depois de minhas muitas tentativas de entrar em contato com ele, Elon finalmente respondeu a um e-mail – "Legal" – e recusou uma entrevista, acrescentando: "Já disse em público praticamente tudo o que pude pensar". Depois disso, ele continuou a dizer muita coisa, em todos os lugares.

Além disso, há inimigos declarados de Elon que não merecem nenhum agradecimento: o Partido Democrata, a Casa Branca, o Departamento de Justiça, a Comissão de Valores Mobiliários, a Administração Federal de Aviação, a Administração Nacional de Segurança Rodoviária e a Comissão Federal de Comércio. Além de Joe Biden, Kamala Harris, Elizabeth Warren, AOC, Thierry Breton (ex-membro da Comissão Europeia) e Alexandre de Moraes, presidente do Supremo Tribunal Federal do Brasil. Entre muitos outros. Por que eles não podem simplesmente deixar Elon em paz?

Qualquer livro é o trabalho de uma vida inteira de experiências e percepções, reunidas em um ou dois anos de compilação. Sou grato pela orientação e edição incisiva de Eric Nelson, da Broadside Books da HarperCollins. Sem ele, este livro talvez não existisse: a ideia foi dele. E meus agradecimentos à sua equipe: James Neidhardt, Hannah Long e a águia jurídica Trina Hunn, que encontraram mais erros de digitação, erros factuais e redundâncias do que eu jamais admitirei.

No que diz respeito à inspiração e à verdade, tenho uma dívida com Charles Payne, da Fox Business, e Joe Kernen, da CNBC, e com Keith Ferrazzi, por duas décadas de conselhos sábios, sólidos e cheios de alma. Chris Ruddy abriu as portas para mim na Newsmax, onde Jerry Burke, meu amigo e mentor, e Jason Rosen me deram muito tempo de tela com os âncoras Sarah Williamson e Michael Grimm; e Lidia Curanaj, Bob Sellers e o grande sábio John Taranto. Meus sinceros agradecimentos a todos eles, e também a Joanna Chow, Amanda Fortunato e Nora Hogan, da NewsNation. E ao meu ex-agente, Wayne Kaybak.

Steve Forbes e Tim Forbes me deram o melhor emprego de minha carreira, e ainda devo muito a eles por isso. Minha gratidão também se estende a Jonathan Wald por ter me contratado na CNBC, a Larry Kudlow por ter me ajudado lá, e ao falecido Roger Ailes por ter me levado para a Fox. E a Neil Cavuto, Greta Van Susteren e ao falecido Lou Dobbs. No *Wall Street Journal*, onde tudo isso começou, meus agradecimentos a James Taranto, Michael W. Miller e Jeff Trachtenberg.

E em minha segunda vida como estrategista de mídia e podcaster, devo agradecer a Michael Sitrick, Terry Fahn e Seth Lubove, da Sitrick and Company, e, na Ricochet, a Charles C. W. Cooke, Rob Long e Brian Johnson, que é produtor, mágico e alquimista.

Os amigos mais próximos que você tem há mais tempo contribuem mais para sua vida do que eles jamais saberão. A menos que eles assistam a seus próprios funerais. Mark Robichaux (38 anos de amizade) forneceu conselhos constantes e alívio cômico. Rob Cohen (49 anos) ofereceu incentivo e me enviou vídeos de Elon que, de outra forma, teriam me escapado. Seu irmão David (18 anos) me deu um feedback valioso, assim como Johnnie L. Roberts (40 anos). Felipe Prestamo (54 anos) tem sido meu grande apoiador desde o início. Todos eles têm minha sincera gratidão. Assim como meu irmão, Rick.

Por fim, e o mais importante, minha eterna devoção e amor à minha mãe, Doreen, por me dar coragem e motivação, e à minha querida Sophia, que faz a vida valer a pena ser vivida, e à minha filha, Jing Jing, por fazer tudo isso fazer sentido. Sou muito abençoado.